ORTE

ARCHITEKTUR IN NIEDERÖSTERREICH 1986–1996

ARCHITECTURE IN LOWER AUSTRIA 1986–1996

Redaktion und Konzeption: Walter Zschokke (W.Z.)
Redaktionsassistenz: Brigitte Engljähringer (B.E.)
Translation into English by Roderick O'Donovan, Wien
Englisch-Lektorat und Endbetreuung Text: Claudia Mazanek

Library of Congress Cataloging-in-Publication Data
A CIP catalogue record for this book is available from the Library
of Congress, Washington D.C., USA.

Deutsche Bibliothek - CIP Einheitsaufnahme

Architektur in Niederösterreich : 1986–1997 = Architecture in
Lower Austria / Orte Architekturnetzwerk Niederösterreich (ed.).
[Transl. into Engl. by Roderick O'Donovan].
Basel ; Boston ; Berlin : Birkhäuser, 1997
  ISBN 3-7643-5746-0

© 1997 Birkhäuser – Verlag für Architektur,
P.O. Box 133, CH-4010 Basel, Switzerland.
Layout and Cover design: Alexander Rendi, Wien
Cover Photograph: © Margherita Spiluttini, Wien
Printed on acid-free paper produced of
chlorine-free pulp. TCF ∞
Printed in Austria by Rema-Print, 1160 Wien
ISBN 3-7643-5746-0

9 8 7 6 5 4 3 2 1

Die Aktivitäten von ORTE architekturnetzwerk niederösterreich
werden finanziell unterstützt aus Zuwendungen der Kammer der
Architekten und Ingenieurkonsulenten für Wien, Niederösterreich und
Burgenland, des BKA Kunstangelegenheiten, des Amtes der
Niederösterreichischen Landesregierung / Baudirektion, des Amtes der
Niederösterreichischen Landesregierung / Abteilung Kultur und
Wissenschaft und der NÖ PLAN

Arch⌐Ing  niederösterreich kultur

Walter Zschokke

Architektur in Niederösterreich 1986–1997
Architecture in Lower Austria 1986–1997

Herausgegeben von / edited by

ORTE architekturnetzwerk niederösterreich

Mit einem Essay von Otto Kapfinger

Birkhäuser Verlag

Basel · Boston · Berlin

INHALT

«Gibt es ein Leben in der Wüste?»

ORTE – Zum Beginn

Paul Katzberger

Egon Friedell führte die kulturelle Vormachtstellung von Wien um die Jahrhundertwende auf den Umstand zurück, daß in Wien alles so klein war und nebeneinander in Kontakt und mit Reibung zueinander erfolgte. Dadurch entstand sowohl spartenübergreifendes wie auch in den Disziplinen ein von starkem Echo und Konkurrenz geprägtes Klima der Arbeit. Dem entgegen war und ist Niederösterreich in hohem Maße dezentral, eine stille Weite. Kaum jemand ist in einem Diskurs mit anderen des Landes, kaum jemand ist in der Lage, Tendenzen zu beschreiben, weil sie kaum sichtbar sind. Diskussionen, Ausstellungen und Vorträge werden in Wien angeboten und konsumiert. Diese behandeln vorwiegend Themen der Metropolen. Gleichzeitig wird in den ländlichen Gebieten ein mehr und mehr technologiefeindliches und stark reaktionäres Kulturklima spürbar. Um eine Gesprächsplattform, die sich aufgrund der Dezentralität des Landes informell nicht herausgebildet hat, herzustellen und zukunftsbejahende Kulturkonzepte zu unterstützen, wurde ORTE gegründet. Schon in der Namensgebung «ORTE architekturnetzwerk niederösterreich» wird ein Bezug zur Dezentralität des Landes gegeben, da klar ist, daß konsequente Arbeit zum einen die Regionen ansprechen muß und zum anderen die formellen Strukturen, die Gemeinden, das Land, den Bund als Gesprächspartner und Unterstützer gewinnen muß. In der Arbeitsstruktur wird ORTE so aufgebaut, daß eine kleine professionelle Einheit, das sogenannte Generalsekretariat, im Dialog mit dem Vorstand die Strategien entwickelt und umsetzt, möglichst direkt, effizient und unbürokratisch. Dieses wurde finanziell möglich durch das große Vertrauen des damaligen Bundesministers für Unterricht und Kunst, Dr. Scholten, und seiner Kuratoren für den Bereich Architektur, Wolf Prix, Klaus Kada und Gregor Eichinger, in das Konzept ORTE. Unterstützung des Landes kam von der Baudirektion, damals unter dem Baudirektor Hofrat Jusits. Eine Unterstützung durch die Kulturabteilung des Landes, an die sich ORTE als kulturelle Initiative wendete, war anfänglich nicht gegeben. Dies zeigt bereits eine der vorerst unüberwindlichen Barrieren, die Frage: «Ist Architektur eine kulturelle, vom Bauen getrennt diskutierbare Materie?» Ein Aspekt, der in jeder Vorstellung von ORTE intensiv diskutiert wird, wobei ein klares Klischee existiert, daß Architektur eigentlich ein Luxus sei und daß baumeisterliches Bauen die Bedürfnisse ausreichend befriedige. An ORTE interessierte viele, die nicht in ORTE aktiv waren, mehr der Aspekt einer potentiellen Alternative zur Kammer der Architekten und Ingenieurkonsulenten. Ein Aspekt, der für ORTE immer kontraproduktiv war, da man sich nicht als Standesvertretung der Architekten versteht, sondern als Vertretung der Architektur als Kulturgut. Veranstaltungen wurden so angelegt, daß sie übers Land verteilt und thematisch aktuell waren. Neben spezifisch ländlichen Themen wurden auch internationale Aspekte forciert, wie insbesondere das Symposium zur niederländischen Architektur. Trotz aller Anstrengungen fehlt der kleine, dichte Ort für informelle Diskussion und Treffen: die Oase in der Wüste. Noch ist sie nicht gefunden. Wo sie nicht ist, wissen wir; um sie zu finden, zieht die Karawane all jener, die glauben, daß man das Land als kulturellen Ort nicht aufgeben darf, weiter.

Is There Life in the Desert?
ORTE – The Beginnings
Egon Friedell ascribed Vienna's cultural predominance around the turn of the century to the fact that everything in Vienna was so small scale and occurred through parallel contacts and as a result of friction. This lead to developments which spanned several categories and, within the various disciplines, to a climate of work marked by echo and competition. In comparison Lower Austria was and is considerably decentralised – a still expanse. Hardly anyone is engaged in a discourse with others in the province, hardly anybody is in a position to describe tendencies as they are scarcely discernible. Discussions, exhibitions and lectures are offered and enjoyed in Vienna. They deal for the most part with metropolitan

themes, concurrently in rural areas a reactionary cultural climate and hostility towards technology is becoming increasingly noticeable. ORTE was founded in order to support future-oriented cultural concepts, and to create that platform for discussion which, due to the decentralised nature of the state, could not develop informally. The name "ORTE/SITES lower austrian architecture network" in itself suggests a reference to the decentralised nature of the province as it is clear that to be successful the organisation's work must have a regional appeal while also having to win the support and co-operation of the local, provincial and federal formal structures. ORTE is so structured that a small professional unit, the so-called general secretariat, develops and applies strategies in dialogue with the committee as directly, efficiently and unb02rocratically as possible. All this was made possible through the faith in ORTE shown by the then Minister for Education and Art, Dr. Scholten and his curators in the field of architecture, Wolf Prix, Klaus Kada and Gregor Eichinger. In the province itself support came from the Building Supervision Office under the then director, Jusits. Initially there was no support from the cultural division of the federal state administration to which ORTE, as a cultural initiative, had naturally made an application. This is an illustration of one of the initially insurmountable barriers, the question: "Is architecture cultural material which can be discussed separately from building?" This issue is heatedly discussed at each presentation of ORTE, whereby the cliché exists that architecture is, in fact, a luxury and that the kind of building offered by building contractors can adequately satisfy all requirements. ORTE as a potential alternative to the Chamber of Architects and Consulting Engineers seemed more interesting to many people not directly involved in ORTE. This notion has always been counter productive for ORTE, which does not see itself as a representative body for architects but as representing architecture as a cultural inheritance. Meetings and events were devoted to current themes and organised in such a way that they were distributed throughout the region. Along with specific rural themes international aspects were also promoted, such as, in particular, a symposium on architecture in the Netherlands. Despite considerable efforts a small, compact place for informal meetings and discussions, "an oasis in the desert", is still lacking. It has not yet been found. We know what it is not and that, in order to find it, the caravans of those who believe we cannot simply give up on the region as a place of culture must move on.

Paul Katzberger leitete den Verein ORTE in der Gründungsphase und die ersten zwei Jahre.

Arbeiten für «ORTE architekturnetzwerk niederösterreich»

Franziska Ullmann

Das Netzwerk der Orte soll nicht nur in topographischer Hinsicht als Netzwerk gesehen werden, sondern auch in organisatorischer Weise. Es geht uns darum, möglichst viele Menschen, die mit Bauen, Architekten und Umweltgestaltung zu tun haben – oder einfach daran interessiert sind – zu erreichen. Nicht allein Architektenkollegen sind Ziel unseres Dialogs, sondern vor allem auch potentielle private Bauherren und öffentliche Bauverantwortliche. Der Austausch von Wissen über den vielfältigen «Stand der Dinge» auf regionaler und internationaler Ebene soll ebenso gefördert werden wie die Suche und Diskussion von Möglichkeiten, wie sie spezifisch im Land Niederösterreich sinnvoll sind.

Die von Walter Zschokke kuratierte Reihe der ungefähr monatlich an verschiedenen «Orten» im Bundesland stattfindenden Vorträge bildet dazu eine Basis. Sie bezieht sich konkret auf die Problematik einer zu pflegenden Architekturkultur in Niederösterreich als einer ländlich-industriellen Region mit Klein- und Mittelstädten. Neben Vorträgen von Architekten aus Niederösterreich, die ihre Bauten meist direkt am Original erläutern, werden selbstverständlich auch von außen kommende Gäste um Vorstellung ihrer Werke sowie um ihre Antworten zu vergleichbaren Problemen gebeten. Im Themensegment «Rat alter Meister» soll sowohl die Weitergabe von Erfahrung erfolgen als auch die Möglichkeit bestehen, große Persönlichkeiten der Architektur unmittelbar kennenzulernen. Wohl werden auch «Stars» und neue Entwicklungen vorgestellt, doch will man sich nicht von kurzfristigen medialen Strömungen leiten lassen.

In weiteren Aktivitäten richtet sich ORTE informierend an Entscheidungsträger und fördert das Gespräch über Erfahrungen in anderen Bezirken, Städten und Bundesländern. Ein Veranstaltungszyklus «Verwandte Regionen» sucht den gedanklichen Austausch mit politisch selbständigen, dezentral strukturierten Regionen, die wie Niederösterreich im Spannungsfeld einer großen Stadt oder gar einer Metropole liegen. Bisher fand eine Veranstaltung mit Architekturfachleuten aus dem Schweizer Kanton Aargau

statt, weitere, etwa mit Kollegen aus dem deutschen Bundesland Brandenburg, sind vorgesehen.

Das Thema Ortsbildpflege wird in einem aktuellen Diskurs gefördert. Im Ortsverband soll entwerferisch sensibel vorgegangen werden, ein peinlicher Pseudoregionalstil vermieden und vor allem zeitgenössisches Bauen in guter Qualität ermöglicht werden. Die Zusammenarbeit mit der verbreiteten Publikation «NÖ gestalten» und eine von der Baudirektion unterstützte Weiterbildungsarbeit in architekturgeschichtlicher wie aktuell architektonischer Hinsicht für Beamte der Gebietsbaubehörden sowie Seminare für Ortsbildgutachter fallen in dieses Themensegment.

Weiters wurden Symposien zu Themenschwerpunkten wie «Altenwohnen heute» sowie Ausstellungen über regionale und internationale Themen veranstaltet. Zur Optimierung der Rahmenbedingungen für das Entstehen anspruchsvoller Architektur gehört auch die Mitarbeit an der Reform der Baugesetzgebung. An dieser Stelle sei daher den engagierten Vorstandsmitgliedern für die vielen, unentgeltlich geleisteten Arbeitsstunden gedankt.

Geförderter Wohnungsbau und verdichtetes Bauen sollen Schwerpunkte der nächsten Jahre werden, um gemeinsam mit anderen der Zersiedelung entgegenzuwirken. Hier soll auch bei der Raum- und Flächenwidmungsplanung angesetzt werden.

Als «fliegender» Architektenbeirat will ORTE zweimonatlich oder vierteljährlich einen Beratungsausschuß für Gemeinden anbieten, die bezüglich Architekturkultur und -qualität nach Rat suchen. Auf diese Weise sollen grundsätzliche Fragen diskutiert werden können. Die Mitglieder des Beirats wechseln alle zwei Jahre. In ihrer Amtszeit dürfen Beiratsmitglieder keine Aufträge der zu beratenden Gemeinden annehmen.

Den Mitgliedern und Sponsoren danke ich für ihre Treue und Unterstützung, da dies unsere Arbeit erst möglich macht. Besonderer Dank geht an Frau Dr. Christiane Krejs, die Koordinatorin der Verantstaltungen und aller Arbeiten für das Sekretariat.

Entgegen vieler Widerstände und Mühen zeigt dieses

Buch, daß in Niederösterreich in den vergangenen zehn Jahren zahlreichen Architektinnen und Architekten manch qualitätvolles zeitgenössisches Bauwerk gelungen ist, das von den erwachten Baubehörden, wo nicht sogar herausgefordert, wie in Krems, doch immerhin zugelassen wurde. Daher glaube ich, daß auch die Niederösterreicherinnen und Niederösterreicher von dieser Zusammenschau überrascht und erfreut sein werden.

WORKING FOR "ORTE/SITES LOWER AUSTRIAN ARCHITECTURE NETWORK"

The ORTE network should not be seen as a merely topographical network but also as an organisational structure. The aim is to reach as many people as possible who are involved with building, architects and the design of the environment or who are simply interested in these matters. Fellow architects are not the sole focus of our dialogue, we wish to reach potential private clients and officials in local authorities who are responsible for building activity. The exchange of information on the "state of affairs" on both a regional and international level should be encouraged as should the search for and discussion on those possibilities which seem particularly appropriate within the specific context of Lower Austria. The series of lectures curated by Walter Zschokke, which are held at roughly monthly intervals in different "sites" in the region, provides a basis for these activities. This series relates directly to the problem of establishing a culture of architecture in Lower Austria, a rural/industrial region with small and medium sized towns. In addition to lectures by architects from Lower Austria, who generally explain their buildings "on site", guests from outside the region are invited to present their projects and to explain their responses to problems comparable to those with which we are faced. The thematic block "Advice of Old Masters" is concerned with passing on experience and also with creating an opportunity of getting to know personally major figures from the world of architecture. "Stars" and new developments are introduced but an attempt is made to avoid being led by short-lived medial tendencies. In its additional activities ORTE approaches the decision-makers and encourages discussions on experience gained in other districts, towns and federal states. A cycle of events entitled "Related Regions" aims at an exchange of ideas with politically independent, decentralised regions which, like Lower Austria, lie within the sphere of influence of a major city or even a metropolis. Up to the present such a meeting has been organised with expert architects from the Swiss canton Aargau and further such events are planned, including a meeting with colleagues from the German State of Brandenburg. The theme of local conservation is examined in a current discourse. Design measures within a specific area should demonstrate a sensitive response while avoiding an embarrassing pseudo-regional style. High quality contemporary building should be encouraged. Collaboration with the widely distributed publication, "NÖ gestalten", (Designing Lower Austria), further education programmes for officials in the local building authorities, relating both to architectural history and contemporary architecture, and seminars for consultants on matters of local conservation, belong to this particular thematic area. Additionally, symposia on focal points such as, for example, "Housing for the elderly today" and exhibitions on regional and international buildings are organised. Collaboration in the reform of the building legislation is part and parcel of the creation of an optimal framework for the development of high quality architecture. This is, perhaps, an appropriate point at which to thank all those committed committee members for their many hours of voluntary work in this area. Subsidised housing and a more dense development pattern will be the points in the years to come in order to establish a united front against scattered, sprawling development. A start could be made in the areas of zoning and development plans. ORTE aims to function as a kind of "flying" design advisory body offering a consultancy service every two to four months to local communities who need advice on matters of architectural culture and quality. Fundamental issues can be discussed within this context. The members of this body will be changed every two years. During their period of office members may not accept commissions from the authorities whom they advise. I should like here to thank the members and sponsors for their loyalty and support which has made our work possible. Particular thanks are due to Dr. Christiane Krejs, the organiser of our events, who also runs our secretariat. In the face of considerable opposition and as a result of considerable effort this book illustrates the fact that, in the last decade, numerous architects have succeeded in creating contemporary buildings of quality which, where they were not specifically insisted upon by enlightened building authorities as was the case in Krems, were, after all, approved. For this reason I believe that the men and women of Lower Austria will be both surprised and delighted by this presentation.

Franziska Ullmann ist zur Zeit Vorsitzende von Orte

Lust auf Freiheit; Einsicht in die Notwendigkeit

Otto Kapfinger

Wir haben uns hier zur feierlichen Begründung einer baukulturellen Initiative versammelt. Die Ambition der Aktion «ORTE architekturnetzwerk niederösterreich» ist grundsätzlich und hochgesteckt. Ihre Bedeutung signalisiert nicht zuletzt die Wahl des baulichen Rahmens für diesen Gründungsakt: Wir tun dies in einem der stolzesten, prächtigsten und gelungensten Beispiele der baukünstlerischen Selbstdarstellung einer Schicht, einer Zeit, einer kulturellen Stimmung, einer gesamtkünstlerischen Propaganda – in einem Bau des St. Pöltner Barockbaumeisters Jakob Prandtauer, in einem Bau, der überregionale, europäische Bedeutung besitzt.

Man hat den Referenten als eine Art Leitlinie zwei Stichworte als Thema vorgegeben: Lust und Angemessenheit; und ich denke, mit diesen Begriffen ist die Bedeutung dieser Gründung durchaus treffend umrissen.

Niederösterreich hatte wohl vor allem anderen Lust auf eine eigene Landeshauptstadt, emotionelle Lust und weniger wirklich rationale Notwendigkeit. Und jetzt wird sie tatsächlich gebaut, wenn auch dabei sichtlich ein Schwenk in Richtung Angemessenheit zu verzeichnen ist. Denn zweifellos ist die anfänglich hochgeschraubte Lust auf Epochales in der real-kulturellen Angemessenheit des Projektes auf den Boden der tatsächlichen Verhältnisse zurückgeglitten.

Lust und Angemessenheit: Offenbar meint das eine die Ausnahme, das Übersteigen der Vernunft, des Üblichen, also das Festtägliche, Besondere – und meint das andere eben das Alltägliche, das Regelhafte, Vernünftige. Was diese beiden Begriffe im Glücksfall auch einmal zur Deckung bringen kann, das zeigt sich in diesen Räumen hier, wo man eigentlich sagen kann: Die Lust dieser barocken Siegesgeschichte, des Triumphs über Reformations- und Türkengefahr, diese Lust hat hier auf völlig angemessene Weise ihren baulichen Ausdruck gefunden. Ich möchte aber versuchen, dieses Begriffspaar auf das zeitgenössische Geschehen und lokal bezogen schärfer zu machen. Unter das Symbolische der Lust könnte man heute all das subsumieren, was gerade auch in Niederösterreich von einem Netzwerk obrigkeitlicher Bevormundung, untertanenhafter Ignoranz und allgemeiner kultureller Orientierungslosigkeit und Identitätsangst unterdrückt wird.

Wenn ich rekapituliere, was mir in den letzten zehn Jahren viele jüngere Architekten, die nicht nur ich für die Begabtesten des Landes halte, erzählten, welche absurden Schwierigkeiten sie oft zu meistern hatten, welcher Verständnislosigkeit sie ausgesetzt sind, wenn sie versuchen, nicht das längst Überholte, tausendfach gedankenlos Kopierte oder das behördlich stur und sinnlos Vorgeschriebene zu bauen, wenn sie versuchen, Lust auf Qualität zu zeigen und eine Baufrage in den Bereich des Besonderen zu geben, den spezifischen Ort zur Geltung zu bringen – oder auch nur das nach ihrer Ansicht Angemessene zu realisieren –, wenn ich das nun abwäge, dann muß ich sagen, die Lust auf Baukunst, auf Baukultur ist der Allgemeinheit wie auch der Obrigkeit seit dem Barock irgendwie und dramatisch abhanden gekommen.

Man hat offenbar Angst – Angst vor dem Ungesehenen, Angst vor der breiten Massenmeinung, Angst vor dem GVE, dem «gesunden Volksempfinden», das als «gesundes» und «volkseigenes» vor allem propagiert und dem Volke eingebleut wurde, als es galt, das «Ungesunde» und «Volksfremde» zu denunzieren.

Eines der Resultate ist diese Angst vor dem Kreativen, diese Knebelung der schöpferischen Lust. Und dazu, um diese Enge aufzubrechen, möchte die Aktion ORTE etwas beitragen, um in der politischen, in der fachlichen, in der breiteren Öffentlichkeit Mut zur Lust zu machen, um der Zeit die ihr gemäße Baukunst, um der Baukunst die ihr nötige, zustehende Freiheit zu sichern.

Denn es ist eine Tatsache, daß man in Niederösterreich mit dem größten architektonischen Schund, wenn er nur die richtige Dachneigung und/oder die ortstypische Formdekoration aufweist, in allen Verfahren schnellstens durchkommt, während gerade jene Projekte größte Schwierigkeiten haben, die das einzig Mögliche versuchen: eben nicht die Baukultur in den toten Masken der Formen der Vergangenheit zu pervertieren, sondern im

Geist der Alten mit den Mitteln und Gedanken unserer Zeit am Ort unverwechselbar zu schaffen.

Lust auf baukünstlerische Freiheit – Freiheit für die baukünstlerische Lust, für jene unalltägliche Qualität, die sich von falsch verstandenen, unzeitgemäßen Reglementierungen befreit –, das wäre ein Motto für die Gründung von ORTE. Diese Medaille der Freiheit hat, wie ich meine, aber auch eine zweite Seite. Aufklärung, Demokratie und Industrialisierung haben doch eine Entwicklung in Gang gesetzt, die unumkehrbar ist, machen wir uns keine Illusionen!

Es ist völlig absurd, die Disziplin, die Harmonie alter Bautypologien, alter Bauensembles nostalgisch zu beschwören – die nicht zuletzt auch eine erzwungene war –, wenn wir uns doch zu einem kulturellen System bekennen, das den Individuen mehr Freiheit als jedes andere politische System zuvor verspricht und auch ermöglicht. Es ist wirklich absurd, wenn wir als Kulturkritiker und Architekten das sogenannte «Chaos» der stilistischen und städtebaulichen Erscheinung von neuen Siedlungen und ganzen Siedlungsstrukturen kritisieren, wo diese doch ein genuiner Ausdruck exakt jener kulturellen Entwicklung sind, der auch wir unseren spezifischen Freiheitsbegriff für künstlerische Qualität verdanken.

Diese Paradoxien sind den Begriffen der Aufklärung – Toleranz, Gleichheit, Freiheit – bereits immanent. Das heißt, die schrankenlose Freiheit, wie sie unsere Gesellschaft sich mißverständlich vorgaukelt, ist eine Chimäre; Freiheit wird nur dann zu einer tieferen Qualität, wenn sie zugleich auch in sich ihre Grenzen mitdefiniert.

Hegel hat einmal diesbezüglich den Satz formuliert, der später dann für den Sozialismus galt, der aber für die Demokratie und ihre Kultur ganz allgemein gilt: «Freiheit ist die Einsicht in die Notwendigkeit.» Damit sind wir beim zweiten Begriffspol – bei Angemessenheit und Notwendigkeit. Freiheit wird – auch im Bauwesen – nur dort langfristig wirklich zielführend definiert werden, wo sie das Problem der Angemessenheit wesentlich in ihr Programm einbindet. Diese Paradoxie ist unausweichlich. Angemessenheit/Notwendigkeit sind aber heute Gott sei Dank nicht mehr allein ästhetische Kategorien – wie noch bei Vitruv, Alberti oder Goethe das «Schickliche» –, sondern wir haben heute mit dem ökonomisch-ökologischen Bewußtsein ein viel breiter und klarer fundiertes Verständnis, um sagen zu können, was baukünstlerisch der jeweiligen Situation wirklich angemessen ist. Ich meine

damit, so etwas wie baukünstlerische Radikalität um ihrer selbst willen hätte sich in der Mitte der neunziger Jahre anders zu äußern als in formaler oder ideologischer Extremkletterei.

Radikalität – wie sie im zumeist sehr leichtfertig kolportierten Geniebegriff vom Architekten aufblitzt – Radikalität kann sich heute eher im Versuch beweisen, eine Utopie der Normalität zu realisieren. Denn es geht dort darum, in aller Freiheit und in neuem, von keinem Anachronismusverdacht getrübten Umgang mit der baukünstlerischen Tradition dieses Jahrhunderts so unpathetisch wie möglich den Gebrauch der Baukunst als Bündel verschiedenster Gültigkeiten zu thematisieren.

All das, was sich ORTE in diesem Sinne und für Niederösterreich vornimmt zu fördern – die architektonische Spitzenleistung dort zu ermöglichen, wo sie anlaßgemäß gefordert ist, und um zugleich das allgemeine Niveau zu stimulieren, anzuheben –, all das läuft auf den Begriff der Wiedergewinnung bzw. Neustatuierung regionaler Baukultur hinaus, besser gesagt von Baukultur in dieser Region. Aber mit diesem Begriff, so leicht und schön er auch in aller Ohren klingt, ist es genauso schwierig wie mit dem Antagonismus von Freiheit/Notwendigkeit, Lust/Angemessenheit.

Wie jede Eßkultur, Trinkkultur, Kleidungskultur oder Sprachkultur ist auch die Baukultur eine Sache der Übereinkunft, eine Konvention in dem Sinn, daß sich eine durch ihre Anzahl oder durch ihre Position ausschlaggebende, gesellschaftliche Gruppe darüber klar und einig ist, was zu solcher Kultur gehört und was nicht. Kultur vollzieht sich in der Übereinkunft der Formen, im Gebrauch von Regeln, wie Menschen mit sich, miteinander und mit den Dingen umgehen.

Übereinkunft oder Konvention kann nun auf verschiedene Weise entstehen. Eine mögliche Voraussetzung dafür liegt in einem konkreten Mangel an Mitteln und Materialien, also in sehr eng gefaßten Bedingungen. Je eingeschränkter die natürlich oder künstlich gegebenen Möglichkeiten sind, um so eher wird sich eine Übereinkunft herstellen, da von vornherein nur sehr wenige Faktoren im Spiel sind. Not macht Kultur, könnte man sagen, und kritische Historiker werden aus ihrer Sicht ergänzen: Die Not der vielen machte und macht die Kultur der wenigen. Wenn beispielsweise nur Holz oder nur Stein als Baumaterial zur Verfügung steht, wenn das Material kostbar und schwierig zu gewinnen ist, genauso wie das urbare Land, dann entsteht Baukultur. Sämtliche «anonymen»

Baukulturen, bäuerliche oder städtische Lehm-, Holz- oder Steinarchitekturen sind, vereinfacht gesagt, unter den Bedingungen des Mangels entstanden, die zur Komplexität in der Überlegung und Planung zwingen und zu Disziplin, Rationalität, Rücksichtnahme und Einfachheit (nicht Primitivität!) im Resultat führen.

Ein kluger Baugeschichtler hat diesen Umstand einmal resignativ – oder zynisch, wie man es eben sehen will – beschrieben: «Baukultur, vielmehr ihre Reste, gibt es heute nur noch in Entwicklungsländern.» Mangelnde Prosperität ist auch einer der Gründe, warum eben in Teilen des Waldviertels oder des Burgenlandes große anonyme Ensembles weitgehend erhalten geblieben sind. Eine andere Quelle der Baukultur kann aus der vitalen Kraft einer geistigen, spirituellen Übereinkunft entstehen. Kultische Bauten, als kollektiv bezogene Werke, wurden immer von dem spirituellen Einverständnis und der Wechselwirkung zwischen einer ausgewählten Priesterschaft und dem Volk getragen. So entstanden die Monumente des architektonischen Überflusses oder der Verdichtung als kulturelle Kristallisationspunkte. Die Kultbauten, als Orte und Vermittler geistiger Botschaften, waren das erklärte Besondere in der Menge des regelhaften Allgemeinen.

Baukultur kann auch sozialhierarchisch von oben nach unten durch Reglementierung entstehen, wenn diese von entsprechend klaren Vorstellungen geprägt ist und als Abdruck der Zeit und der Verhältnisse wirkt. Es ist vielleicht zuwenig bekannt, daß gerade das so hoch geschätzte barocke Antlitz der Wiener Altstadt durch eine streng geregelte Überarbeitung des Hausbestandes entstanden ist, daß ein eigener Hofkommissär für die Durchführung der Baubestimmungen sorgte. Es war dies eine höfisch-absolutistische Regelung, die eine «moderne», dynamische Umwandlung der Stadt bezweckte und ihr einen der Zeit gemäßen, neuen Ausdruck geben sollte. Baukultur entsteht auch durch Vorbildwirkung. Niemand wird bestreiten, daß die Leistung einzelner so starke Ausstrahlung erlangen kann, daß sie den allgemeinen Baucharakter einer Epoche entscheidend prägt. Im 20. Jahrhundert kann man Le Corbusier so eine Rolle zusprechen – und noch stärker vielleicht Ludwig Mies van der Rohe. Mies' Zielvorstellung war explizit eine möglichst sachliche, anonyme und imitierbare Architektur, die konstruktiv und formal auf ganz wenigen Grundelementen aufbaute und die deshalb in einer industrialisierten Welt auf einem Standardniveau übernommen werden konnte. Im Gegensatz zu der viel eigenwilligeren Kreativität von Corbusier war Mies' Architektur «einfacher» und geradliniger, so daß sie als Konvention, als Stereotyp für «modernes» Bauen weltweit und für ganz differente Aufgaben geeignet war, dadurch aber auch sehr leicht kanalisierbar wurde.

Die gegenwärtige zivilisatorische Situation der «ersten und zweiten Welt» ist geprägt von den Merkmalen des Überflusses an Materialien, Mitteln und Informationen, von der Vielfalt und Grenzenlosigkeit der technischen Verfahren, von einer relativ großen Freiheit des sozialen und formalen Vermögens. Es entspricht einer statistischen Wahrscheinlichkeit und der täglichen Erfahrung, daß sich durch eine Vermehrung der möglichen Faktoren die Bandbreite aller Übereinkunft verringert, noch dazu, wenn geistige oder kultische Momente als kulturelle Stimulanz und Instanz in den Hintergrund treten.

Baukultur im klassischen Sinn einer klaren, allgemein verbindlichen Übereinkunft ist bei den gegebenen Bedingungen heute nicht mehr möglich. Ein Wiener Kunsthistoriker hat kürzlich gesagt: «Es gibt keine objektive, verbindliche Kunstgeschichte mehr. Es gibt nur mehr viele verschiedene Kunstgeschichten, wobei die objektive Aussagekraft jeder spezifischen Geschichte an die Offenlegung der jeweils vorausgesetzten Parameter gebunden ist.» Das gilt, modifiziert, heute auch für die Architektur. Die Verbindlichkeit von objektiven Sprachregelungen, die relative Verbindlichkeit historischer Epochen, kann ihr Äquivalent nur mehr in der Objektivierbarkeit von subjektiv formulierten Qualitäten haben. Diese Einsicht ist kein Ende in Resignation, sondern die einzig mögliche Basis für einen neuen Anfang.

Um objektivieren zu können, müssen die Beteiligten, müssen die Kontrahenten zunächst einander verstehen. Bildung, Kultur beginnt mit dem Artikulieren und mit dem Zuhören, mit dem gegenseitigen, kritischen Verstehen. In der Welt des Bauwesens gibt es heute so viele verschiedene, meist nicht-kompatible Teilwelten von Spezialisten, von Ideologien und ungleichzeitigen Niveaus, daß die erste, die grundsätzliche Aufgabe bloß darin bestünde, Mißverständnisse ab- und gegenseitiges Verständnis aufzubauen. Ich denke dieses Bemühen um Information und Dialog ist eine zentrale Absicht der Aktion ORTE. Es ist dies ist eine absolut unpathetische und eine absolut unverzichtbare Aufgabe. Viel Erfolg dazu!

We have gathered here to celebrate the launching of an ambitious, fundamental architectural and cultural initiative: ORTE architekturnetzwerk niederösterreich. The choice of the physical setting for this celebration is an indication of the special significance of this undertaking. We are here in one of the proudest, most impressive and successful architectural expressions of a particular class and time, of a cultural mood and of propaganda involving all the arts, that is in a building by the baroque architect from St. Pölten, Jakob Prandtauer, a building of supra-regional, European significance.

The people invited to speak here were given two key terms as guidelines: delight and propriety. I believe that these terms most accurately capture the significance of this foundation. Lower Austria wished, above all, to have its own regional capital. This was an emotional desire rather than a rational necessity. Now this capital is actually being built although evidently there has been a swing in the direction of propriety. There can be little doubt that initial exaggerated expectations of something epoch-making have been brought down to earth as is illustrated by the pragmatism of the project.

Delight and propriety: clearly the former term means excluding or transcending the rational and the usual, signifying something festive and special, whereas the latter term means the everyday, regularity and reason. What these two terms can also encompass (if we are fortunate) is shown in these rooms. Here, we can say, the delight of this baroque narrative of victory, the triumph over the dangers posed by the Reformation and the Turks has been lent an entirely appropriate architectural expression – I should like, however, to hone the definition of this pair of terms with regard to both the present day and the local scene. Everything which is suppressed by a network of patronising authorities, servile ignorance and a general cultural disorientation and fear of identity, in Lower Austria as elsewhere, could be summarised under the heading of "The Symbols of Delight".

If I were to recapitulate everything I have been told by many younger architects – people whom not only I regard as the most gifted in the province – over the last ten years, I have to say that both the general public and the authorities have, since the Baroque era, somehow dramatically lost any sense of delight in the art or culture of building. I have heard these younger architects relate the absurd difficulties they have often had to surmount, the complete incomprehension with which they have been confronted in their attempts to build anything of quality which is not out-dated or copied for the thousandth time, to make something special of a commission, to bring the particular qualities of the site into play or even merely to build something which they considered appropriate. It seems that people are afraid of something they have not yet seen, afraid of popular opinion, afraid of the "sound public instinct", a term which dates from the Nazi era, "sound public instinct" which is propagated as sound and popular and has been fed to the public as if it were necessary to denounce "unhealthy" or "foreign" trends. One result has been this fear of creativity, the restraint of creative delight. In order to remove this restriction the action ORTE aims at lobbying politicians, experts and the general public to create a climate in which the courage to pursue this delight can flourish and in which it is possible to create an architecture appropriate to our times, securing the freedom it both needs and deserves.

It is, unfortunately, true that in Lower Austria even the greatest architectural rubbish can be steered speedily through all stages of the planning approval process if it has the correct roof slope and/or decorative forms typical of its surroundings, whereas precisely those projects encounter the greatest difficulties which attempt the only legitimate solution, i.e. not perverting architectural culture by hiding it behind the dead masks of historical forms but unmistakably creating in the spirit of the past with the means and ideas of our time. "Delight in architectural freedom, freedom for the expression of architectural delight, for quality which is out of the ordinary and liberates itself from falsely interpreted, outdated regulations" could be a founding motto for ORTE. This coin of freedom has, I believe, a second side. Enlightenment, democracy and the process of industrialisation have set a development in motion which cannot be reversed, let us have no illusions about this point.

If we acknowledge our belief in a cultural system which promises, and also allows, the individual more freedom than any other political system it is completely absurd to yearn nostalgically for the discipline and harmony – which, incidentally, resulted from imposed restrictions – of traditional building types or ensembles. It is truly ridiculous for cultural critics and architects to criticise the so-called "chaos" of the stylistic and urban appearance of new estates or entire settlement structures, as this chaos is a genuine expression of precisely that cultural development to which we owe our specific interpretation of freedom for artistic quality. Such paradoxes are immanent to those key terms of the Age of Enlightenment: tolerance, equality, freedom. That is to say the idea of unrestricted freedom with which our society plays is an illusion. Freedom can acquire a deeper meaning only when it is involved in defining its own boundaries.

In this particular context Hegel once formulated a sentence which was later applied to Socialism but which also applies to democracy and its culture in general: "Freedom is the insight into necessity." This brings us to the second pole of definitions, to the terms propriety and necessity. We can arrive at an adequate definition of freedom (also applicable to the area of building), only by including the problem of propriety as an essential part of the programme. This paradox is unavoidable.

Propriety/necessity are, thank God, today no longer exclusively aesthetic qualities as was the case with Vitruvius, Alberti or Goethe. Today, economic and environmental consciousness provides a much wider and more clearly based understanding, one which enables us to say what is truly architecturally appropriate to any particular situation. What I mean is that, in the middle of the nineties, something such as architectural radicalism for its own sake must be able to express itself without formal or ideological displays of bravura.

Radicalism is a term which emerges in the far too casually bandied definition of the architect's genius. Nowadays the realisation of a Utopia of normality is a more convincing demonstration of radicalism. For the central issue here to thematise, as unemotionally as possible, the use of architecture as a bundle of highly diverse validities – with complete freedom and employing a new way of dealing with the architectural tradition of this century that is untroubled by any suspicion of anachronism. In this context it is one of ORTE's aims to make top quality architecture possible where required by the nature of the project and, concurrently, to stimulate and raise the general level of building. Such attempts lead to the recapturing or redefinition of the regional culture of building or, to phrase it better, of architectural culture in this region. But this term, as simple and as attractive as it may sound, is every bit as problematic as the antagonism of freedom/necessity, delight/propriety.

Like the cultures of eating, drinking, clothing and language, the culture of building is a matter of consensus, a convention in the sense that a particular group, which is influential due to its size or position, agrees on what belongs to such a culture and what not. Culture occurs in the consensus of forms, in the use of rules as to how people deal with themselves, with each other and with objects. Consensus or convention can arise in a number of ways. One possible prerequisite is a concrete shortage of means and materials, i.e. severely restrictive circumstances. The more restricted the natural or artificially created circumstances are, the more likely it is that a consensus will be arrived at as only few variables are involved from the very start. One could say that necessity makes culture – and here critical historians might add, from their point of view, that the necessity of the many made and makes the culture of the few. As an example: when timber or stone are the only building materials available and where these materials are expensive and difficult to obtain, just like urban land, a culture of building develops. The entire range of "anonymous" building cultures, whether urban or rural, made of mud, timber or stone developed, to put it simply, under conditions of shortage which led to complexity in design and planning and resulted in discipline, rationalism, carefulness and simplicity (while never seeming primitive).

A perceptive architectural historian once described this situation in a resigned or, one could also say, cynical way: "The culture of building or its remnants exist only in developing countries". The lack of prosperity is one of the reasons why large anonymous ensembles have, for the most part, survived in parts of the Waldviertel or of Burgenland.

The vital strength of a spiritual and intellectual consensus is also one of the origins of a culture of building. Buildings for religious rites are collective works resulting from the spiritual understanding and interaction of a chosen priesthood and the people. This is how monuments of architectural abundance or intensification emerge as points of cultural crystallisation. Buildings for religious rites, places and mediators of spiritual messages, formed special, explicable elements emerging from the mass of the regulated, commonplace world.

A culture of building can also develop from above to below – in a social hierarchy – as a result of regimentation where this is characterised by clarity and is seen as the expression of a particular time and conditions. It is perhaps not widely enough known that the baroque appearance of the old city centre of Vienna, which is so highly regarded, developed as the result of a strictly organised reworking of the existing built substance and that a special court commissary was responsible for the enforcement of these building regulations. This absolutist regimentation created a "modern" dynamic transformation of the city giving it a contemporary new expression.

A culture of building also results from examples. It cannot be denied that the achievements of individuals can have such a strong effect that they leave a decisive mark on the architectural character of a particular epoch. In the 20th century one could ascribe such a role to Le Corbusier or even more so to Ludwig Mies van der Rohe, Mies' explicit goal was an objective, anonymous architecture which could be copied and which, in structural and formal terms, was composed of a few basic elements and could thus be accepted as a standard by the industrialised world. Compared to Corbusier's much more individual work Mies' architecture was "simpler" and more direct and could thus be employed to establish a convention or indeed a stereotype for "modern" building and could be applied to a wide variety of projects although, for these very reasons it could also be easily standardised.

The current state of civilisation in the "first and second worlds" is characterised by an over-abundance of materials, means and information, by diversity and unrestricted technical processes, by a relatively high degree of freedom of social and formal potential. Statistical probability and our daily experience suggest that an increase in the number of possible factors inevitably reduces the extent of consensus, especially when the significance of the spiritual or intellectual impetus as cultural stimuli declines. A culture of building in the classical sense of a clear, widely accepted consensus is, under the prevailing circumstances, no longer possible today. A Viennese art historian recently said: "An objective, binding history of art no longer exists. There exist only many different art histories, whereby the objective expressiveness of each specific history relates to the revelation of the accepted parameters within which it was conceived." This statement also applies, in a slightly modified form, to architecture. The binding nature of objective rules of speech, the relatively binding nature of historical epochs, have their equivalents in the process of objectifying subjectively formulated qualities. This insight is not an expression of resignation but forms the only possible basis for a new beginning.

In order to conduct this process of objectifying, all participants and opponents must attempt to understand one another. Culture begins with articulating and listening, with mutual critical understanding. In the world of building today there exist so many incompatible sub-worlds of specialists, of ideologies and different levels that the first and most elemental objective must be to eliminate misunderstanding and to establish mutual understanding.

I believe such encouragement of information and dialogue is a fundamental intention of the action ORTE. This is a wholly unemotive and absolutely essential objective. I wish you the best of luck with this undertaking!

Festvortrag zur Gründungs-veranstaltung im Kolomanisaal von Stift Melk am 4. Juni 1994

Ausstellungspavillon an der Traisen,
St. Pölten
1987–88
Fotografie: Margherita Spiluttini

MITARBEITER / ASSISTANTS
Jürg Meister (Projektleitung), Oskar
Putz (Farbgestaltung), Rudolf
Alvensleben
STATIK, KONSTRUKTEUR /
STRUCTURAL ENGINEERING
Wolfdietrich Ziesel, Wien
AUSFÜHRENDE FIRMA /
BUILDING CONTRACTOR
DHF GesmbH, Karl Falb
BAUHERR / CLIENT
NÖPLAN
ANSCHRIFT / ADDRESS
An der Traisen
A-3100 St. Pölten

AUSSTELLUNGSPAVILLON AN DER TRAISEN, ST. PÖLTEN

ADOLF KRISCHANITZ

Ein Rundbau und ein Längstrakt stehen im lockeren Auwald südlich des neuen Regierungsviertels. Sie wurden als provisorische Ausstellungs- und Veranstaltungsgebäude errichtet für die Ausstellung «Geburt einer Hauptstadt». Die unübliche Nähe der die beiden Baukörper – der Langbau tangiert den Rundbau exakt beim Durchgang vom einen zum anderen – schafft eine spezifische Konstellation. Zylinder und Langbau sind verhängt wie ungleiche siamesische Zwillinge. Eine äußere Haut aus durchscheinendem Wellkunststoff definiert die beiden Körper. Als Tragwerk dient ein Stahlskelett. Rückseite und Gebäudestirnen des langen Ausstellungstrakts sind beplankt mit großflächigen Faserzementplatten. Der Gegensatz der exakten Geometrie zu den unregelmäßig und nahe stehenden Bäumen steigert die polaren Haltungen von Menschenwerk und Natur. Aus der Nähe verlieren die Körper jedoch ihre Scharfkantigkeit. Die ungenauen, weil gewellten Oberflächen des Kunststoffs treten hervor. Im Sonnenlicht strahlt das Material nach allen Richtungen ab, und die Bauten gewinnen durch die leuchtende Aura an Körperlichkeit. Die Dachkonstruktion des Zentralbaus wurde ebenfalls in Stahl ausgeführt. Vom äußeren Druckring führen Zugstangen wie Speichen eines Rades zum schwebenden Tambour. Sie senken sich zur Mitte hin, die daher nicht überhöht wirkt, wie eine Kuppel. Damit wird der zentrierende Charakter des Raumtyps relativiert.
W.Z.

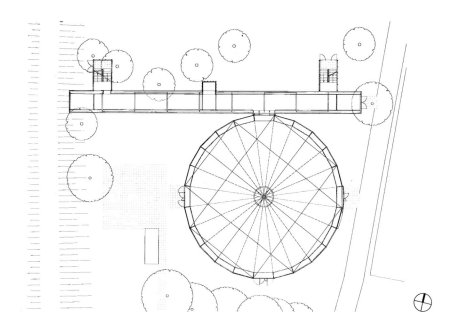

Lageplan/site plan, 1 : 667

A circular building and a long wing stand in openly wooded marshland to the south of the new government district. Both were built as provisional exhibition and meeting spaces for the exhibition "Geburt einer Hauptstadt" (Birth of a Capital). The unusual proximity of the two buildings – the long building touches the circular building tangentially, precisely at the point of transition from one to the other, creates a specific constellation. The cylinder and the long structure are related like two unidentical Siamese twins. An external skin of translucent corrugated plastic defines both elements. A skeletal steel frame provides the load-bearing system. The rear and the ends of the long building are clad with large fibre-cement panels. The contrast between the exact geometry and

the irregularity of the trees nearby intensifies the polarity between man-made objects and nature. On closer observation however, the buildings lose something of their sharp-edged quality. The uneven, corrugated surface of the plastic becomes more apparent. In sunny weather the material radiates in all directions and through this radiance the building acquires a certain corporeality. The roof structure of the circular building is also made of steel. Tension chords like the spokes of a wheel lead from the outer compression ring to the hovering tambour. They slope downwards towards the centre which thus does not appear emphasised a dome. This measure modifies the centralising character of this particular spatial type.
W.Z.

Stadtsaal, multifunktionaler
Veranstaltungssaal, Mistelbach
1986–89
Fotografie: Rupert Steiner

MITARBEITER / ASSISTANT
Dieter Wallmann
STATIK, KONSTRUKTEUR /
STRUCTURAL ENGINEERING
Franz Papp, Wien
Örtliche Bauaufsicht: Vinzenz Janik
Bauphysik und Akustik: Viktor Stehno,
Wien
AUSFÜHRENDE FIRMA /
BUILDING CONTRACTOR
Baumeister: Firma Menzel Bau
GesmbH, Mistelbach
HLS: Kurzbauer GesmbH, Wien
Elektroanlage und Beleuchtung:
Robert Bauer, Mistelbach
BAUHERR / CLIENT
Stadtgemeinde Mistelbach
ANSCHRIFT / ADDRESS
Stadtpark
A-2130 Mistelbach

LITERATUR / LITERARY REFERENCE
- Muck, Herbert; Architektur aktuell
132, 1989.
- Müller, Christine; Die Presse, 24.
November 1989.
- Tabor, Jan; Kurier, 24. Dezember
1989.
- Hauser, Christa; Wiener Journal, März
1990.

STADTSAAL, MULTIFUNKTIONALER VERANSTALTUNGSSAAL, MISTELBACH

ANTON SCHWEIGHOFER

Vor der nordwestlichen Ecke des mittelalterlichen Siedlungskerns entwickelte sich im 19. Jahrhundert eine Zone parkartiger Gärten. Heute befindet sich hier der Stadtpark mit einem prächtigen alten Baumbestand. Im Zuge der Verkehrszunahme wurde die ehemalige Hintergasse zu einer Umfahrungsstraße. Auf den wichtigen neuen Verkehrsträger, aber von diesem nobel zurückgesetzt, orientiert sich die Stirnseite des Stadtsaals mit einer abstrahierten Tempelfront, die zuerst einmal ganz allgemein «Kultur» bedeutet. Zum Park mit den großen Bäumen richtet sich ein schmaler Quergiebel, der einer verglasten Wand vorangestellt ist, getragen von einfachen vierkantigen Stützen in Kolossalordnung. Das moderne Pathos der überschlanken Pfeiler nähert sich aufgrund ihrer Stellung und der Wirkung des Tempelgiebels dem Grundduktus einer klassischen Tempelordnung. Doch handelt es sich bei näherem Hinsehen um eine freie Komposition verschiedener selbständiger architektonischer Elemente. Da ist die Pfeilerreihe an der Stirnseite,

die eine offene Vorhalle definiert. Dahinter erhebt sich eine geteilte Schildmauer. Sie wird in ihrer Autonomie hervorgehoben, indem sie einerseits nicht bis zur Decke reicht und andererseits seitlich über das Gebäude hinausgreift. Die zum Park gerichtet Glaswand in Form einer Überlagerung einer Stützenreihe mit der durchsichtigen Klimatrennschicht ist ihrerseits ein eigenständiges Element. Sie bildet nur scheinbar den Gebäudeabschluß, denn architektonisch ist der Außenraum ins Foyer hineingezogen und endet erst vor der Wand des großen Saales. Obwohl sie zur Seite gefaltet werden kann, kommt hier der Haus-im-Haus-Effekt zum Tragen, das Foyer wirkt als Binnenaußenraum. Das einfache äußere Bild eines scheinbar klassischen Kulturbauwerks erhält durch die innere Organisation einer komplexen modernen Raumbildung eine zeitgenössische Korrektur. Durch mehrere bewegliche Wandteile wurde zudem eine nutzungsmäßige Flexibilität erreicht, die heutigen Anforderungen an einen vielfältigen Veranstaltungsbetrieb zu

fassade und großem Innenraum. Mit dem Treppenaufgang von der Bibliothek wird sowohl die vertikale Beziehung elegant gelöst als auch das Verhältnis zum Altbestand sorgfältig behandelt. Das Bauwerk als ganzes erweist sich bei genauerem Hinschauen als gegenklassische Collage, die der besonderen Lage und der vielfältigen Nutzung flexibel begegnet.
W.Z.

genügen vermag. Außer dem großen Saal im Hauptgeschoß, dem weiträumigen Foyer, einem kleinen Saal im Erdgeschoß, der Stadtbibliothek sowie einer großzügigen Restauration mit Küche und Speisesälen weist das Bauwerk zahlreiche bespielbare Orte auf, die mit wenigen Mitteln als Bühne, als Ausstellungsraum oder als Bewegungsraum für Tanz und Spiel gestaltet werden können. Im hintersten Gebäudeteil wurde ein bestehendes Gebäude aus dem 19. Jahrhundert in das neue Kulturbauwerk inkorporiert. Die fünf Fenster breite Stirnfassade schließt den großen Saal nach hinten ab. Auch hier ergibt sich wieder eine Ambivalenz von ehemaliger Außen-

A zone of park-like gardens developed in the 19th century in front of the north-west corner of the core of the old mediaeval settlement. Today the Stadtpark with a fine collection of old trees is located here. As the amount of traffic increased the former back road became a busy by-pass. The short end of the Stadtsaal has an abstract temple front which signifies, in general, culture that faces onto the new important traffic route but, in a noble gesture, is set back somewhat. A narrow transverse gable carried on simple rectangular monumental piers with a glazed wall in front faces towards the park and its large trees. The modern pathos of the hyper slender piers approaches the basic ductus of a classical temple as a result both of its position and the effect created by the temple gable. But on looking closer you soon see that this is, in fact, a free composition of independent architectural elements. The

town library and a generous restaurant with kitchen and dining rooms, the building has numerous places where events could take place and which, with the use of modest means could serve as a stage, exhibition space or space for dance and theatre. At the very rear of the building an existing building dating from the 19th century was incorporated in the new cultural structure. The end facade with five window bays terminates the large hall at the rear. Here too the ambivalence resulting from the linking of a former external facade and a large inner space is obvious. The stairs leading from the library elegantly solves the vertical connection and carefully treats the relationship to the existing building. When you examine the building as a whole more closely it is revealed as an anti-classical collage that flexibly responds to the particular location and the variety of uses.

W.Z.

row of piers on the end wall defines an open hall, behind a divided shield-like wall rises emphasising its autonomy by the fact that it does not reach up to the ceiling and, at the sides, extends past the building. The glass wall facing the park represents an overlaying of the row of piers with a transparent layer which separates climatic zones and is too an independent element. It only appears to terminate the building as, architecturally, the external space is incorporated in the foyer and ends only in front of the wall of the large hall. Although this can be folded away to one side the "building in building" effect comes into play here and the foyer seems like an internal outdoor space. The simple external image of an apparently classical cultural building is given a contemporary correction by means of the internal organisation of a complex modern spatial system. A number of moveable wall elements creates a functional flexibility which should be able to satisfy the modern day requirements of a multi-faceted cultural organisation. In addition to the large hall at the main level, the extensive foyer, a small hall on the ground floor, the

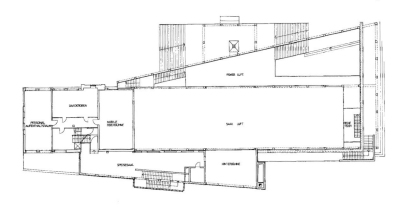

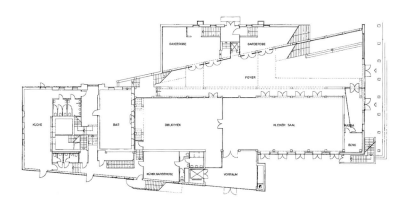

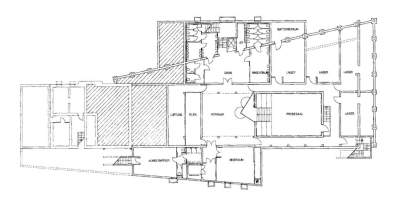

Lageplan/site plan, 1 : 2000

Grundrisse/plans, 1 : 667

Arbeitervereinshaus, multifunktionales
Veranstaltungsgebäude, Horn
1986–89
Fotografie: Margherita Spiluttini

MITARBEITER / ASSISTANT
Werner Scherhaufer
STATIK, KONSTRUKTEUR /
STRUCTURAL ENGINEERING
ARGE Konrad Schindler, Bernd Toms
Bauphysik und Akustik: Viktor Stehno,
Wien
Örtliche Bauaufsicht: Johann Haidl,
Horn
AUSFÜHRENDE FIRMA /
BUILDING CONTRACTOR
Baumeister: Firma Traschler & Co
GesmbH, Horn
Haustechnik: Firma Kosmath, Klausen-
Leopoldsdorf
Elektro: Firma Kwasinok & CoKG,
Horn
Entwurf Deckenmalerei Großer Saal:
Maria Biljan-Bilger
BAUHERR / CLIENT
Stadtgemeinde Horn
ANSCHRIFT / ADDRESS
Hamerlingstraße / Fischer-Gasse
A-3580 Horn

LITERATUR / LITERARY REFERENCE
- Zschokke, Walter; Die Presse /
Spectrum, 11. Februar 1989.
- Schweighofer, Anton;
Morgen 64/1989.
- Polleroß, Friedrich; Das Waldviertel 2,
38. Jahrgang.
- Muck, Herbert; Architektur aktuell
132, 1989.

ARBEITERVEREINSHAUS, MULTIFUNKTIONALES VERANSTALTUNGSGEBÄUDE, HORN

ANTON SCHWEIGHOFER

Die Hamerlingstraße, ein Teilstück der Horner Ringstraße, passiert das Vorfeld der teilweise erhaltenen Stadtmauer an der Nordflanke des mittelalterlichen Stadtkerns. Auf diese breite, baumbestandene ehemalige Grabenzone blickt von außen her das Arbeitervereinshaus mit seiner spätgründerzeitlichen Stirnfassade. Es ist Teil einer im 19. Jahrhundert in klassischem Blockraster entstandenen Stadterweiterung. Für eine aktualisierte Nutzung war die Eingangszone zu eng und zu kurz, es fehlten Foyerräume, Künstlergarderoben und ausreichend Nebenräume. Das Erweiterungskonzept beließ den Haupteingang an der schlanken Frontseite unter dem klassischen Tempelgiebel. Die hohe, von der Treppe befreite Eingangshalle empfängt die Besucher und leitet über wenige Stufen zu einer Sala terrena hinunter, in der stämmige Säulen den darüberliegenden Saalboden tragen. Rechter Hand, an der Ostseite, lockt eine mit Tageslicht gut versorgte Treppe ins weiträumige Hauptfoyer hinauf, das mit hohen Glaswänden auf einen davor liegenden Garten blickt. Die Bühne verblieb unter dem Schnürbodenturm mit dem signifikanten, das Quartier überragenden Quergiebel, aber sie öffnet sich nun nicht nur zum großen Saal, sondern zu einem neugeschaffenen kleinen Saal an der Bühnenrückseite sowie zum großen Hauptfoyer an der Ostseite. Damit ergeben sich bereits

unzählige Möglichkeiten, das Haus mit Darstellung und Spiel zu nutzen. An der Westseite öffnet sich sowohl die Sala terrena als auch der kleine Saal zum Außenraum, so daß auch hier, gleichsam «auf der Straße» allerlei Schauspiele und Festlichkeiten stattfinden können. In der relativ beengten städtebaulichen Lage gelang es dem Architekten einerseits, den historischen Bestand zu wahren und ihm weiterhin eine Hauptrolle zuzuordnen. Obwohl andererseits kräftig in die Struktur eingegriffen wurde, bleiben die neu dazugebauten Teile zurückhaltend. Nur zum Garten öffnet sich das Foyer in festlicher Intensität und mit entschieden zeitgenössisch-architektonischem Ausdruck. Mit der Beauftragung von Maria Biljan-Bilger für den Entwurf zur Neubemalung der alten Holzdecke wurde auch in künstlerischer Hinsicht der Bezug zur heutigen Zeit geschaffen.
W.Z.

Hamerlingstraße, a part of the Horner Ringstraße, passes the area in front of the partially preserved city wall on the northern flank of the mediaeval city centre. The workers' club with its late Gründerzeit end facade look from outside toward this wide, tree lined, former moat area. The building is part of a 19th century urban expan-

sion carried out in the classic grid development pattern. The entrance area was too narrow and short for modern use and it lacked foyer space, artists' dressing rooms and sufficient ancillary spaces. The expansion concept retained the main entrance under the classic temple gable on the narrow front of the building. The high entrance hall, freed from the staircase, receives the guests and leads them down a few steps to a sala terrena, in which solid columns carry the floor of the hall above. To the right, on the east side, a staircase well lit by daylight invites you up to a spacious main foyer, which, through high glass walls, looks out over a garden. The stage remained under the rigging loft tower with its prominent transverse gable, which dominates the district. However, it now opens not only to the large hall, but also to a newly created, small hall at the rear of the stage as well as to the main foyer on the east side. This results in unlimited possibilities of using the building for drama or play. On the west side, both the sala terrena and the small hall open to the outside, so that all kinds of performances and festivities can take place, so to speak, in the streets. In a relatively restricted urban area, the architect succeeded in preserving the historic part of the building and maintaining its central role. The new elements remain discrete despite the major structural interventions made in the building. It is only on the garden side that the foyer opens in a celebratory and decisively contemporary architectural manner. The commissioning of Maria Biljan-Bilger for the design of the new painting of the old wooden ceiling ensured an artistic link to the present.
W.Z.

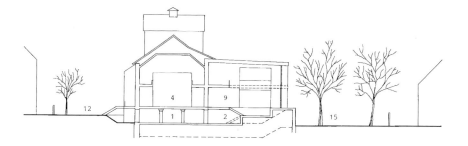

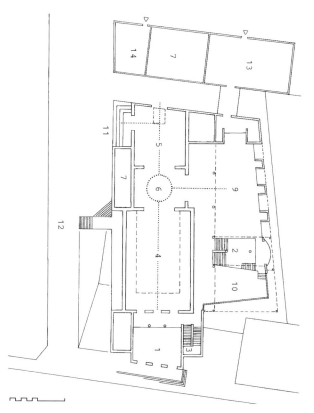

Schnitt/section,
Grundriß/plan,
1 : 667

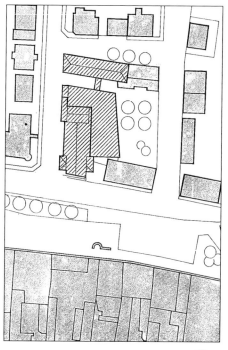

Lageplan/site plan, 1 : 2000

Museum Carnuntinum, Bad Deutsch
Altenburg
1987–92
Fotografie: © Atelier Hans
Puchhammer
Monika Nikolic (1),
Gerald Zugmann (1)

MITARBEITER / ASSISTANTS
Roswitha Siegl, Klara Alföldi, Christa
Buchinger, Susanna Eidenböck-
Hollenstein, Elisabeth Fuchs, Heinz
Priebernig, Barbara Puchhammer
Örtliche Bauaufsicht: Ernest Süss,
Monika Putz
Farbtechnische Beratung: Oskar Putz
BAUHERR / CLIENT
NÖ Landesregierung
ANSCHRIFT / ADDRESS
A-2405 Bad Deutsch Altenburg

LITERATUR / LITERARY REFERENCE
- Architektur aktuell 145, 1991.
- Baumeister 9, September 1992.

MUSEUM CARNUNTINUM, BAD DEUTSCH ALTENBURG

HANS PUCHHAMMER

Carnuntum war bereits eine wichtige keltische Ansied-
lung, als es unter den Römern Hauptstadt der Reichs-
provinz Oberpannonien wurde. Diese zentrale politische
und kulturelle Rolle bildet die Quelle einer reichhaltigen
Sammlung von Fundstücken, die mit der geplanten syste-
matischen Erforschung der ausgedehnten archäologi-
schen Zone noch anwachsen wird. Bereits 1904 war von
Friedrich Ohmann und August Kirstein ein Museum mit
Forschungsstelle errichtet worden, das romantisierende,
antikisierende, sakrale sowie Elemente des Jugendstils
am Typus einer römischen Landvilla geschickt integrierte.
Das Gebäude steht frontal zum Erholungspark der vom
Kurbad initiierten Siedlung. Die zentrale Eingangshalle
ist zwei Stockwerke hoch und wird von Oberlichtern
schwach erhellt. Sie dient bereits als Ausstellungsraum
für kultisch-religiöse Steinskulpturen. Eine erneuerte
polychrome Gestaltung der Wände zieht sich durch alle
Räume bis ins Obergeschoß. Dabei leistete der konkrete
Maler Oskar Putz wichtige Analyse- und Beratungsarbeit.
Hans Puchhammer hatte eine angefangene Baustelle
übernommen, er beseitigte zuerst mehrere entstellende
Umbauten und ließ zahlreiche wichtige Details, so die
Türen in gemalter Kammzug-Maserierung, wieder herstel-

len. In dieser sorgfältigen Pflege des Bestands wurden
notwendige Adaptierungen und Ergänzungen zurückhaltend eingebettet. Dazu gehört das umlaufende Galerie-
geländer in der Halle oder die Gestaltung des Garten-
hofes an der Rückseite des Gebäudes. Wesentlich ist
auch die Neugestaltung der Ausstellungsbereiche. Die
luftigen Glasvitrinen sind auf die modulare Ordnung der
Räume abgestimmt, die Beleuchtung erfolgt konservato-
risch unbedenklich von außen, aber dennoch präzis auf
die Ausstellungsobjekte bezogen. Die Leistung des
Architekten ist auf den ersten Blick nicht in ihrem vollen
Umfang erkennbar. Sie bezieht sich auf vieles, was nicht
zu sehen ist: das Vermeiden von aufdringlichen, den
Bestand konkurrierenden Gestaltungselementen, das
Integrieren notwendiger Änderungen und die vorausschauende Koordination aller gestalterischen Maßnah-
men im Hinblick auf ein Zusammenwirken der Erscheinung von historischer Substanz, zeitgenössischer
Gestaltung und Präsentation der Fundstücke.
W.Z

Carnuntum was already an important Celtic settlement
when, under the Romans, it was made capital of the
imperial province of Upper Pannonia. This central political

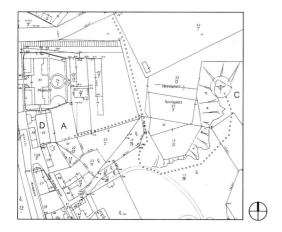

the avoidance of dominant design elements which might compete with the existing building, the integration of the necessary alterations and the co-ordination of design measures in anticipation of the collaborative effect resulting from the appearance of the historic substance, contemporary design and the presentation of the archaeological finds.
W.Z.

and cultural role is the source of a rich collection of finds which is certain to grow in the course of the planned, systematic exploration of the extensive archaeological site. In 1904 Friedrich Ohmann and August Kirstein built a museum with a research centre which combined, in an intelligent way, romantic, antique and sacred motifs with Jugendstil elements in a form derived from a Roman country villa. The building faces directly onto the park of a development which started from the local spa. The central entrance hall, which is two storeys high, is dimly lit by roof lights. It serves as an exhibition space for religious stone sculptures. The renovated polychrome decoration of the walls is continued in all the rooms, up to the upper level. The painter Oskar Putz carried out an important analysis of this paint work and offered valuable advice on its restoration. Hans Puchhammer took over a site where work had already begun and, first of all, removed several alterations which had negatively affected the appearance of the building. He restored numerous important details such as the painting of the doors in a combed, wood grain effect. This careful treatment of the existing building was accompanied by the necessary adaptations and additions such as, for example, the railings to the gallery in the hall or the design of the garden courtyard at the rear of the building. The re-design of the exhibition spaces is also a significant feature. The airy show cases which relate to the modular order of the space, are lit from without (in response to the requirements of the conservationists) but the lighting is precisely focused on the objects displayed. It is not possible, at first glance, to grasp the complete extent of the architect's achievement here as it is made up of many elements which are not immediately apparent:

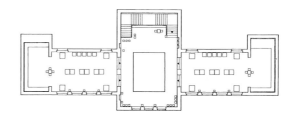

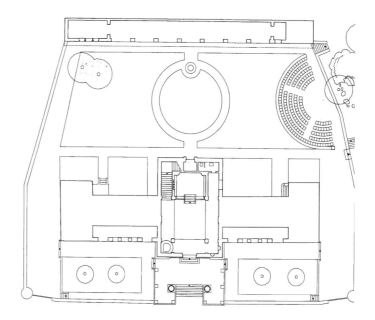

Grundrisse/plans, 1 : 667

MITARBEITER / ASSISTANT
Ronald Franz
STATIK, KONSTRUKTEUR /
STRUCTURAL ENGINEERING
Kurt Schuh, Herzogenburg
AUSFÜHRENDE FIRMA /
BUILDING CONTRACTOR
Baufirma: Witzani GmbH, Tulln
Stahlbau: Jetzlsberger
Industriemontagen, Gmunden
BAUHERR / CLIENT
Comitas Grundstück-
VermittlungsgesmbH, Wien
ANSCHRIFT / ADDRESS
Minoritenplatz
A-3430 Tulln

AMTS- UND MUSEUMSGEBÄUDE, TULLN

JOHANNES ZIESER, ALFRED OSZWALD, HANS OSZWALD

Das Ensemble an der Donaulände war ehemals Kloster der Minoriten, später Pionierkaserne und dann Wohnhaus. Die Aufgabe lautete auf Sanierung des Altbestandes, Überdachung des Innenhofes und Errichtung eines neuen Eingangsbereiches. Die U-förmige Anlage des Klosters war ursprünglich mit einem Südtrakt aus dem 19. Jahrhundert zum Minoritenplatz geschlossen. Er wurde abgetragen, der Chor der Minoritenkirche freigestellt, und durch die Plazierung des neuen Eingangs- und Erschließungstraktes wurde ein großzügiger Vorplatz geschaffen. Das repräsentativ gestaltete, dreigeschossige Eingangsbauwerk, hinter dessen Glasfassade die verbindenden Brücken sichtbar werden, bildet eine transparente Spange zwischen den historischen Bauteilen und ermöglicht die ringförmige Erschließung der U-förmigen Anlage. Innerhalb des massiven Eingangsportikus setzt sich die Verglasung der Fassade fort. Das Vordach begleitet den Eintretenden durch den verglasten Windfang in die Eingangshalle. Im Untergeschoß nehmen stadtarchäologische Ausgrabungsstätte und Ausstellung aufeinander Bezug. Verschiedene Grade der Sichtbarkeit der vorgefundenen Strukturen, das Bewahren und Präsentieren waren Anliegen der Planer. Im Erdgeschoß und im ersten Obergeschoß befinden sich weitere Themenmuseen, im zweiten Obergeschoß ein Sonderausstellungs- und Veranstaltungsraum, in anderen Gebäudeteilen sind Ämter untergebracht. Durch die Eingangshalle betritt man den überdachten Innenhof, der das Feuerwehrmuseum enthält. Die hofüberdachende Stahlkonstruktion berührt kaum den Altbestand, sie schwebt formal in Traufenhöhe über dem Hof. Die Last wird über acht Rundstützen abgeleitet. Die optische Trennung zu den historischen Fassaden entsteht durch die filigranere Gestaltung der Konstruktion im Bereich des Oberlichtstreifens, der um das geschlossene Dach herumgeführt wird. Durch das Lichtband streift das Licht die historische Bausubstanz. Die Hoffassade wurde in ihrer ursprünglichen Schlichtheit belassen. Die Außenfassaden zeigen den wiederhergestellten Zustand der Pionierkaserne, der anhand von gefundenen Fassadendetails rekonstruiert wurde. Die Nordfassade zur Donau hin, hinter der das Refektorium untergebracht war, folgt in ihrer Gestaltung einem historischen Stich. B.E.

This ensemble on the Danube was once a Minorite monastery, later a barracks for the Corps of Engineers and finally a residental building. The architects' task was to renovate the existing building, place a roof over the internal courtyard and create a new entrance area. The U-shaped monastery complex was originally closed by a south wing facing onto Minoritenplatz dating from the 19th century. It was demolished, the choir of the Minorite church

thus was exposed to view and through the positioning of the new entrance and circulation areas a generously dimensioned forecourt was created. The impressive three-storey entrance building has a glass facade behind which connecting bridges are visible. It forms a transparent link between the historic building elements and creates a continuous circulation ring around the U-shaped complex. The glazing of the facade is continued inside the massive entrance portico. The roof canopy accompanies the person entering the hall through the glazed draught lobby. An urban archaeological excavation site and the exhibition of the finds are presented at basement level. Various degrees of visibility of the structures discovered and their preservation and presentation were the planners' main concern. On the ground floor and on the first floor there are further theme museums, on the second floor a space for meetings and special exhibitions. Various local authority departments are housed in other parts of the building.

You enter the roofed inner courtyard, which houses the fire brigade museum, through the entrance hall. The steel construction above the courtyard barely touches the old building, seeming to hover above the yard at eaves level. The load is transferred to eight circular columns. The visual separation from the historic facade results from the filigree design of the construction in the area of the band of roof lights which runs around the closed roof structure. Light entering through these roof lights washes against the historic building fabric. The original simplicity of the courtyard facades was preserved. The external facades are a re-construction of the facades of the Corps of Engineers barracks based on details discovered. The design of the north facade, which faces towards the Danube and behind which the monastery refectory was once located, is based on a historical engraving.
B.E.

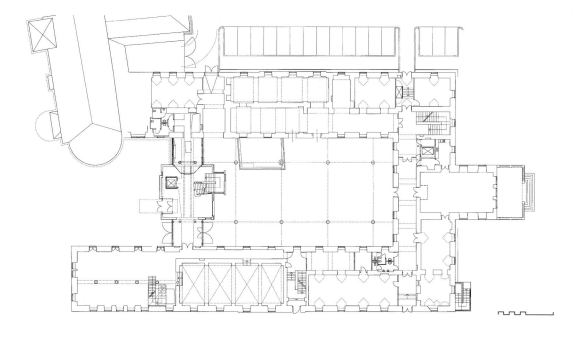

Grundriß/plan, 1 : 667

Mödlinger Bühne, Kino und Theater
1993–94
Fotografie: Margherita Spiluttini,

MITARBEITERINNEN / ASSISTANTS
Renate Prewein, Sabine Bartscherer
STATIK, KONSTRUKTEUR /
STRUCTURAL ENGINEERING
Wolfdietrich Ziesel, Wien
AUSFÜHRENDE FIRMA /
BUILDING CONTRACTOR
Baumeister: Himmelstoss & Co KG
Terrazzo: Firma Miromentwerk
Tischlerarbeiten: Firma Moser, Firma
Steppan, Firma Höbinger
Glaser: Halper-Manz
BAUHERR / CLIENT
Stadtgemeinde Mödling
BetriebsgesmbH
ANSCHRIFT / ADDRESS
Babenbergergasse 5
A-2340 Mödling

LITERATUR / LITERARY REFERENCE
- Architektur aktuell 191, 1994.
- Architektur & Bauforum 167, 1994.
- Helsing Almaas, Ingerid; Vienna, A
guide to recent architecture, London
1995.

MÖDLINGER BÜHNE, KINO UND THEATER

ELSA PROCHAZKA

Der kleinstädtische Theatersaal aus der Anfangszeit unseres Jahrhunderts diente lange Jahre als Kino und sollte auch weiterhin als Filmvorführraum nutzbar sein. Sein Dekor mit Elementen des Neubarock und des Jugendstils sowie das Äußere des Gebäudes sind geschützt. Abgesehen von einer neuen Bestuhlung mit Fauteuils in dunklem Blau, dem Bodenbelag und einer raumakustisch wirksamen Wandverkleidung wurde der Zuschauerraum denkmalpflegerisch erneuert. Dagegen konnte das Foyer gänzlich neugestaltet werden. Der breitgelagerte, in der anderen Richtung schmale Raum weist zum Saal hin eine tiefe Ausbuchtung auf. Hier wurde portalartig eine rational-geometrische Ädikula mit leicht abgesenkter Decke plaziert. Den freistehenden, mit Eichenfurnier verkleideten Pfeilern antworten Pilaster zu beiden Seiten des Eingangs und deuten eine dritte und vierte Stütze an. Der Vorraum enthält die Kasse, eine Wartezone, eine Cafézone und eine Garderobe, die bei Theaterbetrieb gesetzlich vorgeschrieben ist. Als feines Zeichen, wo die Warteschlange platzsparend stehen soll, ist ein schmales Bord um den rechter Hand stehenden Pfeiler gezogen. Bei Nichtgebrauch lassen sich die Garderobegestelle in Wandschränke hineinschwenken und wegschließen. Die Kinogeher kommen ohne aus. Die äußere Verkleidung des Garderoben und Toiletten enthaltenden Kubus besteht aus rückseitig hellgrau beschichte-

tem Glas; die reduzierte Spiegelwirkung und die Befestigungsknöpfe evozieren eine für die Erwartungsstimmung bedeutsame Ambivalenz. Der grau gestreifte Terrazzoboden bewahrt eine in beiden Richtungen wirksame perspektivische Tiefe und leitet zum Buffet im ruhigeren Teil des Foyers hinüber, wo ein mit orangem Leder bezogenes Sofa an drei Seiten vor den holzvertäfelten Wänden entlangführt. Runde messinggedeckte Tischchen schmiegen sich in die wellenförmigen Einbuchtungen des Sitzmöbels. Über den breiten Eingangstüren zieht sich hinter Glas eine Serie alter und aktueller Kinoplakate, die über den Köpfen der Wartenden auf den Film einstimmen. Mit den begrenzt zur Verfügung stehenden Mitteln gelang es, die Festlichkeit, die einen Theaterbesuch umgibt, und den mondänen Glanz, wie er beim Kino dazugehört, mit den Vorgaben der Substanz zu vereinen. Ein positiver Kompromiß, wie er im Kleinstadtkulturleben unumgänglich, in der erreichten Qualität aber eher selten ist.
W.Z.

This small town theatre auditorium, which dates from the beginning of this century, served for many years as a cinema and the intention was that it should continue to be usable for the presentation of films. The interior decor,

which combines Jugendstil and neo-Baroque elements, is under a preservation order as is the exterior of the building. Apart from the addition of new seating (dark blue seats), the new flooring and a new acoustic wall cladding the renovation of the auditorium interior was based on the requirements of the preservation authorities. The foyer, on the other hand, was completely re-designed. The wide but shallow space has a deep bay projecting towards the auditorium, a rational geometric aedicule with a slightly lowered ceiling was placed at this point. Pilasters at either side of the entrance respond to free-standing piers clad in oak veneer and suggest a third and fourth support. The entrance area contains the box-office, a waiting area, a coffee zone and a cloakroom – a particular requirement of the planning authorities for theatre buildings. A narrow border drawn around the pier on the right is a subtle indication of where the queue should form. When not required the cloakroom fittings can be swivelled into wall closets and closed away. (Visitors to the cinema do not require a cloakroom.) The external cladding of the cube containing the cloakroom and lavatories is made of glass with a pale grey coating on the back. The reduced mirror effect and the fixing knobs produce an ambivalence highly significant as regards the expectant mood of visitors to the cinema. A grey striped terrazzo floor establishes perspective depth in both directions and leads to a coffee area in the quieter area of the foyer where a sofa covered in orange leather runs around three sides of the wood-panelled walls. Round, brass covered tables fit into the scalloped edge of this seating unit. Over the wide entrance doors a series of old and contemporary cinema posters extends above the heads of the people waiting for the film, helping to establish the appropriate mood. Within the limitations imposed by a restricted budget this design succeeds in combining the festive nature of a visit to the theatre and the silver screen glamour associated with the cinema with the constraints imposed by the existing building substance. A positive compromise of this kind, unavoidable in small town cultural life is, in a quality of this kind, unfortunately far too rare.
W.Z.

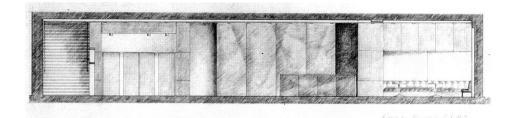

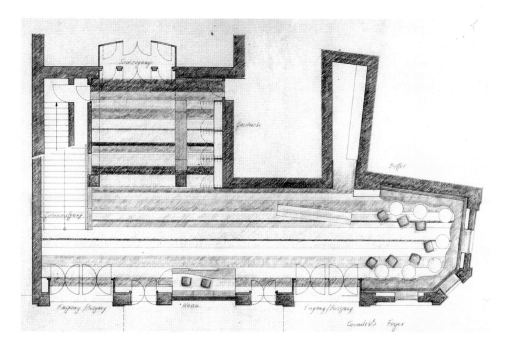

Schnitte/sections, Grundriß/plan, 1 : 200

Kunst Halle Krems
1992–95
Fotografie: Margherita Spiluttini

MITARBEITER / ASSISTANTS
Manfred Kerbler, Juerg Meister,
Gerhard Schlager
STATIK, KONSTRUKTEUR /
STRUCTURAL ENGINEERING
Manfred Gmeiner, Martin Haferl, Wien
AUSFÜHRENDE FIRMA /
BUILDING CONTRACTOR
Schroll-Bau, Krems
Schubrig, Krems
BAUHERR / CLIENT
Stadt Krems
ANSCHRIFT / ADDRESS
Steiner Landstraße 8
A-3500 Krems

LITERATUR / LITERARY REFERENCE
- Wettbewerbe, Juni/Juli 1992.
- Zur Zeit, Broschüre/Buch, 1993.
- Zschokke, Walter; Die Presse /
Spectrum, 25. März 1995.
- Zschokke, Walter; Domus, November
1995.
- Baumeister 12/1995.
- Architektur aktuell, 179, 1995.
- Werk, Bauen + Wohnen 9/1995.
- Orben, Claudia; Bausubstanz
4/1996.
- Zement + Beton 2/1996.

KUNST HALLE KREMS

ADOLF KRISCHANITZ

Eine im 19. Jahrhundert in mehreren Etappen entstandene, nun leerstehende Tabakfabrik vor dem Kremser Tor der Steiner Altstadt wurde als Standort für die Kunsthalle ausgewählt. Der winkelförmige zweigeschossige Bau umfaßt einen großen Hof, die anderen Seiten begrenzt die hohe Mauer der Haftanstalt Stein. Im alten Erdgeschoß verdrängten roh verputzte, gedrungene und kräftig geböschte Pfeiler unter kurz gespannten Gewölben den Raum; ein Geschoß darüber schnitten zwei Reihen schlanker Säulen drei Schiffe in die langen Produktionshallen. Trotz des schlechten baulichen Zustands traten die architektonischen Qualitäten des breitgelagerten Gebäudes unverkennbar hervor. Von außen ist dem revitalisierten Bauwerk wenig anzumerken. Eine Betonstele vor dem Eingang dient als Signal für die Kunsthalle und weist als einziges Zeichen auf die veränderten Inhalte hin. Das Gelb der Mauern und das Braun der Fenster orientieren sich an Farbtönen aus der Welt des Tabaks. Das achtungsvolle Nebeneinander von alt und neu drückt sich darin aus, daß die flachen Dachanschlüsse der hofseitigen Neubauteile unter der Traufkante des Altbaus bleiben. Ein großer, auf die Seitenfläche gestellter Quader im Hof tritt körperhaft zum Altbau in eine raumbildende Beziehung. Er enthält im Halbgeschoß einen klimatisierbaren Ausstellungsraum mit verdunkelbarem hohen Seitenlicht. Im Souterrain befindet sich ein gestufter Vortragssaal. Ein Dienstgang in beiden Geschossen auf der einen und eine Rampenanlage auf der anderen Seite bilden den Anschluß zum Altbau. Gemeinsam umschließen diese Elemente einen kleiner gewordenen Hof, der flach mit Glas gedeckt ist und als Oberlichthalle dient. Der renovierte Altbau und die neuerrichteten Teile enthalten insgesamt 1800 m² Ausstellungsfläche. Ausgehend von der Materialfarbe des sichtbaren Betons hält sich die Farbskala der Neubauteile nahe an diesem mittleren, samtigen Grau. Es ist ein bergender und beruhigender Farbton. Räumlich bietet der Kontrast von der Eingangshalle zum Oberlichthof und von diesem zur Rampe eine starke Erlebniswirkung. Die dicken Pfeiler im Erdgeschoß beanspruchen zwar weiterhin ihren Raum, jedoch dezenter als zuvor, weil die geometrische Exaktheit, mit der sie nun verputzt sind, mit den scharfen Kanten abstrahierend wirkt. Zum Oberlichthof ist

die Rampe mittels einer geschuppten Glaswand abgetrennt. Dennoch bleibt in dem Naheverhältnis die Autonomie beider Räume gewahrt. Da der Rampenraum sein Licht nur über die Halle erhält, entstehen verschiedene Lichtstimmungen. Da ist einerseits der helle, fast quadratische Hofraum und andererseits der fast dämmrige, von zwei Rampenläufen geprägte Längsraum. Beim Hinaufsteigen blickt man durch eine Reihe schlanker Stützen in die Halle hinunter. Von unten her sieht man die anderen Besucher auf den Rampen auf und ab gehen – ein bewegtes Bild wie auf einer Bühne. Anfang und Endpunkt der Rampen dringen als einzige Neubauelemente in den Altbau ein. Ihre geschlossenen Köpfe wecken wegen ihrer Fremdheit Neugier und fordern Aufmerksamkeit.
W.Z.

An empty tobacco factory erected in the 19th century in several phases located in front of the Kremser Tor of the old town of Stein was selected as the location for the Kunsthalle. The L-shaped, two-storey building defines two sides of a large courtyard, the other sides are lined by the high wall of Stein prison. On the old ground floor, roughly plastered piers carrying short vaults defined the space, a floor above two rows of slender columns created three naves in the production hall. Despite the poor physical condition the architectural qualities of the broadly laid out building were unmistakeable. Externally you notice little of the renovation of the building. A concrete stele at the entrance signifies the Kunsthalle and is, in fact, the only indication of the change in the building's function. The yellow of the walls and brown windows are colours derived from the world of tobacco. The respectful placing of new and old is expressed in the fact that, in the courtyard, the flat roof connecting the new building with the old remains below the eaves level of the old building. A large block placed on its side in the courtyard enters into a rela-

tionship with the old building that generates space. At half-level it contains an air-conditioned exhibition space with high level lighting at the side which can be blackened out. At basement level there is a stepped lecture hall. A service corridor on both levels on one side and a ramp on the other form the connection to the old building. Together these elements enclose a courtyard which has become smaller, which is glass-roofed and which serves as a top-lit hall. The renovated old building and the newly built elements contain a total of 1800 m² exhibition space. Starting with the colour of the fair-faced concrete surfaces the colour scheme of the new building remains with a velvety mid-gray. This is a sheltering and calming colour. The contrast between the entrance hall and and the top-lit courtyard and between this and the ramp offer a strong spatial experience. The thick piers on ground level still determine the space they occupy but in a more restrained way than before as the geometric exactness with which they are now plastered and the resultant sharp edges seem to render them abstract. The ramp is

separated from the top-lit yard by a glass wall. The autonomy of both spaces is preserved. As the space containing the ramp receives light only from this hall different qualities and atmosphere develop in the two spaces.

The bright, almost square yard is contrasted with the long, almost murky room containing the two lengths of ramp. As you ascend you look through a row of slender piers into the hall below. From below you see the other visitors moving up and down the ramp, forming a moving image as on a stage. The start and end point of the ramps are the only new elements which insert themselves into the old building. The foreign nature of their closed ends arouses curiosity and demands attention.

W.Z.

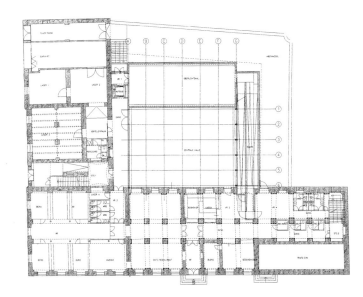

Erdgeschoß/ground level

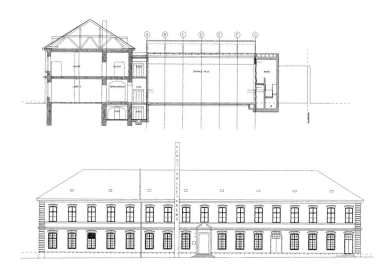

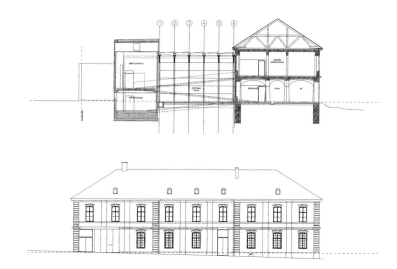

Schnitte/sections,
Grundrisse/plans
1 : 667

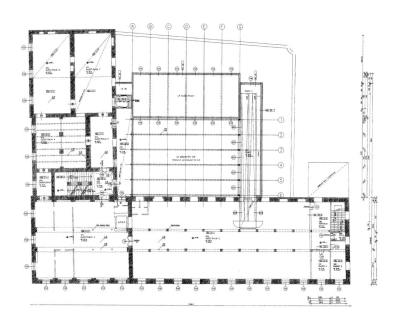

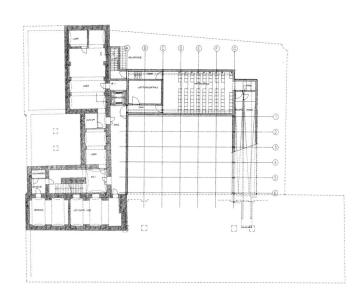

Obergeschoß/upper level,
Kellergeschoß/base level

Eingangstor Kulturpark
Kamptal – Umbau
Höbarthmuseum, Horn
1992–95
Fotografie: Margherita Spiluttini

MITARBEITER / ASSISTANT
Martina Lindner
STATIK / STRUCTURAL ENGINEERING
Bernd Toms, Hadersdorf am Kamp
AUSFÜHRENDE FIRMA /
BUILDING CONTRACTOR
Graf GesmbH, Kwasniok & Co KG,
Weidenauer,
Pfeiffer GesmbH, Renner GesmbH
BAUHERR / CLIENT
Stadtgemeinde Horn
ANSCHRIFT / ADDRESS
Museen der Stadt Horn
Wiener Straße 4
A-3580 Horn

LITERATUR / LITERARY REFERENCE
- Zschokke, Walter; Die Presse /
Spectrum, 16. September 1995.

EINGANGSTOR KULTURPARK KAMPTAL – UMBAU HÖBARTHMUSEUM, HORN

GERHARD LINDNER

An der Nordostecke des historischen Stadtkerns hat sich, als grüner Freiraum zwischen Stadt und Vorstadt eingetieft, eine ausgeprägte Grabensituation erhalten. Hier trennt die Wienerstraße die zum Kulturquartier umgenutzten Gebäude des ehemaligen Bürgerspitals von der übrigen Stadt. Die alten Mauern beherbergen heute das historische Museum und eine bemerkenswerte Sammlung landwirtschaftlicher Maschinen. Die Stadtmauer hat ihre Zinnen längst verloren; teils wurde sie sogar bis auf die Grundfesten abgetragen. Allein der runde Turm an der Nordostecke ragte mit spitzem Zeltdach aus der unklar gewordenen Situation heraus. Die Revitalisierung hat das ordnende Element der alten Stadtmauer wieder verstärkt, indem der Garten des Bürgerspitals geöffnet und zu einem Platzraum gestaltet wurde, den die Fassade des ehemaligen Bürgerspitals dominiert. Zur Straße schließt der von einem Turm überragte Chor der Spitalskirche an. Im neuen Konzept stecken die beiden Vertikalelemente den neu gewonnenen öffentlichen Raum ab. Die Mauerbresche für die Wienerstraße wurde in ihrer rohen Form belassen. Ein attraktiver Mehrzweckraum, der grabenseitig an die Stadtmauer anschließt, erscheint von außen bescheiden und ist vor allem auf Innenraumwirkung bedacht. Er dient als «Einstiegsort» für die Informationsstruktur, die einen Zugang zum Kulturpark Kamptal anbie-

tet. Als Verbindungselement und in Anlehnung an das fehlende Stück der Stadtmauer fügt sich zwischen Mehrzweckraum und Museen ein langgezogener Raum, der als Foyer für beide Institutionen dient. Indem die Lücke zwischen Turm und Bürgerspital mit einer neuen, freistehenden Schildmauer aus Sichtbeton geschlossen wird, gelingt eine Klärung der stadträumlichen Situation. Die Mauer schließt den Platzraum des Spitalgartens und hat den Charakter einer Rückwand wie bei einem klassischen Theater die «Skené» und kann auch als solche genutzt werden. Eine schmale Scharte erlaubt den Durchlaß in das galerieartige Foyer, dessen Rückfront durchgehend verglast ist und den Blick panoramaartig auf den sich zum Flußraum weitenden, ehemaligen Grabenbereich freigibt. W.Z.

At the north-east corner of the historic urban core a moat-like situation, a green open space embedded between the town and the suburbs, has survived. Wienerstrasse separates the buildings of the former Bürgerspital, which have been converted into a cultural centre, from the rest of the town. Nowadays these old walls house the History Museum and a remarkable collection of agricultural machinery. The town walls lost their battlements a long

Bürgerspital with a new, free-standing wall of fair-faced concrete. This wall, which closes the open area formed by the Spital garden is somewhat like a "Scena" in a classical theatre (and can indeed be used as such). A small slit allows you to pass into a gallery-like foyer, completely glazed at the rear, which reveals the panorama presented by the former moat area, widening towards the river. W.Z.

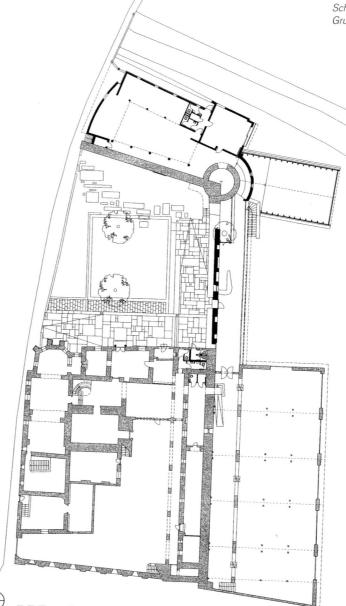

Schnitt/section, 1 : 333
Grundriß/plans, 1 : 667

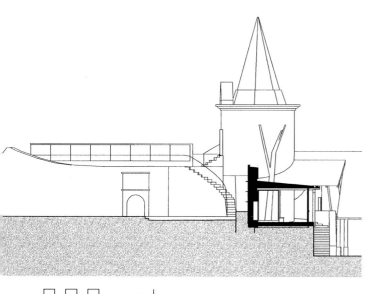

time ago, indeed at places they have been demolished down to ground level. The tent-like roof of the round tower at the north east corner, which has survived, projects from this confused situation. The revitalisation project has reaffirmed the old town wall as an ordering element by opening the Bürgerspital garden and making of it an urban space dominated by the facade of the former Bürgerspital. The choir of the Spitalskirche, overshadowed by a tower, is the neighbouring building on the street side. In the new concept the two vertical elements define the newly acquired public space. The breach in the wall made by Wienerstrasse has been left in its unfinished state. An attractive, multi-purpose space adjoining the town wall on the moat side seems modest from outside and, in fact, was designed primarily to make an impression internally. It serves as an "entrance place" for the information structure which provides access to the Kamptal culture park. A long space, which forms a connecting element and makes a reference to the missing section of wall, is inserted between the multi-purpose space and the museums. In terms of urban design the situation has been clarified by closing the gap between the tower and the

WeinStadtMuseum Krems
1993–95
Fotografie: Margherita Spiluttini

MITARBEITER / ASSISTANT
Sabine Haslauer
STATIK, KONSTRUKTEUR /
STRUCTURAL ENGINEERING
Werner Retter, Krems
AUSFÜHRENDE FIRMA /
BUILDING CONTRACTOR
Baumeister: Helmut Hofbauer
GesmbH
Metallbau: Heinrich Renner GesmbH,
Langenlois
Möbeltischler: Josef Stemmer,
Arbesbach
BAUHERR / CLIENT
Stadt Krems
ANSCHRIFT / ADDRESS
Körnermarkt 14
A-3500 Krems

WEINSTADTMUSEUM KREMS

FRANZ GSCHWANTNER

Die Neukonzeption der Schauräume des Historischen Museums der Stadt Krems und des Weinmuseums in den Mauern des 1785 säkularisierten Dominikaner-klosters, dessen wechselvolle Geschichte an der hetero-genen Bausubstanz ablesbar ist, erforderte ein sorgfälti-ges kontextuelles Vorgehen. Die architektonisch-räumli-che Dreiteiligkeit: die ehemalige Kirche als leeres, stark wirkendes Raumkunstwerk, das ordnende Element des Kreuzgangs mit den daran aufgereihten Schausälen und die stollenartigen Keller, wo Elemente des Unergründ-lichen, des Unheimlichen, des Sich-Unter-Tag-Befindens den Charakter prägen, ergeben im Zusammenwirken eine «Promenade architecturale» von hoher räumlicher wie kul-tureller Erlebnisdichte und -qualität. Zwei weiträumige

Kellerabschnitte sind durch einen abgewinkelten, knapp bemessenen Gang verbunden. Zahlreiche Gurtbogen verstärken die bei nur einer Ziegelsteinschicht fast mut-willig kühnen Kellergewölbe. Ein Teil ist dioramenartig ein-gerichtet, mit Bezug zur Archäologie prähistorischer, römischer und mittelalterlicher Fundstätten. Ein anderer Teil der Keller enthält Informationen und Exponate zum Weinbau. In diesem Bereich kam es beim Umbau zu einem Einbruch des überdeckenden Erdreichs. Die Ge-legenheit wurde genützt, um Tageslicht eindringen zu las-sen. Für diesen Vertikalraum hat Architekt Gschwantner das Material gewechselt. Dem Bestand aus Ziegelmauer-werk stellt er eine Schachtauskleidung in Stahlbeton gegenüber, die teilweise die Strukturformen des Ziegel-

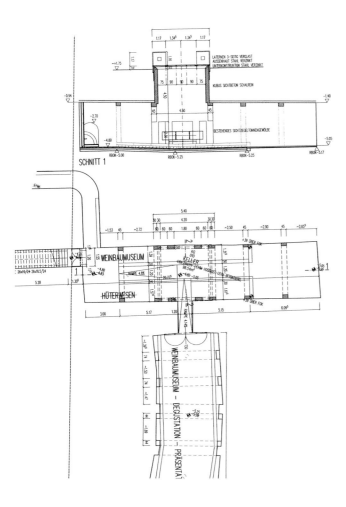

SCHNITT 1

WEINBAUMUSEUM

HÜTERWESEN

WEINBAUMUSEUM – DEGUSTATION – PRÄSENTAT

Schnitt/section,
Grundriß/plan,
1 : 333

former church, an empty, strongly impressive spatial work of art, the cloister, an ordering element to which the exhibition rooms are attached, and the tunnel-like cellars where unfathomable, sinister, underground qualities determine the character of the space. These elements combine to create a "promenade architecturale" offering intense spatial and cultural experiences of a high quality. Two extensive areas of the cellar are connected by a crooked corridor of minimum dimensions. Numerous transverse arches strengthen the cellar vault which, as it consists of just a single layer of brickwork, seems almost mischievously daring. Part is fitted out as a diorama relating to archaeological sites where prehistoric, Roman and mediaeval finds were made. A further part of the cellar contains information and exhibits relating to viniculture. In this area some of the earth above collapsed into the cellar during the conversion work. The opportunity thus created was exploited to enable daylight to penetrate. Gschwantner used a different material for this vertical space. He contrasted the brickwork with a shaft of reinforced concrete which, in part, adopts the structural form of the brickwork or of the transverse arches. The light entering is subdued by the use of roof lights made of matt, transparent plastic and yet an excellent space is created here, which, by chance, is at exactly the point where the access to the wine-tasting cellar departs at right angles leading through a further narrowing and a gateway. This area of the cellar can also be reached via another access.
W.Z.

werks, beispielsweise die Gurtbogen übernimmt. Der Lichteinfall wird durch Dachlaternen aus matt-transparentem Kunststoff gedämpft, dennoch entsteht ein räumlich ausgezeichneter Ort, der sich zufällig exakt an der Stelle befindet, wo rechtwinklig wegstrebend, durch ein weiteres Engnis und eine Pforte der Zugang zum Weinverkostkeller erfolgt, der auch über einen gegenüberliegenden Zugang erreichbar ist.
W.Z.

The exhibition spaces of the Museum of History and the Wine Museum in Krems are housed within the walls of a former Dominican Priory (secularised in 1785) which reveals its eventful history in a heterogeneous building substance. A new concept was required for these spaces, a project which demanded a careful, contextual approach. The existing architectural spatial trilogy consisted of the

Grundriß/plan, 1 : 1000

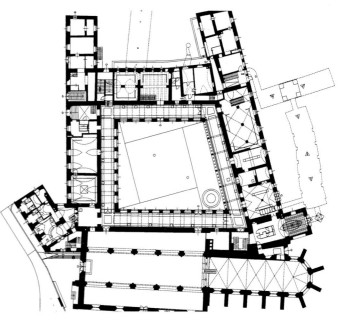

Niederösterreichisches Landesarchiv,
St. Pölten
1993–97
Fotografie: Margherita Spiluttini

MITARBEITER / ASSISTANT
Josef Habeler
STATIK, KONSTRUKTEUR /
STRUCTURAL ENGINEERING
Anton Harrer, Krems
AUSFÜHRENDE FIRMA /
BUILDING CONTRACTOR
ARGE Baumeister Kulturbezirk,
Liebbau Weiz, Waagner-Biró, Steinbau
Strasser, Hochgerner
BAUHERR / CLIENT
NÖ-Hypo Leasing Decus
Grundstücksvermietungs-GmbH
ANSCHRIFT / ADDRESS
Kulturbezirk
Regierungsviertel St. Pölten
A-3100 St. Pölten

LITERATUR / LITERARY REFERENCE
- Zschokke, Walter; Die Presse /
Spectrum, 13. September 1997.

NIEDERÖSTERREICHISCHES LANDESARCHIV, ST. PÖLTEN

MICHAEL LOUDON MIT PAUL KATZBERGER UND KARIN BILY

Die Gebäude des Landesarchivs und der Bibliothek bilden eine kompakte Gruppe zwischen Kulturbezirk und Regierungsviertel. Ihre städtebauliche Positionierung und Form erfolgte als gemeinsamer Entwurf der Architekten Bily, Katzberger und Loudon. Drei klare quadrische Baukörper umfassen einen zum Schubert-Platz geöffneten Hof, der von einem regelmäßig angeordneten Hain aus Ahornbäumen ausgezeichnet wird. Eine schmale Gasse und ein kleiner Durchlaß ermöglichen, ausgehend vom Hof, die Durchgängigkeit in den Hauptrichtungen. Das Gebäude des Archivs setzt sich aus einem breitgelagerten und einem kleineren, schmal-hohen Quader zusammen, die über dem Durchlaß baulich gekoppelt sind. Der größere bildet die hintere Basis des Hofes: An der Vorderseite wird eine glatte Glashaut vor die dahinterliegende Raumschicht mit Büros gespannt. Anschließend an die Büros ist ein gebäudehoher Vertikalraum eingeschoben, der sich durch die gesamte Breite des Baukörpers durchzieht. Er enthält die Erschließung, die in eine vertikale (Lift), eine diagonale (Kaskadentreppe), eine horizontal begleitende (Laubengänge) und eine horizontal querende (Stege) Komponente aufgeteilt ist. Zugleich fällt das Licht von oben bis zum untersten Boden herab. Dieser besondere Raum erlaubt auf knappster Grundfläche einen Gesamteinblick in den Charakter des Bauwerks.

Hinter der Wand, an der die Stiege hochführt, liegen dann die Archivräume und eine Fluchttreppe. Der kleinere Baukörper enthält die Räume für Benutzer und Besucher, den Studiensaal sowie eine intime Dachterrasse für kontemplative Pausen. Das Äußere beider Volumen ist mit hellen Kalksteinplatten verkleidet. Das klassisch anmutende Fugenmuster betont die Klarheit der Komposition und deren lapidare Körperhaftigkeit. Sparsam gesetzte Öffnungen liegen mit ihrer Glasebene fassadenbündig, um die exakte Geometrie nicht zu stören. Sie befinden sich einerseits dort, wo sie im Inneren benötigt werden, andererseits bilden sie für jede Ansicht eine ausgewogene Komposition. An der schmal-hohen Stirnseite zum Schubert-Platz entsteht so eine an ein «Gesicht» erinnernde Fassade von doppeldeutiger Klassizität. W.Z.

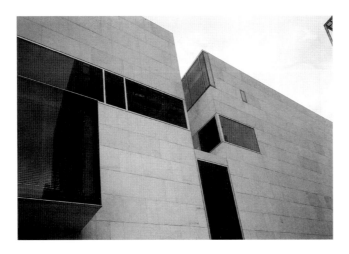

The buildings housing the federal state archives and library form a compact group between the cultural district and the government area. Their urban position and form is the result of joint planning by the architects Bily, Katzberger and Loudon. Three clear block-like elements define a courtyard open towards Schubert-Platz which is marked by a grove of maple trees planted at regular intervals.

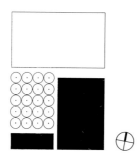

A narrow lane and a small passageway enable one to proceed in the main directions starting from the courtyard. The archive building is made up of a wide block and a smaller tall, slender element which are linked above the passageway. The larger element forms the rear base of the courtyard. On the front a smooth glass skin is stretched across the offices behind. A vertical space has been inserted next to the offices. It contains the circulation split up into vertical (lift), diagonal (cascading stairs), horizontal (galleries) and transverse horizontal elements (bridges). Light entering at the top reaches right down to the bottom floor. This special space allows you, in a very tight floor area, an insight into the nature of the building. The archive rooms and an escape stairs are placed behind the wall along which the staircases rise. The smaller element contains rooms for users and visitors, the study room and an intimate roof terrace for contemplative breaks. The exterior of both volumes is clad with light coloured

limestone slabs. The classical pattern of joints emphasises both the clarity of the composition and its restrained physicality. The glazing in the economically distributed openings is set flush with the facade in order not to disturb the precise geometry. The openings are placed where they are required internally but also serve to make each facade a balanced composition. The facade of the high, slender end towards Schubert-Platz is reminiscent of a face and displays an ambiguous classicism.
W.Z.

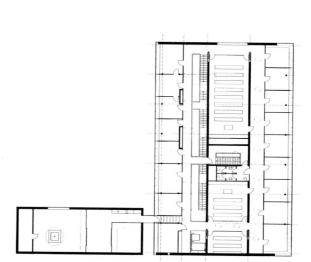

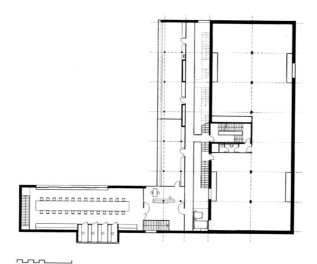

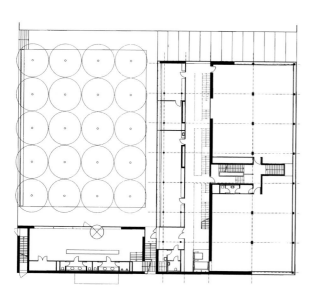

Lageplan/site plan, 1 : 2000

Grundrisse/plans, 1 : 667

Niederösterreichische
Landesbibliothek, St. Pölten
1993–96
Fotografie: Margherita Spiluttini

STATIK, KONSTRUKTEUR /
STRUCTURAL ENGINEERING
Anton Harrer, Krems
AUSFÜHRENDE FIRMA /
BUILDING CONTRACTOR
ARGE Baumeister Kulturbezirk,
Liebbau Weiz, Waagner-Biró, Strasser,
Hochgerner
BAUHERR / CLIENT
NÖ-Hypo Leasing Decus
Grundstückvermietungs-GmbH
ANSCHRIFT / ADDRESS
Kulturbezirk
Regierungsviertel St. Pölten
A-3100 St. Pölten

LITERATUR / LITERARY REFERENCE
- Zschokke, Walter; Die Presse /
Spectrum, 13. September 1997.

NIEDERÖSTERREICHISCHE LANDESBIBLIOTHEK, ST. PÖLTEN

PAUL KATZBERGER UND KARIN BILY MIT MICHAEL LOUDON

Das große, quaderförmige Bauwerk der Bibliothek
steht in bewußtem architektonischen Kontext und wirkt
städtebaulich zusammen mit jenem des Landesarchivs.
Die Position an der vorderen Ecke des ansteigenden
Schubert-Platzes und gegenüber dem Festspielhaus wird
von dem breitgelagerten, eindeutig positionierten Baukörper mit großer Ruhe eingenommen. Er bewältigt in
unaufgeregter Weise die wichtige Zäsur zum Landhausplatz, der unter dem monumental aufgestellten Längs-
körper des Landhauses hindurch zum Landtagsplatz
hinüberfließt. Außer an der Westseite, wo eine eingezoge-
ne Loggia im Hochparterre eine Reverenz zum Schubert-
Platz macht, wird das klar gestaltete Äußere vom flächigen,
unregelmäßig-geregelten Muster der Kalksteinplatten-
Verkleidung bestimmt, das nur punktuell von vereinzelten
großen Fenstern sowie linear von einem Bandfenster im
Hochparterre durchbrochen wird. Umso stärker ist daher
das Innere als dreidimensionale Ordnung organisiert,
durch die ein Weg hindurchführt mit daran gereihten,
räumlich stärker und schwächer definierten Nutzungseinheiten und -zonen. Kernstück des Bauwerks ist der hohe
Lesesaal, der im Obergeschoß liegt und als introvertierter,
kontemplativer Raum von einem abgesenkten Oberlicht
beleuchtet wird. Er wird umschlossen von kleineren Stu-
diensälen und ruhigeren Arbeitsplätzen, sogenannten

carrels, sowie vom Bücherspeicher, in den man durch eine
Binnenglaswand Einsicht erhält. Eine Stiege führt hinauf
zur Dachterrasse, die als Landschaft aus kurzen Weg-
stücken, Treppen, Oberlichtkörpern und differenziert be-
pflanzten Flächen gestaltet ist. Sie bietet sich an, den
Forschungsplatz kurzfristig zu verlassen, um während eines
Pausenspaziergangs Luft, Licht und die weiträumige Land-
schaft Niederösterreichs regenerierend wirken zu lassen.
In dem vom Ahornhain im Hof ebenerdig zugänglichen
Hochparterre liegen Dienst- und Archivräume sowie an der

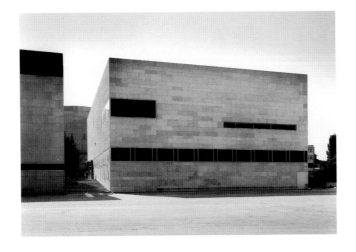

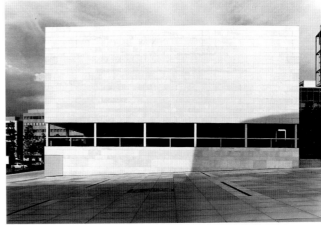

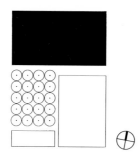

is composed as a landscape made up of short paths, stairs, the shells housing the roof lights and areas planted in different fashions. This terrace offers you the opportunity to leave your research for a brief while and to take a stroll allowing the air, the light and the broad expanse of the Lower Austrian landscape to exert a regenerating effect upon you. Access to the ground storey is directly from the maple grove in the courtyard. This level contains the service rooms and archives and, on the west side behind the loggia, an exhibition space. The protected position of this space affords it a fine view of both Schubert-Platz and the Festspielhaus. The cascading staircase leading from the entrance level to the reading room is deliberately placed off axis. The principle of non-symmetrical interlocking of volumes dominates significant areas of the interior, giving the relationship between the spaces a specific tension. W.Z.

Westseite hinter der Loggia ein Ausstellungsraum, dessen geschützte Lage einen prächtigen Ausblick auf den Schubert-Platz und das Festspielhaus bietet. Eine breite Kaskadentreppe führt vom Eingang in bewußt außermittiger Achsenverschiebung zum Lesesaal hinauf. Dieses Prinzip der nichtsymmetrischen Verschachtelung prägt wesentliche Bereiche der inneren Konzeption und verleiht den Raumbeziehungen eine spezifische Spannung. W.Z.

The large block containing the library stands in a carefully considered context and, in urban terms, works together with the neighbouring Landesarchiv (Federal State Archives). The site at the front corner of Schubert-Platz (which slopes slightly upwards), opposite the Festspielhaus (Festival Hall) is occupied by the broad, clearly positioned building in a manner that exudes considerable calm. The building handles, in an unexcited manner, the important caesura to Landhausplatz, which flows beneath the long slab of the Landhaus (elevated on monumental supports), across to Landtagsplatz. Apart from the west elevation where a loggia inserted at ground floor level makes a reverence to Schubert-Platz, the calmly composed exterior is dominated by the flat, irregularly patterned limestone cladding, interrupted at points by individual large openings and, in a linear fashion, by a continuous strip of horizontal glazing at ground storey level. The interior is organised in a strongly three-dimensional system. A route leading through the building is flanked by functional units and zones, some more, some less strongly defined. The high reading room forms the core of the building. It is located on the upper level and is an introverted, contemplative space, lit by an inverted rooflight. It is ringed by small studies and quiet work areas, so called carrels, and by the book store, which you can see into through an internal glass wall. A staircase leads up to the roof terrace, which

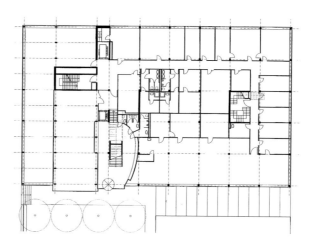

Lageplan/site plan, 1 : 2000

Grundrisse/plans, 1 : 667

Ostarrîchi – Kulturhof,
Neufhofen an der Ybbs
1994–96
Fotografie: Margherita Spiluttini

MITARBEITER / ASSISTANTS
Anja Fischer, Peter Matzalik
STATIK, KONSTRUKTEUR /
STRUCTURAL ENGINEERING
Alfred Schaufler, Ybbsitz
AUSFÜHRENDE FIRMA /
BUILDING CONTRACTOR
Baumeister: Firma Ilbau
Fassaden: Firma Mittermair
Stahlbau: Firma Hinterkörner
BAUHERR / CLIENT
Marktgemeinde Neuhofen an der Ybbs
mit Unterstützung durch das Land
Niederösterreich, Abteilung B1/D
ANSCHRIFT / ADDRESS
A-3364 Neuhofen an der Ybbs

LITERATUR / LITERARY REFERENCE
- NÖ Kulturberichte 11, Wien 1994.
- NÖ gestalten 55, St. Pölten 1994.
- NÖ Kulturberichte 3, Wien 1995.
- Zschokke, Walter; Die Presse /
Spectrum, 2. März 1996.
- Architektur & Bauforum 181, Wien
1996.
- Baumeister 5, München 1996.
- Zeitenweise 2, Herzogenburg 1996.
- NÖ gestalten 65, St. Pölten 1996.

OSTARRÎCHI – KULTURHOF, NEUFHOFEN AN DER YBBS

ERNST BENEDER

In weich modulierter Landschaft am Übergang zum Voralpengebiet liegt Neuhofen. zwischen mächtigen Bauernhöfen, nahe der Kirche, dehnt sich eine angerartige Weite, die durch die Ostarrîchi-Gedenkstätte begrenzt wird. Sie wurde für die 1000-Jahrfeier der schriftlichen Erstnennung der Bezeichnung «Ostarrîchi» aktualisiert und erweitert zu einem Mehrzweckgebäude mit Ausstellungs-, Seminar-, Club- und Touristikräumen sowie einem Festsaal für die Gemeinde. Die räumliche Wirkung des bestehenden Gedenkstättengebäudes wurde durch einen Obergeschoßaufbau verstärkt, der zu Pfarrhof und Gasthöfen in räumliche Beziehung tritt. Ein winkelförmiger Bau unter Terrain definiert einen zur Anlage gehörenden, abgesenkten Hof, der sich nach Süden öffnet. Damit wird die Weiträumigkeit der vorherigen Situation bewahrt und der öffentliche Bereich nutzungsmäßig zentriert. Ein leichter Stahlsteg überspannt die offene Hofseite und durchstößt das eigenständige Element einer riesigen, fahnenartigen Fläche in Rot-Weiß-Rot. Das symbolhafte Superzeichen aus farbigen Netzen, die auswechselbar auf Rahmen gespannt sind, verengt die offene Ecke zwischen Kulturhof und Pfarrhofmauer. Räumlich trennend, ist es für Blicke dennoch schleierartig durchlässig.
W.Z.

Neuhofen lies in a gently modulated landscape at the point of transition to the pre-alpine area. Close to the church a space somewhat like a village green extends between powerful farm houses and is defined by the Ostarrichi memorial site. For the 1000 year anniversary of the first written mention of the term "Ostarrichi" this memorial was actualised and expanded to become a multi-functional building with exhibition, seminar, club and tourist rooms and a hall for the local community.

The spatial effect of the existing memorial building is intensified by an added upper level which engages in a spatial relationship with the presbytery and guest houses. A right-angled building below ground level defines a sunken U-shaped courtyard which forms part of the complex and is open to the south. In this way the expansiveness of the existing situation was preserved and the public area appropriately centred. A light steel footbridge traverses the open side of the courtyard, penetrating a large flag-like surface of material which is coloured red-white-red (the colours of the Austrian flag). This removable mega-symbol made of coloured nets is stretched across a frame and defines the open corner between the "Kulturhof" and the presbytery wall. It is an element which separates space but which, like a veil, allows you a glimpse through.
W.Z.

Festspielhaus, St. Pölten

Klaus Kada

Festspielhaus, St. Pölten
1993–97
Fotografie: Margherita Spiluttini

MITARBEITER / ASSISTANTS
Ursula Märzendorfer, Erwin Matzer,
Peter Rous, Willi Nakolnig, Heribert
Altenbacher, Peter Szammer,
Alexander Forsthofer, Wolfgang
Wimmer, Frank Moritz, Robert Clerici,
Ronald Schatz, Herbert Schwarzmann,
Elisabeth Kopeinig, Claudia Schmidt,
Michael Gattermeyer, Ellen Kianek,
Roswitha Küng-Freiberger, Hubert
Schuller
STATIK / STRUCTURAL ENGINEERING
Helmut Zieritz, St. Pölten
AUSFÜHRENDE FIRMA /
BUILDING CONTRACTOR
ARGE NÖ Landhaus Baumeister
BAUHERR / CLIENT
NÖ-Hypo Leasing Decus
Grundstückvermietungs-GmbH
St. Pölten
ANSCHRIFT / ADDRESS
Kulturbezirk, Schubert-Platz
A-3100 St. Pölten

LITERATUR / LITERARY REFERENCE
- Zschokke, Walter; Die Presse /
Spectrum, 1. März 1997.

Städtebaulich bildet das Festspielhaus jenen Teil des neuen Regierungs- und Kulturbezirks, der am nächsten an den alten Stadtkern heranreicht. In attraktiver Übereckstellung tritt es dem Besucher entgegen, der von der Lederergasse her zum Kulturbezirk vordringt. Das verheißungsvolle Äußere, das mit Einblicken durch hohe Glaswände nicht geizt, birgt im Inneren eine klare, dreidimensionale Struktur, die weniger durch ihre relative Symmetrie als durch weiträumige Übersichtlichkeit verstehbar und dadurch leicht begehbar wird. Im Zentrum steht der fast bullig wirkende große Saal, der auf den Bühnenkomplex mit Bühnenturm, Hinter- und Seitenbühnen ausgerichtet ist. Der riesige, mit Mattglas bespannte Körper drängt Richtung Osten aus dem Hauptbau heraus. Nach Westen ist schützend eine Schicht Garderoben- und Büroräume davor gestellt. Nach Norden, der Ankunftsseite von der Stadt, liegen Foyers und Wandelgänge sowie der auf schlanken Stützen aufgestelzte kleine, nach Joseph Haydn benannte Saal, der eine blauschuppige Glashaut trägt. Die kompakt-quadrische Großform des aus verschiedenen Teilen agglomerierten Gebäudes wird von zwei Elementen durchbrochen, die den Hauptzweck des Bauwerks bestimmen: dem großen und dem kleinen Saal. Während die blaue Hülle des kleinen Saales nach außen Objekthaftigkeit signalisiert, spiegelt der Körper des großen Saals tagsüber die wechselnden Lichtverhältnisse, um bei einbrechender Dunkelheit selbst zu leuchten. Beide sind sie in einen scheinbaren Schwebezustand versetzt, ein Effekt, der einerseits von der Materialisierung in Glas, andererseits von den überschlanken Stützelementen herrührt, die eher wie Zugelemente wirken, die ein Abheben verhindern sollen, denn als tragende Rundstützen. Im Osten führt die Eingangshalle unter Treppenläufen und Stegen und unter dem auf schlanken Streben hochgespreizten Heck des großen Saales durch das ganze Gebäude hindurch. Analog zum davorliegenden Schubert-Platz steigt hier der Fußboden leicht an. Der öffentliche Raum wird auf diese Weise weit ins Foyer hineingezogen. Der relativ ungewohnte Sachverhalt verstärkt das Gefühl, sich nicht in einem Innenraum zu befinden, sondern im Schutz des kragenden Glaskörpers vor allem von dessen räumlicher

Abstrahlung zu profitieren. Wie zwei Ecktürme markieren selbständige Raumgebilde aus schlanken Stahlbetonscheiben die beiden Gebäudekanten zum ansteigenden Platz. Sie enthalten Fluchttreppen, Stiegen sowie einen Lift mit dazugehörigen Plattformen. Von diesen führen Stege zu den zwei versetzt übereinanderliegenden, tunnelartigen Galerien im Rücken des großen Saales. Diese leicht gekrümmten, expressiv-dynamischen Räume mit ihren schiefen seitlichen Begrenzungsflächen führen zu den hinteren Zugängen. Sie durchstoßen das Heck des verheißungsvoll exponierten Saalkörpers, dessen erwartungsgespannte Aufladung durch die gewölbten Seitenflächen symbolisiert wird. Alle diese Treppen, Stege und Galerien scheinen der Exposition dieses Körpers zu dienen, zu dem lediglich einige kurze Stege hinführen. So bilden die ausgedehnten Foyers die Bühne für einen urban verdichteten Auftakt zum Veranstaltungsbesuch, jenem wichtigen Aspekt des Sehen-und-Gesehen-Werdens, der nicht fehlen darf. Hat man die Glashülle durchschritten, erlaubt der polyvalente Saal von den über tausend silberweiß und anthrazitgrau gestreiften Fauteuils eine gute Sicht zur Bühne.
W.Z.

In terms of urban planning the Festspielhaus is that part of the new government and cultural centre that lies closest to the old urban core. To the visitor approaching the cultural centre from Lederergasse it occupies an attractive corner position. The promising exterior which allows generous views inside through tall glass walls contains a clear three-dimensional structure which is comprehensible and easily accessible, less as a result of its relative symmetry and due more to its generous clarity. The main hall, an almost aggressive element, is centrally positioned. It encompasses the stage complex, rigging loft tower and back and side stages. This huge element tautly clad with matt glass projects eastwards out of the main building. To the north (the approach side when you come from the town) are the foyers and promenade and the smaller hall (dedicated to Joseph Haydn) which is clad in scales of blue glass and supported on slender piers. The square compact major form of the building composed of different elements is penetrated by two elements which determine the building's primary function: the major and the secondary hall. Whereas the blue shell of the smaller hall externally signalises an object-related quality, the shape of the large hall reflects the changing light conditions during the day and, at the onset of darkness, becomes itself luminous. Both halls appear to hover, an effect derived from the glass cladding and from the extremely slender supports which seem more like stays preventing the building from floating off than load-bearing round columns. On the east the entrance hall extends under flights of stairs and footbridges and under the stern of the large hall

propped on slender struts, through the entire building. Just as on Schubert-Platz in front of the building the ground rises gently which serves to incorporate the external public space in the foyer. This relatively unusual idea strengthens the feeling that you are not in an interior space but under the protection of the projecting glass element where you benefit from its spatial presence. Independent structures, like corner towers, that are made of slender reinforced concrete slabs, mark the edges of the building on the upward sloping external space. These contain escape staircases, normal stairs and a lift and all the associated landings. Footbridges lead from these landings to two tunnel-like galleries, staggered one above the other at the rear of the major hall. These

lightly curved, expressive and dynamic spaces, with sloping surfaces at the sides lead to the rear entrances. They penetrate the rump of the promisingly exposed hall, its expectant tension is symbolically expressed by the curved sides. All these staircases, bridges and galleries seem to serve the exposition of the major element which is accessed only via short connecting bridges. The extensive foyers form the stage for an urban intensified start to an evening out, the important aspect of seeing and being seen which cannot be omitted. Once you have entered the glass shell the multivalent hall, which contains over a thousand seats striped in silvery white and anthracite grey, allows you a good view of the stage.
W.Z.

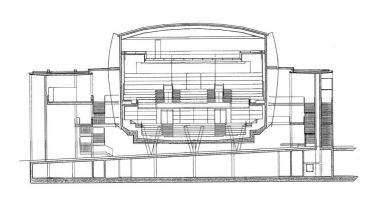

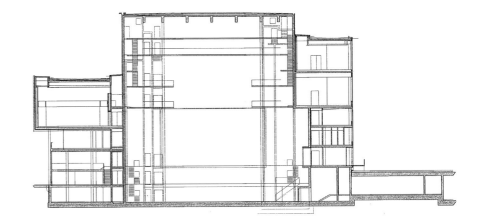

Schnitte/sections,
Grundrisse/plans,
1 : 667

Erdgeschoß/ground level

1. Obergeschoß/first floor

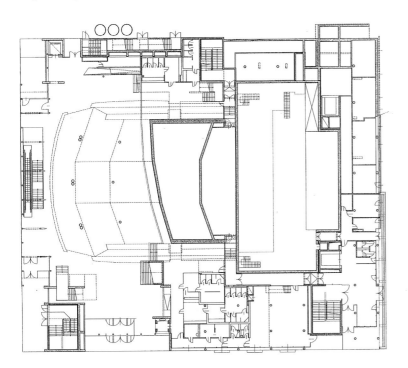

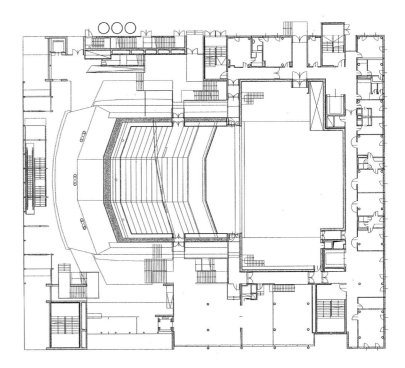

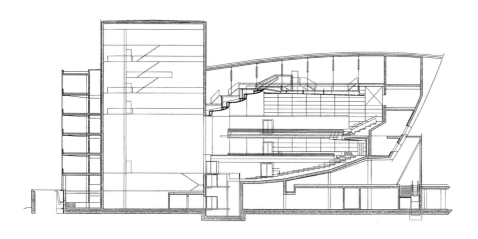

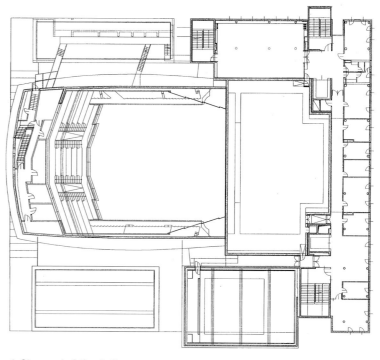

4. Obergeschoß/fourth floor

2. Obergeschoß/second floor

3. Obergeschoß/third floor

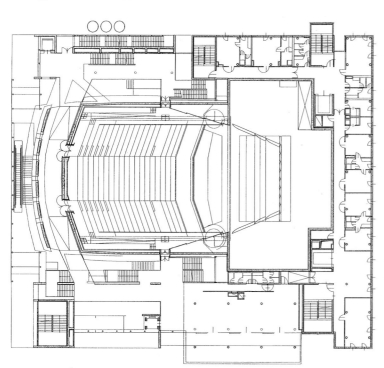

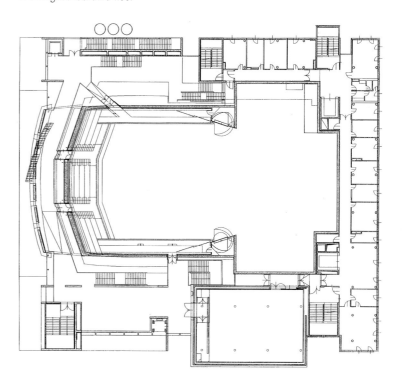

Ausstellungshalle, «Shedhalle», NÖ
Kulturbezirk, St. Pölten
1993–96
Fotografie: Margherita Spiluttini

MITARBEITER / ASSISTANTS
Franz Madl (Projektleiter),
Margita Jocham, Frank Kaltenbach
STATIK, KONSTRUKTEUR /
STRUCTURAL ENGINEERING
Helmut Zieritz, St. Pölten
STAHLTRAGKONSTRUKTIONEN /
STEEL STRUCTURES
Klaus Bollinger, Frankfurt/Wien
AUSFÜHRENDE FIRMA /
BUILDING CONTRACTOR
Baumeisterarbeiten: ARGE NÖ
Landhaus Baumeister, St. Pölten
Raumbildender Stahlbau: Lorenzon
Techmec System, San Donà di Piave,
Italien
BAUHERR / CLIENT
NÖ-Hypo Leasing Decus
Grundstückvermietungs-GmbH,
St. Pölten
ANSCHRIFT / ADDRESS
Franz-Schubert-Platz
A-3100 St. Pölten

AUSSTELLUNGSHALLE, «SHEDHALLE», NÖ KULTURBEZIRK, ST. PÖLTEN

HANS HOLLEIN

Das Bauwerk der «Shedhalle», wie die Kunsthalle wegen ihrer sägezahnartigen, nach Norden orientierten Oberlichter genannt wird, schließt den ansteigenden, zwischen Festspielhaus und Landesbibliothek gelegenen Schubert-Platz an seiner Südseite ab. Als vorgezogene Etappe des südwestlich davon vorgesehenen Museumskomplexes dient das Gebäude mit seinen drei Sälen für wechselnde Ausstellungen. Als Blickfang zum Platz schwingt sich ein auf unterschiedlich schief stehenden Stützen aufgestelztes Vordach in Form einer Welle über den Vorbereich. Eine elliptische Ausstülpung des Foyers belebt zusätzlich den überdachten Eingangsbereich. Ihr Dach dient als Café-Terrasse, schleierartig beschattet durch die siebbedruckten Gläser der Vordachwelle. Die drei Ausstellungsräume verfügen über differenzierte Licht- und Raumqualitäten. Unmittelbar hinter dem knappen Foyer schließt ein mittelgroßer, winkelförmiger Kunstlichtsaal an; über eine Stiege gelangt man in einen gleich konfigurierten Saal im Obergeschoß, der über eine verschließbare Dachöffnung teilweise mit Tageslicht versorgt wird. Von beiden Sälen besteht eine räumliche Beziehung zur großen Halle: im unteren leiten eine hohe Wandöffnung und eine breite Treppe zu der ein halbes Geschoß tiefer

liegenden Halle über; der obere Saal ist durch eine ähnliche Öffnung, durch die man einen ausgezeichneten Überblick auf das Innere der Halle gewinnt, mit dieser visuell verbunden. Von der Halle zu den mittleren Sälen entsteht eine reizvolle Binnenbeziehung. Der große Raum zeichnet sich sowohl durch angenehme Proportionen als auch durch eine auch für Kunsthallen überdurchschnittliche Höhe aus. Mit den Oberlichtern ist die Halle gut ausgeleuchtet. Zusätzliche Fenster in der Südwand lassen sich verschatten. Dank des unspezifischen Großraums, der für die unterschiedlichsten Ausstellungskonzepte einen weit gesetzten Rahmen anbietet, und der Klimatisierbarkeit aller Säle, ist die «Shedhalle» äußerst polyvalent, was sich im Hinblick auf das geplante Museum noch verstärken wird. Im Eingangsbereich sind das Foyer und das darüberliegende Café als Provisorium ausgeführt. Dieser mit Sperrholz beplankte Bauteil soll im Zuge des Museumsbaus durch ein gemeinsames, großzügiges Foyer ersetzt werden.
W.Z.

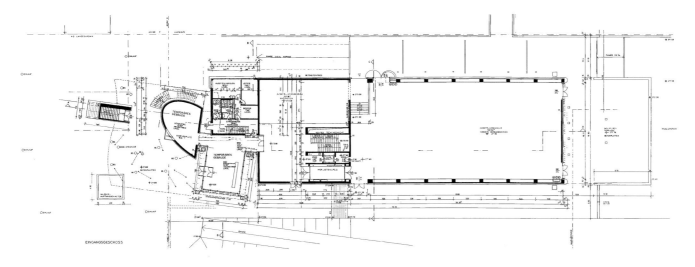

The "Shed Hall", as the arts centre is dubbed on account of its north-facing roof lights which are shaped like the teeth of a saw, closes the south side of the sloping Schubertplatz which extends between the Festspielhaus and the Landesbibliothek. This building is the first phase of a planned museum complex and contains three exhibition halls. A canopy, supported on struts inclined at different angles, which sweeps like a wave above the entrance area is an immediate eye-catcher. The foyer, which projects in the form of an ellipse, also serves to animate the covered entrance space. The roof of the foyer forms a café terrace which is shaded by the silk screen printed glass of the wave canopy. The three exhibition spaces have different qualities of light and space. Directly behind the foyer is a medium-sized, artificially lit hall. A staircase leads to a hall on the upper level which has the same dimensions and, in part, receives daylight through a roof light. Both these spaces are connected spatially to the main hall. In the lower space a high wall opening and a broad staircase lead to the major hall which lies half a level lower, the upper space is spatially connected to the major hall by a similar opening through which you have an excellent view across the interior. In this way a fascinating internal spatial relationship is established between the main hall and the medium-sized spaces. The major room has excellent proportions and is considerably higher than most exhibition halls. The roof lights ensure good lighting conditions. In addition there are windows in the south facade which can be shaded. This large flexible space provides a broad framework for exhibition concepts of the most diverse kinds which, along with the fact that all three spaces are air conditioned, makes the "shed hall" extremely multivalent. In the entrance area the foyer and the café above at present form a provisional timber-clad element which, in the course of the construction of the museum, will be replaced by a generous shared foyer.
W.Z.

Grundriß/plan, 1 : 667

Hauptschule, Zistersdorf
1985–86
Fotografie: Martha Deltsios

Mitarbeiter / assistant
Hans Bojer (Örtliche Bauaufsicht)
Statik, Konstrukteur /
structural engineering
Wolfdietrich Ziesel, Wien
Ausführende Firma /
building contractor
Baufirma Lahofer
Bauherr / client
Hauptschulgemeinde Zistersdorf
Anschrift / address
Kirchengasse 1
A-2225 Zistersdorf

Literatur / literary reference
- Architektur & Bauforum, 125.
- Ausstellungskatalog «Bauen mit
Kunst», Künstlerhaus Wien 1994.

HAUPTSCHULE, ZISTERSDORF
ARCHITEKTEN NEHRER + MEDEK

Der Neubau der Hauptschule integrierte einen Teil des
Altbestands und mußte auf dem knappen Grundstück
im Ortszentrum ein umfangreiches Programm unterbrin-
gen. Durch halbgeschossiges Versenken der Turnhalle
und eine Verlagerung der sichtbar belassenen Tragkonstruktion in den ausgebauten Dachraum, konnten
die Klassenzimmer in dem an Zugstangen abgehängten
ersten Obergeschoß untergebracht werden. Die vier die
gesamte Gebäudetiefe überspannenden Hauptbinder
wurden in Stahlbeton vorgefertigt und jeweils mit zwei
Autokränen eingesetzt. Die Zugstangen, an denen der
Geschoßboden hängt, ließen sich ob ihrer Schlankheit
in die Trennwände zwischen den Klassen integrieren.
Auch die übrigen Teile des Deckentragwerks erfolgten
mit einem hohen Grad an Vorfertigung. Das Äußere der
Schule weist Bezüge zur frühen österreichischen Moderne kurz nach der Jahrhundertwende auf, hallenartige
Gänge und große Fenster lassen aber die Erinnerung
an kasernenhafte Schulbauten der Kaiserzeit verblassen.
Die breiten Baywindows an der Hauptfassade verleihen
dem Bauwerk einen der öffentlichen Aufgabe entspre-
chenden noblen Charakter.
W.Z.

*This new building for a secondary school incorporated
part of the existing building and also had to accommodate
an extensive spatial programme on a tight site in the town
centre. By sinking the gym half a storey and placing the
exposed, load-bearing structure in the roof space it was
possible to locate the classrooms on the first floor, which
is suspended from the tension chords. The four main
beams were pre-fabricated in reinforced concrete and
each was placed in position using two cranes. The tension
chords from which the first floor hangs are so slender that
they could be integrated in the separating walls. The other
elements of the roof construction were also, for the most
part, pre-fabricated. The exterior of the school displays
references to the early Austrian Modernist movement
which flourished shortly after the turn of the century, but
the hall-like corridors and large windows dispel memories
of those school buildings, somewhat like barracks, dating
from imperial times. The wide bay windows in the main
facade give the building a noble character appropriate
to its public function.*
W.Z.

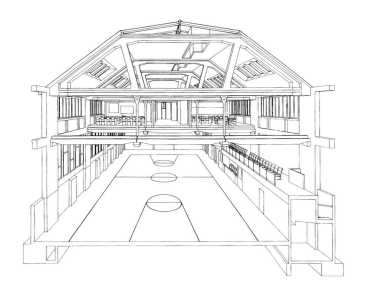

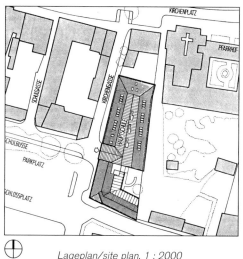

Lageplan/site plan, 1 : 2000

Grundrisse/plans, 1 : 667

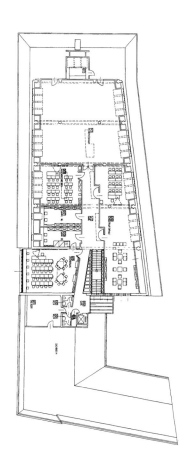

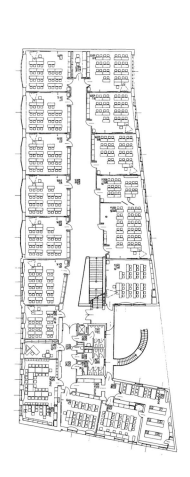

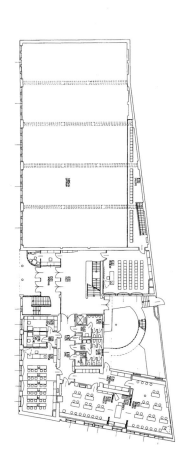

Clubhaus Golfclub Schloß Ebreichsdorf
1987–89
Fotografie: Atelier Hollein

BAUHERR / CLIENT
Richard Drasche-Wartinberg, Golfplatz
Schloß Ebreichsdorf, Einrichtungs- und
VermietungsgesmbH & Co KG
ANSCHRIFT / ADDRESS
A-2483 Ebreichsdorf

CLUBHAUS GOLFCLUB SCHLOSS EBREICHSDORF

HANS HOLLEIN

Nachdem die kurze Zufahrtstraße, von der Hauptstraße her kommend, einen ruhig fließenden Bach überwunden hat, biegt sie in eine Allee ein. Durch die Lücken zwischen den Stämmen kommt rechter Hand der künstliche Hügel mit dem über den Greens thronenden Clubhaus in attraktiver Übereckansicht ins Blickfeld. Die geometrisch geformte Erdaufschüttung verbirgt ein Untergeschoß mit den Garderoben, Serviceräumen und Einstellräumen für die Caddies. Auf der befestigten Plattform steht das eigentliche Clubhaus. Von der allseitigen Terrasse bietet sich ein guter Überblick auf die künstlich aus der Ebene heraus geformte Golfplatzlandschaft. Das Gebäude selbst weist einen basilikalen Querschnitt auf. Die Mittelhalle ist um ein paar Stufen abgesenkt, über Fenster im Obergaden wird sie belichtet. Entrindete Ahornstämme tragen das Dach und zeichnen den Raum aus, dessen Fußboden mit Quarzit-Gneis «Spluga verde» veredelt wurde, der mit dem Altrosa der Wachsmalerei an den Mauern korrespondiert. An den Stirnseiten der Halle erheben sich zwei massive, turmartige Gebäudekerne bis über das Dach. Fahnenbekrönt geben sie dem Bauwerk ein festliches Gepräge; einer dient sogar als Aussichtsterrasse. Die an allen vier Seiten galerieartig angelagerten Raumschichten enthalten ein großes Restaurant, einen Shop, verschiedene Bereiche zum geselligen Sitzen und zum Spiel sowie Büroräumlichkeiten. Die sichtbare Holzkonstruktion ist dematerialisierend weiß gestrichen, was ihr eine geographisch unbestimmte südliche Eleganz verleiht und die Raumstimmung heller und luftiger werden läßt. Die angelsächsische Anmutung bei der Ausstattung vermeidet rindslederne Schwerfälligkeit; bequeme Loomchairs in der Mittelhalle evozieren die Atmosphäre eines «five o'clock tea» im großen Wintergarten. Ohne Rückgriff auf historische Bausubstanz, deren Aura nicht selten einschlägig ausgebeutet wird, aber auch in bewußter Vermeidung rustikaler Schwerfälligkeit gelang es, ein stimmungsvolles Ambiente zu schaffen, das einladend, anspruchsvoll und in gestalterischer Hinsicht nachhaltig nutzbar ist.
W.Z.

Coming from the main road, after crossing a calmly flowing stream, the short access road turns into a tree-lined drive. Through the gaps between the trees on the right, you catch a diagonal view of an artificial hill with the clubhouse on top, a throne above the greens. The geometrically shaped embankment conceals a lower level with the changing rooms, service spaces and storage areas for the caddies. The clubhouse itself stands on the platform. The terrace around the entire building offers a good view of the golf course which has been artificially formed out of the surrounding plain. The building has a basilica cross-section. The central hall is lowered a few steps, and lit by clerestorey windows. Stripped maple trunks carry the roof

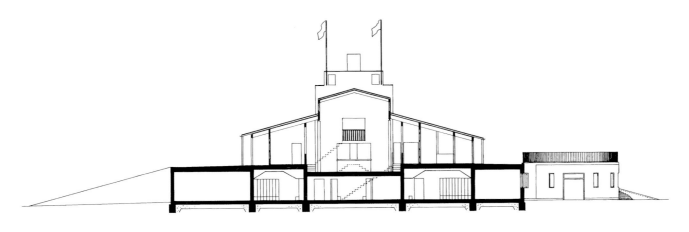

and delineate the space. The flooring is quartz-gneiss "spluga verde" which matches the faded pink of the waxed wall surfaces. Two massive, tower-like core elements rise up above the roof from the end of the hall. They are crowned with flags, lending the building a majestic character; one even serves as an observation terrace. The gallery-like layer of space on all four sides includes a large restaurant, a shop, various areas in which to socialise and play, and offices. The exposed timber construction is painted a dematerialising white, which gives it a geographically vague southern elegance and lends the space a brighter, more airy feel. The Anglo-Saxon charm of the furniture avoids the heaviness of calf leather, comfortable loom chairs in the central hall evoke the atmosphere of a

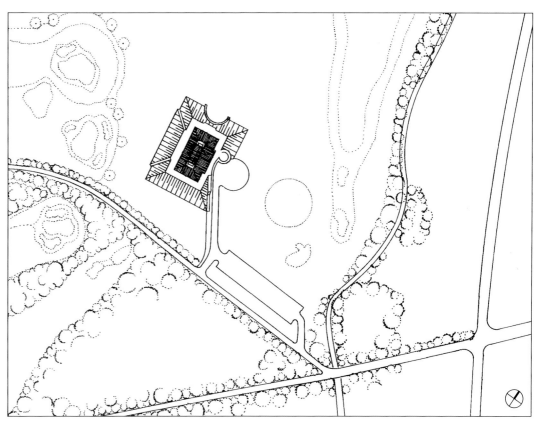

five o'clock tea in a large winter garden. Without resorting to the use of historic building materials, whose aura is so often simply exploited, and by deliberately avoiding rustic heaviness, an atmospheric ambience was created, which is inviting, cultivated and, as regards its form, lastingly useful.
W.Z.

Lageplan/site plan, 1 : 4000

Landessportschule, St. Pölten
1988–90
Fotografie: Margherita Spiluttini

MITARBEITER / ASSISTANTS
Ekkehard Krainer (Projektleiter),
Klaus Pinter (Kunst)
STATIK, KONSTRUKTEUR /
STRUCTURAL ENGINEERING
Josef Jorda, Karlheinz Hollinsky
AUSFÜHRENDE FIRMA /
BUILDING CONTRACTOR
Firma Glöckel, Obergrafendorf
BAUHERR / CLIENT
TREISMA
GrundstückverwaltungsgesmbH
vertreten durch
NÖ Landeshauptstadt
Planungsgesellschaft mbH St. Pölten

LITERATUR / LITERARY REFERENCE
- Wettbewerbe 70/71,
Jänner / Februar 1988.
- NÖPLAN Dokumentation 2,
Geschäftsbericht, Dezember 1990.
- Zschokke, Walter; Die Presse /
Spectrum, 29. September 1990.
- Mistelbauer, Wolfgang; Pinter,
Klaus; Arkadische Zeichen, Wien 1991.
- Glulam Award 1994.

LANDESSPORTSCHULE, ST. PÖLTEN

WOLFGANG MISTELBAUER

In der ehemaligen Aulandschaft der Traisen lagen kaum topographische Anhaltspunkte vor: das Flüßchen selbst, der Hochwasserschutzdamm, ein Rest Auwald, ein Werkskanal und der Straßendamm. Für den von der Straße her zufahrenden Besucher dehnt sich vor dem Eingang ein funktionell wichtiges, aber räumlich wenig ins Gewicht fallendes Parkfeld. Zur Linken erhebt sich als erstes deutliches Zeichen ein turmartiges, dreigeschossiges Gebäude, das «Haus des Sports». Es ist ein punktförmiger Massivbau, der nach Süden, zur Straße hin, mit kleinen, eher abweisenden Fenstern und einer Balkonkanzel versehen ist. Die übrigen Fassaden lassen die Nutzung als Verwaltungsgebäude erkennen. Das Bauwerk steht auf einem Teil des ausgedehnten Sockelbauwerks, das Richtung Sportfeld mit einer Glasfassade in Erscheinung tritt. Besucher können jederzeit die Dachterrasse dieses Sockelbauwerks betreten, die auf demselben Niveau wie die Straßenebene der Zufahrt liegt. Am Haus des Sports vorbei führt der Weg über einen Steg zur Sporthalle, dem zweiten Akzent, und weiter zur Tribüne, über der der aufgestelzte Wohntrakt einen kräftigen Schlußstrich setzt. Halle und Wohntrakt scheinen ungebunden, gleichsam floatend in der Ebene zu liegen. Das höhere Niveau des Straßendammes nützend, werden alle übrigen Räumlichkeiten in das Sockelbauwerk mit dem begehbaren Dach integriert, so daß nur die drei Hauptbaukörper wirksam in Erscheinung treten. Am prägnantesten gilt dies für den Wohntrakt. Auf zwei Reihen von Stützen schwebt er als langgezogenes Prisma hoch über dem Sockel parallel zum Hauptspielfeld und dient so als Dach der Tribünenstufen. Sein nördlicher Kopf strebt auf schlanken Pfeilern über das Sockelbauwerk hinaus. Dieses deutlich inszenierte «Freispazieren» verstärkt den autonomen Charakter des Baukörpers. Die Halle ihrerseits wirkt nicht als geschlossener Körper. Den Gesamteindruck bestimmt ein riesiger Dachschirm, dessen Großform an ein mächtiges Flügelsegment erinnert, das über den verglasten Wänden zu schweben scheint. Im Innern der Halle fällt die bei der großen Raumhöhe geringe raumdefinierende Wirkung der Fensterwände auf. Und die Großform des Daches, vermittelt durch die Schar der hölzernen Doppelträger, ist ebenso von innen zu spüren, die architektonische Idee bleibt präsent. Diesem Konzept folgen auch die gitterartig raumtrennenden Sprossenwände oder die Schleier der Netze, die verhindern sollen, daß sich Spielbälle auf die Tribüne verirren. Sie schließen den Raum optisch nicht ab. Zwar ist man in der Halle wind- und witterungsgeschützt, kann sich aber in dieser für sportliche Betätigung optimalen Raumstimmung dennoch fast wie draußen fühlen.
W.Z.

There are only a few topographical starting points in the former marshland along the River Traisen: the little river itself, the flood protection embankment, the remains of the riparian wood, the mill stream and the roadway embankment. For the visitor arriving by car a functionally important but spatially insignificant car park extends in front of the entrance. To the left the first clear signal is made by a tower-like three storey building, the Haus des Sports (House of Sport). It is a point-like massive structure. Its south facade, facing towards the road, has smaller, somewhat unfriendly windows and a balcony. The other facades clearly reveal that this is an administration building. This building stands on part of an extensive plinth which has a glass facade facing towards the sports fields.

Visitors can walk onto the roof of this plinth which is on the same level as the approach road. The path leads past the Haus des Sports to the sports hall, the second accent, and also to the stands above which the accommodation wing, carried on piers, sets a powerful termination. The hall and accommodation tract seem unconnected, both float in the plain. The height of the roadway embankment is exploited to place all the other spaces in the plinth with the accessible roof so that only the three principal elements are really evident. This is particularly true of the accommodation wing. It is a long prism carried on two rows of piers which hovers over the plinth, parallel to the main sports field, and serves as a roof to the stands. The northern end sweeps on slender piers past the plinth

element. This clearly-staged liberating gesture strengthens its character. The hall itself does not seem like a closed block. A huge protective roof determines the principal impression made. It is like part of a mighty wing which seems to hover above the glazed walls. Inside the hall the way in which, due to the considerable height, the glass walls scarcely define the space is remarkable. The roof shape, conveyed by a series of double timber beams, can also be experienced inside, that is the architectural idea

remains evident. The grille-like separating walls made of rungs and the veils of the nets intended to stop balls wandering onto the stands also comply with this concept. They do not form a visual termination to the space. Although inside the hall you are protected from wind and inclement weather, in this atmosphere, which is eminently ideal for sporting activity, you almost feel as if you were outside.

W.Z.

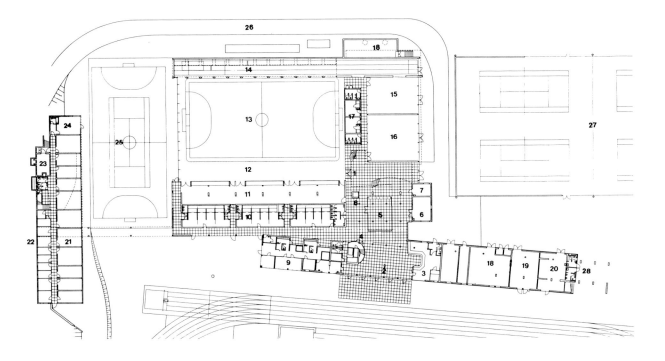

Sockelgeschoß/base level, 1 : 1000

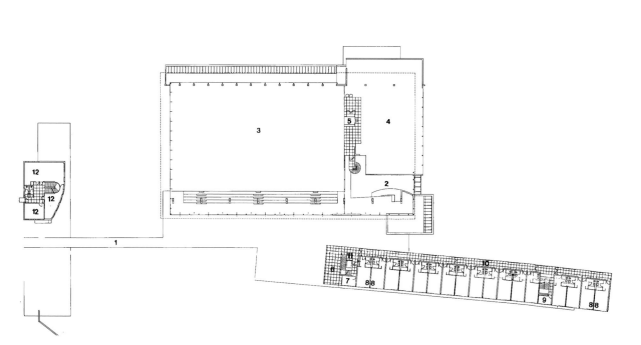

Lageplan/site plan, 1 : 4000

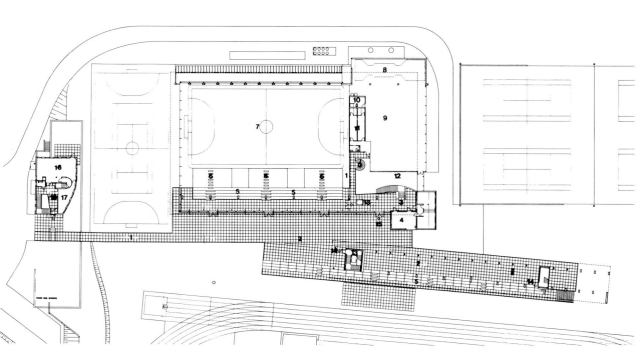

Obergeschoß/upper level,
Erdgeschoß/ground level,
1 : 1000

BUM – Bücherei und Musikschule,
Gänserndorf
1991–92
Fotografie:
© Lichtbildwerkstätten

PROJEKTARCHITEKT
Peter Rogl
STATIK / STRUCTURAL ENGINEERING
Günter Windsperger, Gänserndorf
BAUHERR / CLIENT
Stadtgemeinde Gänserndorf
ANSCHRIFT / ADDRESS
Bahnstraße 34–36
A-2230 Gänserndorf

LITERATUR / LITERARY REFERENCE
- Wettbewerbe 127/128.
- Architektur & Bauforum 11, 1996.
- Zement + Beton 2, 1995.
- db deutsche bauzeitung 12, 1996.

BUM – BÜCHEREI UND MUSIKSCHULE, GÄNSERNDORF

BKK: CHRISTOPH LAMMERHUBER, AXEL LINEMAYR, FRANZ SUMNITSCH, PETER ROGL, FLORIAN WALLNÖFER, JOHANN WINTER, EVELYN WURSTER

Die lange Hauptstraße von Gänserndorf dient als ländlich-urbane Fußgängerzone und weist eine ein- und zweigeschossige Begleitbebauung auf. Einzelne gewichtigere öffentliche Gebäude stehen ein paar Meter zurückversetzt, so auch der Neubau für die Bibliothek und die Musikschule. Erstere belegt das Erdgeschoß, letztere ist im Obergeschoß untergebracht und über eine lange, nach rückwärts in die Gartenzone der Siedlungsstruktur ausholende Rampe erreichbar. Im Untergeschoß befindet sich ein Vortragssaal für Musik, Literatur und andere Kunstsparten, der über einen abgesenkten Rampenlauf zugänglich ist. Und für den Hauswart ist im Obergeschoß eine Wohnung vorgesehen. Die Bibliothek wird durch unterschiedliche Stützen in V-Stellung und eine davon unabhängige Glaswand als einladendes öffentliches Gebäude apostrophiert. Die attraktiven zeitgenössischen Möbel signalisieren Zugänglichkeit zu den Büchern und Aktualität der Handbibliothek. Im seitlichen Garten bei der Rampe bietet eine aufgestelzte Plattform von gerundet freiem Zuschnitt die Möglichkeit zur Lektüre an der frischen Luft. Die Unterrichtszimmer der Musikschule reihen sich an einen Mittelgang; ihre jeweilige Einrichtung wurde individuell von den einzelnen Instrumentallehrern gestaltet. Von der Nutzung für Einzel- und Kleingruppen-

unterricht und von den schalltechnischen Erfordernissen bestimmt, sind die Räume kleiner und abgeschlossener als jene im Erdgeschoß, verfügen aber über genügend Ausblick. Obwohl mit den Kosten haushälterisch umgegangen werden mußte und verschiedene Nutzungen in den Bau zu integrieren waren, gelang es, eine jugendlich-frische Architektur, die den holländischen Einfluß nicht verleugnet, in den da und dort von peinlichen Postmodernismen gezeichneten Ort zu bringen. Für die an zeitgenössischer Kultur interessierten und entsprechend engagierten Menschen ist das Bauwerk Ansporn und Bestätigung für ihre Arbeit, und die anfänglich heftig geführten Diskussionen um das Äußere des Hauses sind mittlerweile gelassener geworden.
W.Z.

The long main street in Gänserndorf is a rural/urban pedestrian zone lined by single and two-storey buildings. Some weightier public buildings are set back a few metres from the street line as is the new building housing the library and music school. The library occupies the ground floor and the music school the upper level, which is

reached via a long ramp which, at the rear, penetrates the garden zone of the local settlement pattern. A hall for music performances, literature and other branches of the arts which occupies the basement can be reached via a sunken length of ramp. There is an apartment for the caretaker on the upper level. The library is defined as an inviting public building by different V-shaped piers and a glass wall independent of them. The attractive contemporary furnishings indicate both the accessibility of the books and the relevance of a lending library. In the garden at the side, close to the ramp, a free-form platform on struts provides an outdoor reading room. The music school classrooms are arranged along a central corridor. The fittings were chosen by the different music instrument teachers. These rooms were largely shaped by their function as teaching spaces for individuals or small groups and by the acoustic insulation requirements. They are smaller and more closed off than the spaces on the ground floor but still have an adequate view outside. Despite the fact that costs had to be kept down and a variety of functions incorporated, the architects succeeded in introducing a fresh, youthful architecture, which cannot deny a certain Dutch influence, in a town which is scarred at places by embarrassing post modernist gestures. For people interested and involved in contemporary culture this building is both an encouragement and confirmation of their work. The initially heated discussions on the external appearance of the building have, in the meantime, become more relaxed.

W.Z.

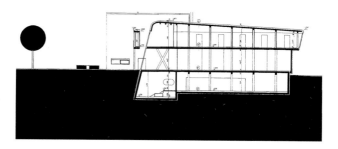

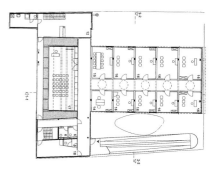

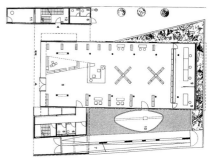

*Schnitt/section,
Grundrisse/plans,
1 : 667*

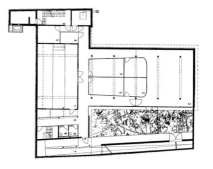

Lageplan/site plan, 1 : 2000

Tennishalle, St. Pölten
1992–93
Fotografie: Margherita Spiluttini

MITARBEITER / ASSISTANT
Friederike Brauneck
STATIK, KONSTRUKTEUR /
STRUCTURAL ENGINEERING
Karlheinz Hollinsky, Holzbau
Firma Schuh, Stahlbeton
AUSFÜHRENDE FIRMA /
BUILDING CONTRACTOR
Holzbau Glöckel, Obergrafendorf
BAUHERR / CLIENT
NÖPLAN, St. Pölten
ANSCHRIFT / ADDRESS
Kremser Landstraße
A-3100 St. Pölten

TENNISHALLE, ST. PÖLTEN

EKKEHARD KRAINER, BERNHARD EDER

Die zweite Ausbaustufe der Landessportschule St. Pölten erweitert das Platzangebot um eine Tennishalle mit vier Feldern sowie einen Seminarraum für hundert Personen mit Buffetbetrieb, und für den Niederösterreichischen Fußballverband entstanden neue Zentralbüros. Der Neubau nimmt Bezug auf die ein paar Jahre älteren Hauptgebäude der Landessportschule. Wie Schiffe liegen die langgezogenen Hochbauten in der Ebene. Sie halten sich am Rand der Sportfelder. Einerseits bietet der gestreckte Seminar- und Bürotrakt ergänzenden räumlichen Halt in der flachen ehemaligen Aulandschaft, andererseits wird der Flächenbedarf minimiert, so daß für weitere

Spielfelder Platz bleibt. Über einem verglasten Erdgeschoß scheint das liegende, holzverschalte Prisma des Obergeschosses fast zu schweben. Ein einziges langes Bandfenster prägt die Fassade. Episch zieht es sich über den langen Baukörper. An dessen Rückseite liegt die von einer flachen Tonne überspannte Tennishalle. Anders als bei der Sporthalle, wo man die Transformation einer im ersten Entwurf vorgesehenen Stahlkonstruktion zum Holztragwerk immer noch spürt, wurde die Tennishalle von Anfang an in Holz geplant. Dabei fand das Prinzip der werkseitigen Vorfertigung von großen Elementen Anwendung. Einander kreuzende Bogenrippen sind durch eine Schalung verbunden. Jeweils zwei halbe Bogensegmente mit parallelogrammartiger Konfiguration wurden von mächtigen Teleskopkränen in Position gebracht. Dazwischen bleiben rhombenförmige Dachteile offen; transparent gedeckt, dienen sie der Belichtung. Der Innenraum wirkt als ein großes Ganzes, weil die Rippen in ihren Proportionen zum gesamten Tragwerk zurückhaltend bleiben; wären sie stärker ausgeführt, würden sie den Raum zonieren, und er verlöre seine Einheit. Bei Hallenbauten, einer Bauaufgabe, die eine intensive Zusammenarbeit von Architekt und Konstrukteur erfordert, sind derartige, scheinbar nebensächliche Aspekte wesentlich für die spätere Raumstimmung.
W.Z.

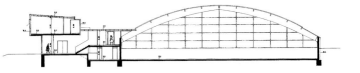

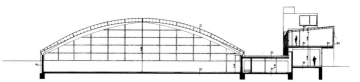

In the construction of halls such as this, which always demands close collaboration between the architect and structural designer, aspects which might initially seem secondary prove, in fact, to be of primary importance for the spatial atmosphere.
W.Z.

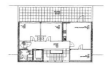

Schnitte/sections,
Grundrisse/plans,
1 : 667

The second development phase of the State Sports School in St. Pölten added a tennis hall with four courts and a seminar room with a capacity of 100 plus buffet. New central offices for the Lower Austrian Football Association were also planned. The new building makes references to the main building of the sports school which is a few years older. The long buildings are like ships in the plain, docked at the edge of the sports fields. The seminar and office wing provides additional anchorage in a flat landscape which was once a water meadow, the internal spatial requirements were reduced to a minimum in order to preserve space for additional sports fields. The horizontal, timber-clad prism which forms the upper level of the building seems almost to hover above the glazed ground floor. The facade is dominated by a single, long horizontal window which extends in an epic manner across the building. The tennis hall behind is roofed by a shallow barrel vault. In contrast to the sports hall, where you are conscious of the fact that the originally planned steel construction was later replaced by a timber structural system, the tennis hall was, from the very start, planned in timber. The principle of workshop pre-fabrication was widely employed. Inter-crossing arched ribs are connected by a cladding. Powerful telescope cranes hoisted two elements at a time into position, the elements, each comprised of half an arch, were arranged in a parallelogram configuration. Rhomboid-shaped areas of roof left between the ribs were given a translucent covering, allowing daylight to enter. The interior works as a single space, particularly because, in relation to the structure as a whole, the dimensions of the ribs are restrained. Had they been made any larger they would have separated the space into zones and thus destroyed its unity.

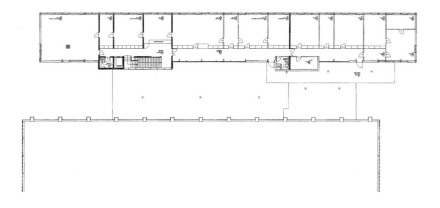

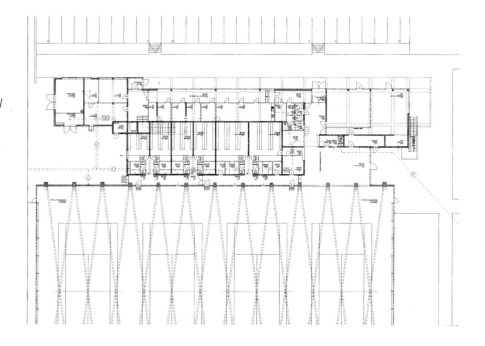

Arena Nova, Messe-, Sport- und
Mehrzweckhalle, Wiener Neustadt
1994–95
Fotografie: Rupert Steiner

MITARBEITER / ASSISTANTS
Roman Mramor (Projektleitung),
Lucia Klatil, Peter Janco,
Douglas N. Simon
STATIK, KONSTRUKTEUR /
STRUCTURAL ENGINEERING
Karlheinz Hollinsky (Statiker)
Zimmermeister Franz Graf
(Konstrukteur)
AUSFÜHRENDE FIRMA /
BUILDING CONTRACTOR
Graf Holztechnik, Stuag-Massivbau,
Firma Nestler Dachdeckung, Polybau
Glas und Fassaden,
Firma VAM / Schwarz Stahlbau und
Metallfassaden
BAUHERR / CLIENT
NÖPLAN im Auftrag der Business
Messen Wiener Neustadt,
Genossenschaft für
Wirtschaftsförderung, Wiener Neustadt
ANSCHRIFT / ADDRESS
Rudolf Diesel-Straße 30
A-2700 Wiener Neustadt

LITERATUR / LITERARY REFERENCE
- Schule & Sportstätte, Ausgabe März
1995 und Juni 1995.
- Mikado, Magazin für Holzbau und
Ausbau, Juni 1996.
- Architektur und Wirtschaft,
Baufachjournal für NÖ, August 1996.
- db deutsche bauzeitung, September
1996.
- Constructec Hannover,
6.–9. November 1996.

ARENA NOVA, MESSE-, SPORT- UND MEHRZWECKHALLE, WIENER NEUSTADT

BRUMI ARCHITEKTEN + UBP, WOLFGANG BRUNBAUER

Das topographisch flache, gewerblich genutzte Neubaugebiet im Nordosten der Stadt entwickelt eine spezifische Lebendigkeit und den ungewohnten Charme wirtschaftlicher Pionieratmosphäre. Mittlere Gewerbebetriebe reihen sich entlang der breiten Straßen; an einer Kreuzung betreibt beispielsweise ein Autoverkäufer zugleich ein Café, das aber nicht das einzige seiner Art ist. Etwas außerhalb, inmitten ausgedehnter Parkierungsflächen erhebt sich hügelartig die gespannte Dachwölbung der neuen Messe-, Veranstaltungs- und Sporthalle. Ein massiver Sockel mit Serviceräumen und Büros bildet ein Geviert, zu dem über ansteigende Stege die Zu- und Abgänge für die Zuschauer hinführen. Damit die Bereitstellung für die verschiedenen Aufgaben des Gebäudes in kürzester Zeit bewältigbar ist, lassen sich die Tribünen teleskopartig ineinanderschieben und in das Sockelbauwerk einfahren. An den Längsseiten überragen die gedrungenen Widerlagerpylone den Gebäudesockel um Geschoßhöhe. Auf diesen Unterbau stützt sich die hölzerne Dachkonstruktion ab, die in ihren Proportionen geschickt gewählt, dank der Feingliedrigkeit als integrales Dach erscheint und daher den riesigen Einraum in keiner Weise zoniert. Die in halben Bogensegmenten auf der Baustelle montierten Binder summieren sich zu einem Gesamttragwerk. Sämtliche Holzteile wurden auf compu-

tergesteuerten Maschinen in Horn im Waldviertel vorgefertigt und, in transportierbaren Größen montiert, nach Wiener Neustadt gefahren. Für die Verbindungen wählte man das von Hermann Blumer entwickelte BSB-System, bei dem eine Schar dünner Stahlstifte die Kräfte vom Holz auf die eingeschlitzten Bleche des Knotens überträgt. Die hölzerne Ummantelung der Stahlverbindungsteile erlaubt eine Dimensionierung auf die Brandwiderstandsklasse F 30. Die Absenz sichtbarer Verbindungsteile wirkt hingegen angenehm beruhigend auf das räumliche Fachwerk. Es erscheint homogener, die Art und Weise «wie es gemacht ist» tritt in den Hintergrund. Die Tragkonstruktion steht nicht mehr im Vordergrund; sie geht, obwohl allgemein sichtbar gehalten, im architektonischen Konzept auf, das den großen Einraum betont. W.Z.

The flat area of new industrial and commercial buildings to the north-east of the town has developed its own specific liveliness and has an unusual charm exuded by the atmosphere of pioneering economic activity. Medium-sized businesses are arranged along the wide road, at a crossing a car salesman runs, for example, a café (in addition to his main business), and it is not the only one

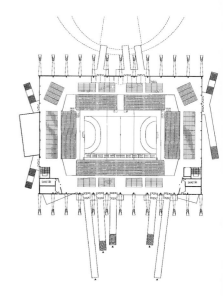

of its kind. Somewhat further outside the town, amid an extensive area of car parking the vaulted roof of the new trade fair, meeting, and sports hall rises like a hillock.

A massive plinth containing service spaces and offices forms a square to which the access and exit routes for the spectators slope upwards. To ensure that the building can be adapted to suit its different functions in the shortest period possible the stands can be slid into each other like a telescope and moved into the plinth. On the long sides the powerful abutment pylons rise a full storey above the base. The timber roof construction is carried on this sub-structure. The proportions have been carefully chosen, thanks to the slender elements it appears as a single inte-gral roof which does not separate the enormous space into distinct zones. The beams, which were mounted on site as half arches form together a continous load-bearing framework. All timber elements were prefabricated on computer-operated machines in Horn in the Waldviertel area, and were assembled as elements of a size which could be transported by road, and then brought to Wiener Neustadt. A system developed by Hermann Blumer was selected for the timber junctions, a series of slender steel pins directs the forces from the timber to the metal plates inserted at the junction. The timber covering of the steel connecting elements meant that dimensions could be restricted to the size required under the fire protection class F 30. The absence of visible connecting elements has a pleasantly calming effect on the spatial framework. It seems more homogeneous, "the way in which it was made" plays a secondary role. The load-bearing structure is not placed in the foreground but is incorporated in an architectural concept which emphasises the single, large space.

W.Z.

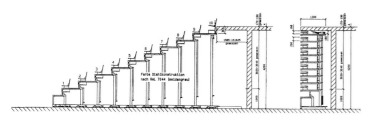

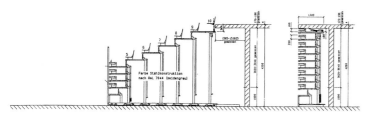

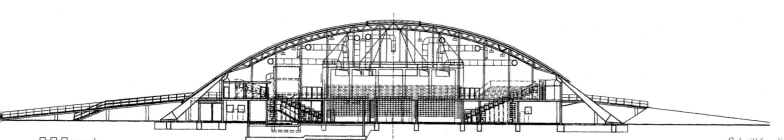

Pfarrkindergarten, Wimpassing
1992–93
Fotografie: Rupert Steiner

STATIK, KONSTRUKTEUR /
STRUCTURAL ENGINEERING
Baufirma: Zimmermann
AUSFÜHRENDE FIRMA /
BUILDING CONTRACTOR
Baufirma: Berl-Bau, Ternitz
Zimmermann: Franz Lueger
BAUHERR / CLIENT
Erzdiözese Wien
ANSCHRIFT / ADDRESS
Kirchengasse 7
A-2632 Wimpassing

PFARRKINDERGARTEN, WIMPASSING

STEFAN BUKOVAC

Die Pfarrkirche von Wimpassing liegt in einem Einfamilienhausgebiet aus den fünfziger Jahren abseits der Hauptdurchzugsstraße. Aus dieser Zeit stammen auch die Kirche und das zweigeschossige Pfarrhaus. In den sechziger Jahren erfolgte für einen zweiten Kindergartengruppenraum und eine Garage ein erdgeschossiger Anbau, der den Garten vom Straßenraum trennt. Anfang der neunziger Jahre erweiterte man den bestehenden Kindergarten um einen Allzweckraum, der als gedrungener Rechteckbau vom eingeschossigen Gebäude in den Garten vorstößt. Zwei massive Mauerwinkel umfassen den Raum und sparen zum Garten hin eine breite Öffnung für einen Wintergarten aus. Er weist eine gemauerte Brüstung auf und dient mit den verglasten Türen an den Schmalseiten und dem gläsernen Pultdach als Haupttageslichtquelle. Weitere Lichtakzente ergeben sich aus dem dreiseitig umlaufenden Oberlichtband im Bereich der zum Garten weisenden Holzleimträger und drei bodennahen, den Kindern Ausblick gewährenden Fenstern. Ein flach geneigtes Blechdach, das in Traufenhöhe eine Dachschräge andeutet, unterstreicht mit seinem Dachvorsprung den beschützenden Charakter.
B.E.

The Wimpassing parish church lies in a development of single-family houses dating from the fifties, some distance from the main thoroughfare. The church and the two-storey presbytery also date from this period. In the sixties a single-storey extension for a second kindergarten group room and a garage, which separates the garden from the road, was added. At the start of the nineties the existing kindergarten was enlarged by the addition of a multi-purpose space. This rectangular structure projects from the single-storey building into the garden. Two solid, right-angled wall slabs enclose the space leaving a broad opening facing onto the garden for the winter garden. It has a masonry parapet, the glass doors at the sides and the glazed mono-pitched roof are the principal source of light. Clerestorey windows on three sides of the space at the level of the laminated timber beams which are directed towards the garden provide further light accents as do three windows close to ground level which allow the children a view outside. A projecting, slightly inclined metal sheeted roof element which, at eaves level, suggests that it might be a pitched roof underlines the protective character of the building.
B.E.

Tennisanlage NÖ Landessportschule, St. Pölten–Aufeld

Johannes Zieser

Im flachen Gelände der Traisenauen, wo sich die Landessportschule befindet, stellt der Erdwall von der Form eines breiten «U» eine primäre Setzung dar, die den Ort präzisiert: einen Tennis-Court, auf dem wichtige Matches von zahlreichen Zuschauern an Ort und Stelle mitverfolgt werden können. Die über 3000 Plätze verteilen sich an drei Seiten auf den Erdwall, die vierte Seite weist eine freistehende Tribüne auf. Damit wird der Ort des Geschehens zum Spannungsfeld der Zuschauerinteressen, wobei der Doppelcharakter der Masse in Form von Erde und der Menge von Zuschauern eine eigene Bedeutung gewinnt. Zwei weitere Tennis-Courts befinden sich außerhalb, im Rücken des «U». Der Erdwall wird hier doppelseitig für Zuschauerplätze genutzt. Auf seiner Krone zieht sich ein breiter Weg, von dem man einen Überblick gewinnt und die Sitzplätze erreichen kann. Vom nahen Parkplatz führen außen mehrere Treppen hinauf. Von der Sportschule her führt ein Zugang axialsymmetrisch zur Anlage hin. Abgesehen von Tennisturnieren sind in der Arena auch Freiluftveranstaltungen anderer Art möglich. W.Z.

external staircases lead from the nearby car park to the tennis courts. An access route from the sports school lies on the axis of symmetry of the complex. In addition to tennis tournaments open-air events of different kinds can also be held in this arena.
W.Z.

Tennisanlage NÖ Landessportschule,
St. Pölten–Aufeld
1995
Fotografie: Margherita Spiluttini

MITARBEITER / ASSISTANT
Ronald Franz
STATIK, KONSTRUKTEUR /
STRUCTURAL ENGINEERING
Helmut Zieritz, St. Pölten
AUSFÜHRENDE FIRMA /
BUILDING CONTRACTOR
Baufirma: Arge Held & Francke BaugesmbH, St. Pölten
FTU-Fertigteil-Union GmbH & Co KG, Sollenau
BAUHERR / CLIENT
NÖPLAN, St. Pölten
ANSCHRIFT / ADDRESS
Dr. Adolf Schärf-Straße
A-3100 St. Pölten

A U-shaped earth embankment in the flat terrain of the water meadows along the river Traisen, near the regional sports school, represents a primary deposit which serves to define the site. Important matches on this tennis court can be followed directly by numerous spectators. Over 3000 seats are distributed on three sides of the embankment, the fourth side is delineated by an independent sports stand. In this way the site of sporting activity focuses the interest of the spectators. The twin implications of the structural mass: earth as a mass and masses of spectators, acquire a specific significance. There are two further tennis courts outside the embankment, at the rear of the "U". Here both sides of the embankment are used to provide seating. A wide path running along the top provides an overview and access to the seating. Several

Lageplan/site plan, 1 : 2000

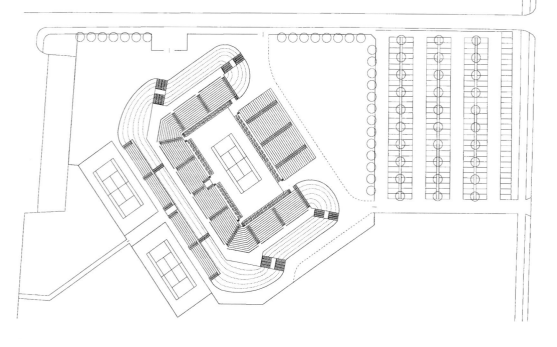

Volksschule, Erweiterung und Umbau,
Weikersdorf in Baden
1993–95
Fotografie: Rupert Steiner

MITARBEITER / ASSISTANTS
Martina Lindner, Peter Turner
STATIK / STRUCTURAL ENGINEERING
Jaromir Javurek, Anton Schweiger,
Baden
AUSFÜHRENDE FIRMA /
BUILDING CONTRACTOR
Porr AG, Schwarzott GesmbH,
Schrammel, Trimmel KG, Valente Bau,
Wibeba, Zimmermann
BAUHERR / CLIENT
Stadtgemeinde Baden
ANSCHRIFT / ADDRESS
Radetzkystraße 14
A-2500 Baden

VOLKSSCHULE, ERWEITERUNG UND UMBAU, WEIKERSDORF IN BADEN

GERHARD LINDNER

Der Schulbau aus den sechziger Jahren im Badener Ortsteil Weikersdorf, zwischenzeitlich von der Pädagogischen Akademie genützt, wurde entsprechend den heutigen Anforderungen an eine Volksschule vergrößert. Die L-förrige Erweiterung enthält fünf Klassen und den neuen Haupteingang. Für eine nächste Etappe sind weitere vier Klassen und ein Turnsaal vorbereitet. Der Zubau ist leicht aus dem Winkel gedreht und definiert mit dem orthogonal organisierten Altbau einen großzügigen Pausenhof. Die unterschiedlichen Farb- und Oberflächenqualitäten der Fassade differenzieren Baukörper und Funktionen. Auf das Niveau des Haupteingangs gelangt man über wenige Stufen oder eine flache, geschwungene Rampe. Im Scheitelbereich konzentrieren sich Eingangszone, Aula, Vertikalerschließung, Sanitäranlagen und die Schulwartwohnung. Die zweigeschossige Aula verbindet mit der neuen Treppenanlage die Ebenen des Altbaus mit den halbgeschossig versetzten Höhen des Neubaus. Zum Pausengang im neuen Obergeschoß führt eine Galerie, die auch als Ausstellungsfläche genutzt werden kann. Das Grundrißkonzept wiederholt sich im wesentlichen in beiden Geschossen. Die Erschließung der Klassen erfolgt in einer klaren Konfiguration der großzügig angelegten Räumlichkeiten. Von der Aula führt ein Gang zu den Klassenzimmern und mündet in einen Flur. Dieser, mit einer Tür vom zentralen Eingangsbereich abtrennbar, erweitert sich vor jedem Klassenzimmer zu einer Garderobe. Ein Aufenthaltsbereich mit Tisch und Stühlen, hinter den Garderoben gelegen, ist jeweils in die Klasse integriert. Die Arbeitsräume der Kinder sind großflächig verglast. Von jeder Klasse führt eine Tür in den Pausenhof. Über eine Freitreppe an der Stirnseite des neuen Klassentraktes gelangen die Schüler in den Garten und können dessen spezifische Qualitäten nutzen. Die Rasenfläche des Freiraums ist sparsam möbliert und erfährt ihre Belebung durch die Benutzung. Die Oberfläche des Pausenhofs ist nur teilweise befestigt. Das offene und freundliche Schulhaus bietet vielfältige Möglichkeiten der Interaktion und somit Schülern und Lehrern eine angenehme Lern- und Lehratmosphäre.   B.E.

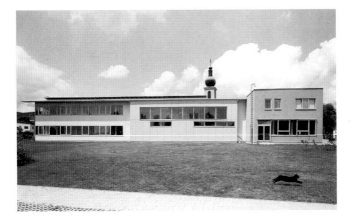

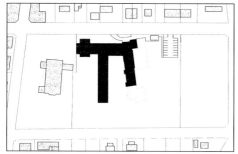

course of being used. Only part of the schoolyard is paved. This open and friendly school building offers a variety of possibilities for interaction and thus provides both pupils and teachers with a pleasant atmosphere for learning and teaching.
B.E.

Lageplan/site plan, 1 : 4000

Grundriß/plan, 1 : 667

The school building dating from the sixties in Weikersdorf, a district of Baden, which was used in the intervening period by the Pedagogical Academy, was expanded to meet present day requirements for a primary school. The L-shaped extension contains five classrooms and the new main entrance. Four further classrooms and a gym are planned for the next expansion phase. The extension is swivelled slightly and, with the orthogonally planned old building, defines a generously dimensioned courtyard. The different colours and surface textures of the facades relate to the different building elements and functions. You reach the main entrance level via a few steps or a curved gently sloping ramp. The entrance area, hall, vertical circulation, sanitary facilities and the school caretaker's apartment are all concentrated in the central area. The two-storey hall with the new staircase connects the levels of the old building with the levels of the new building which are staggered half a storey. A gallery leading to the corridor used during school breaks on the upper level can also function as an exhibition area. The plan of both floors is largely similar. Access to the classrooms occurs in a configuration of generously laid-out spaces. The corridor used during breaks leads from the hall to the classrooms and terminates in a passageway. This space, which can be separated by a door from the central entrance area, expands in front of each classroom to form a cloakroom. An area with a table and chairs, behind the cloakrooms, is integrated in each classroom. The latest educational findings were applied to the design of the classrooms. The spaces in which the children learn are generously glazed. A door leads from each classroom down to the school yard. The children can reach the garden via an outdoor staircase at the end of the new classroom wing. In this way all the children are assured the particular benefit resulting from the direct use of the garden. The lawn in the outdoor areas has only a few pieces of garden furniture, it comes to life in the

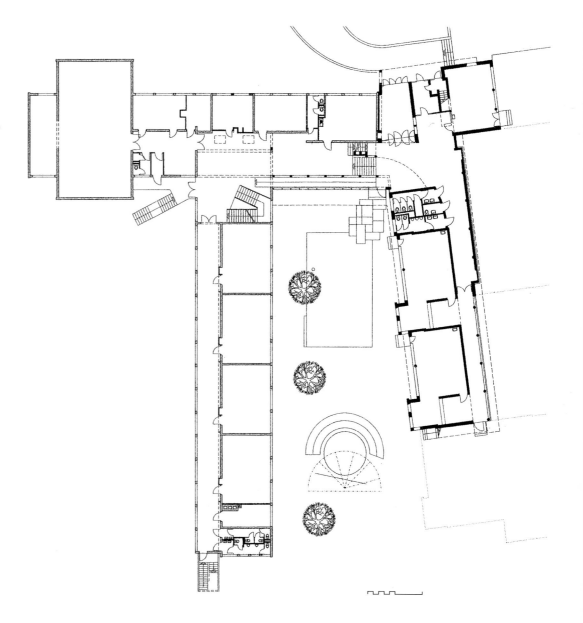

Dr. Fred Sinowatz-Schule, Wiener
Neustadt
1993–96
Fotografie: Rupert Steiner

MITARBEITER / ASSISTANTS
Sergej Nikoljski, Helmut
Hummelbrunner
STATIK / STRUCTURAL ENGINEERING
Schulgebäude: Franz Müller, Wiener
Neustadt
Turnhalle: Franz Dinhobl, Neunkirchen
AUSFÜHRENDE FIRMA /
BUILDING CONTRACTOR
Arge Hofmann & Maculan/Neue
Reformbau, Wiener Neustadt
BAUHERR / CLIENT
Die Stadt Wiener Neustadt
ANSCHRIFT / ADDRESS
Primelgasse 12
A-2700 Wiener Neustadt

LITERATUR / LITERARY REFERENCE
- Kurier, 2. Oktober 1996.
- Zschokke, Walter; Die Presse /
Spectrum, 30. November 1996.
- Bauvielfalt NÖ, 4. Jahrgang,
31/1996.
- Wettbewerbe 1/97.

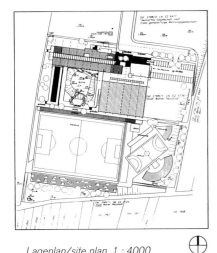

Lageplan/site plan, 1 : 4000

DR. FRED SINOWATZ-SCHULE, WIENER NEUSTADT

ERNST MAURER

Die Sporthauptschule steht in einem westlichen Außenquartier, wo Wohnbauten aus den siebziger Jahren und offene, noch unverbaute Flächen einander abwechseln. Die Parzelle diente früher dem Kiesabbau. Der niedrige Grundwasserspiegel ließ wenige Jahre nach der Stillegung in einer größeren Vertiefung ein Feuchtbiotop entstehen, das bei der Planung zu berücksichtigen war. Am Südrand steigt das tiefliegende, ansonsten flache Gelände steil an und erreicht wieder den ursprünglichen topographischen Verlauf. Von der künstlichen Geländekante blickt der Betrachter über die Sportanlagen; dahinter erhebt sich die in die Breite entwickelte Südfassade des Hauptgebäudes, die vom Baumbestand des davorliegenden Biotops Halbschatten erhält. Während das große, flache Volumen der Dreifachturnhalle am rechten Flügel gegen das Sportfeld vorstößt und die Senke mit dem Teich räumlich faßt, antwortet darauf am linken Flügel eine schlanke, ebensoweit hervortretende Pergola. Im Erdgeschoß verweist eine breite, etwas zurückversetzte Glaswand auf die dahinterliegende Pausenhalle, die sich zum Naturraum öffnet. Die andere Längsfassade ist zugleich Ankunftsseite und blickt nach Norden. Sie wird durch eine flachere Differenzierung der Volumen gegliedert und trägt am Haupttrakt ein collagenartiges Reliefbild aus verputztem Mauerwerk, Fenstern und Glaswänden sowie Metall- und Natursteinverkleidung, deren Teile mit den unterschiedlichen Inhalten dieser Gebäudehälfte korrespondieren. An beiden Enden des Klassentrakts treten allseitig verglaste Körper hervor. Sie gehören zu einer längs verlaufenden, mittleren Schicht, die auf allen drei Geschossen den durchgehenden Erschließungsgang enthält. Von hier sind im Süden die Klassenräume und im Norden die Sonderklassen für Zeichnen und das Schwerpunktfach EDV-Unterricht, die Haupttreppe und Nebenräume zugänglich. Das durchgehend verglaste Dach dieses Mittelteils läßt Zenitallicht herein, das durch große, die halbe Gangbreite einnehmende Öffnungen bis in die erdgeschossige Pausenhalle hinunter gelangt. Die Klassenzimmer in beiden Obergeschossen betritt man, den Luftraum durchschreitend, über stegartige Brücken.

Der große Anteil an Deckenöffnungen hat zur Folge, daß eine durchgehende vertikale Raumschicht entsteht, in der die Erschließungswege wie Laubengänge eingesetzt sind. Mit dieser Konfiguration erhält das Schulgebäude einen ausdrucksmäßig starken und räumlich identitätsstiftenden Kern. In der Halle und vor dem Eingang treten Plastiken von Kurt Ingerl und Werner Feiersinger zur Architektur in ein dialogisches Verhältnis.
W.Z.

This school stands on the western periphery of the town, in an area where housing blocks dating from the seventies alternate with open areas, as yet undeveloped. The site was previously a gravel quarry. The low water table level led, a few years after the closure of the quarry, to the development of a biotope here – which had to be taken into account in the planning. On the southern boundary, the low-lying site, which is otherwise comparatively flat, rises steeply reaching its original topographical contours. From this artificial change in level the observer looks across the sports fields to the broad south facade of the main building behind, which is semi-shaded by the trees around the biotope in front of it. The large, flat volume of the tripartite gym in the right-hand wing reaches towards the sports fields, spatially defining the hollow containing the pond, from the left-hand wing a slender pergola also projects, offering a response. On the ground floor a broad glass wall, set back slightly, marks the hall used during school breaks which lies behind it and which opens to the outdoors. The other long, north-facing facade is the side on which you approach the building. It is given rhythm by a flat differentiation of the volumes behind it. The centre tract is a collage-like relief made of rendered masonry, windows, glass walls and metal and stone cladding. These elements correspond to the different internal functions contained in this half of the building. Completely glazed elements project from either end of the classroom wing. They are part of a central layer running along the length of the building, which on all three floors contains a continuous access corridor. From here you enter the classrooms on the south side and the special rooms for drawing and computer studies (a subject on which particular emphasis is laid) to the north. The main staircase and ancillary spaces are also accessed from this corridor. The continuous glazed roof to this central element allows high level light to enter which penetrates to the hall at ground floor level through large openings taking up half the width of the corridor. Access to the classrooms on both upper levels is via short bridges spanning the void. The large number of openings cut in the floor slabs leads to the development of a vertical layer of space into which the circulation routes are inserted like galleries. This spatial configuration gives the school building a strongly expressive core which creates a sense of spatial identity. Sculptures by Kurt Ingerl and Werner Feiersinger in the hall and in front of the entrance enter into a dialogue with the architecture.   W.Z.

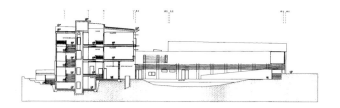

Schnitt/section,
Grundriß/plan,
1 : 1000

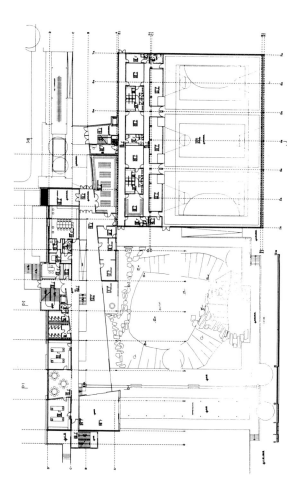

Ziel- und Lagergebäude Umdasch-
Stadion, Amstetten
1995–96
Fotografie: Margherita Spiluttini

MITARBEITER / ASSISTANT
Ronald Franz
STATIK, KONSTRUKTEUR /
STRUCTURAL ENGINEERING
Rudolf Schneider, Amstetten
AUSFÜHRENDE FIRMA /
BUILDING CONTRACTOR
Baufirma: Zehetner Hoch- und Tiefbau
GmbH, Amstetten
Stahlbau: Stuag Stahlbau, Linz
Zimmermann: Leitner GmbH, Neufurth
BAUHERR / CLIENT
Stadtgemeinde Amstetten
ANSCHRIFT / ADDRESS
Ybbsstraße
A-3300 Amstetten

ZIEL- UND LAGERGEBÄUDE UMDASCH-STADION, AMSTETTEN

JOHANNES ZIESER

Neben der bestehenden Tribüne, exakt beim Zieleinlauf des achtbahnigen Ovals steht das dreigeschossige, als Montagebau konzipierte Gebäude. Während die Rückseite weitgehend mit einer Stülpschalung verkleidet ist, zieht sich diese an der dem Sportfeld zugewandten Vorderseite nur über den erdgeschossigen Magazinteil. In dieser Ansicht kommen die verschiedenen Komponenten klar zum Ausdruck: Da steht das Prisma des Zielturms für die «Offiziellen», drei Stockwerke hinter wandhohen Glasscheiben, ausgezeichnet mit einer runden Aussichtskanzel auf dem Dach. Im Erdgeschoß schiebt sich der lagerhafte Quader des geschlossenen Magazinteils an den Turm heran. Von diesen beiden Körpern abgesetzt durch

einen Zwischenraum für die Erschließungsflächen sowie aufgestelzt über einer Besuchergalerie im ersten Obergeschoß, befindet sich das Volumen eines einfachen Cafés, das durch die leicht nach vorn gekippte Glaswand spiegelungsfreie Blicke auf das sportliche Geschehen auf der Laufbahn oder dem Spielfeld ermöglicht. Das nur im Anlaßfall benützte Bauwerk verzichtet auf materiellen Luxus. Die schlanke Stahlskelettkonstruktion mit Trapezblechdecken ist offen sichtbar. Den Boden bedeckt ein robustes Langriemenparkett. Die offene Treppe steht frei an der Rückseite des Bauwerks. Das luftige und transparente Gebilde, das in seinem rationalen Ausdruck gut zu Sport und Wettkampf paßt, wird von sechs Fahnenmasten überragt, die die Struktur des Tragskeletts fortsetzen; wenn sie beflaggt sind, erzeugen sie jene dynamisch festliche Aufbruchstimmung der Moderne, wie sie teilweise an Bauwerken aus den zwanziger und frühen dreißiger Jahren ablesbar ist.
W.Z.

This three-storey, system-built structure was erected close to the existing sports stand, precisely beside the finishing line of the eight lane, oval track. The rear of the building is

almost entirely clad in timber boarding whereas on the front facade only the ground floor storage area is timber clad. The diverse elements of the building are clearly expressed in this front elevation. The prism of the tower above the finishing line, reserved exclusively for the "officials", which consists of three storeys behind full-height glass walls and is marked by an observation pulpit on the roof, is placed at this point. At ground floor level a block containing the enclosed storage space is slid against this tower. A volume which contains a simple café is separated from these two elements by an intermediate space containing circulation areas and is carried on struts above a visitors gallery at first floor level. This café has a glass wall tilted slightly forward which ensures a view (undisturbed by

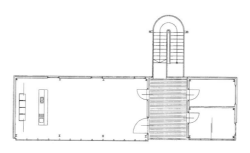

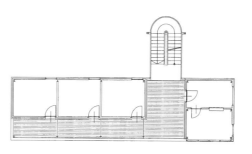

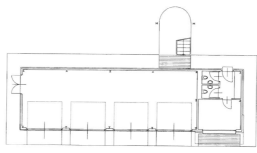

Grundrisse/plans, 1 : 333

reflections) of the sporting activities on the track and field. This building, which is used only on particular occasions, dispenses with luxurious materials. The slender steel skeletal frame with trapezoid metal composite floors is exposed. The floor slabs are covered by robust wood strip flooring. The open staircase is located at the rear of the building. This airy, transparent structure, which has a rational approach appropriate to sport and competition, is crowned by six flagpoles that continue the lines of the structural frame. When the flags are flying they produce a dynamic, future oriented modernist feeling, also to be found in some buildings dating from the twenties and early thirties. W.Z.

Kirche und Seelsorgezentrum,
Baden–Leesdorf
1980–87, Turm 1993
Fotografie: Rupert Steiner

MITARBEITER / ASSISTANT
Josef Mayer
STATIK, KONSTRUKTEUR /
STRUCTURAL ENGINEERING
Heinrich Otto Halbritter, Baden
Holzkonstruktion: Hartl Holzbau, Wien
AUSFÜHRENDE FIRMA /
BUILDING CONTRACTOR
Industriebau GmbH, Baden
BAUHERR / CLIENT
Erzdiözese Wien
ANSCHRIFT / ADDRESS
Leesdorfer Hauptstraße 74
A-2500 Baden

LITERATUR / LITERARY REFERENCE
- Wettbewerbe 20/21.
- Wettbewerbe 94/95.

KIRCHE UND SEELSORGEZENTRUM, BADEN-LEESDORF

STEFAN BUKOVAC

Der zweigeschossige Baukörper, der sich in die Rand-
bebauung einfügt, umfaßt drei Hauptraumgruppen: die
Kirche mit Tageskapelle, den Saalteil mit Nebenräumen,
das Pfarrhaus mit zwei Wohnungen und das Pfarrcafé.
Der Garten und der Spielplatz sind durch eine schlichte
Mauer von der Umgebung getrennt. Ein Wandelgang,
beginnend am Parkplatz, führt entlang der geschlossenen
Putzfassade der Kirchenfront bis zum Pfarrcafé. Zum
Hauptportal der Kirche wird über einen kreisrunden Vor-
platz geleitet, wo sich dem Eintretenden die Fassade
kraftvoll entgegenwölbt. Das Eingangstor im Zentrum des
Viertelkreises antwortet mit einem Gegenschwung. Das
Dynamische dieser Formensprache setzt sich im Kirchenraum fort, wo das Kreissegment eine wichtige Rolle spielt.
Raumbestimmend sind die sichtbare Holzdachkonstruk-
tion und die kolossale Ordnung der Holzsäulen. Die Dachkonstruktion dreht um den Altarbereich, bildet eine erste
Konstruktion und wird mit einer zweiten Tonne verschnit-
ten, die in der Altarachse gerichtet ist. Aus der Viertel-
drehung über der Kirchenhalle entwickelt sich in Folge
das Dach linear über die weiteren Funktionen der Anlage.
B.E.

*This two-storey building, which is integrated in a
peripheral development area, contains three principal
groups of spaces: the church with a chapel for weekday
use, the hall and its service spaces and the presbytery
containing two apartments and the parish café. The
garden and play area are separated from the surroundings
by a simple wall. A pathway starting at the car park leads
along a solid, rendered facade of the church to the café.
A circular forecourt directs you to the main church entrance where the facade curves to receive people entering. The entrance door in the centre of this quarter
circle responds to this movement with a counter curve.
The exposed timber structure of the roof and the massive
order of timber columns determine the internal atmosphere. The roof structure pivots around the altar area
forming a primary construction and is intersected by a
second barrel vault placed on the axis of the altar. The
roof develops from the quarter revolution above the
church space to cover, in a linear fashion, the other
spaces of the complex.
B.E.*

EVANGELISCHE KIRCHE, KLOSTERNEUBURG

HEINZ TESAR

Evangelische Kirche, Klosterneuburg
1993–95
Fotografie: Margherita Spiluttini (4),
Mischa Erben (2)

MITARBEITER / ASSISTANT
Silvia Ertl
Bauleitung: Alfred Rath
STATIK, KONSTRUKTEUR /
STRUCTURAL ENGINEERING
Gerhard Fidler
AUSFÜHRENDE FIRMA /
BUILDING CONTRACTOR
Baumeister Witzani
BAUHERR / CLIENT
Evangelische Kirche
ANSCHRIFT / ADDRESS
Franz Rumplerstraße 14
A-3400 Klosterneuburg

LITERATUR / LITERARY REFERENCE
- Domus 779, 1996.
- Architektur & Bauforum 177, 1995.
- Architektur aktuell 184, 1995.
- Kunst und Kirche 1996.
- Waechter-Böhm, Liesbeth (Hrsg);
Heinz Tesar, Wien 1995.

Im Hinterland der Geländeterrasse, auf der dominierend das Stift Klosterneuburg thront, bereits wieder auf leicht ansteigendem Terrain, erhebt sich als weißer Solitär die bauliche Hülle, die den Sakralraum für die evangelische Kirche formt. Der ausgedehnte parkartige Garten des neubarocken Pfarrhauses, dessen Rasen mit hohen Bäumen bestanden ist, läßt dem mittelgroßen Bauwerk genügend Umraum, daß es in dem teils offen, teils geschlossen bebauten Quartier Geltung erlangt. Der Zugang führt am hochaufragenden Chor vorbei, sanft ansteigend zu dem von einer Linde überwölbten Eingangsvorplatz und dem westseitig ansetzenden Vorraum. Die Richtung Zugang schildartig bergende Chorwand löst sich für den Weiterschreitenden im flacheren Rund der Südflanke in ein vielfach von kleinen quadratischen Fenstern durchbrochenes Gitter auf. Die Mauer folgt weiter dem Verlauf einer stetigen, aus Ellipsenabschnitten komponierten Kurve. An der Nordostseite nähern sich die versetzten Mauerkanten einander an, lassen aber einen begehbaren, schmalhohen Lichtspalt als Zwischenraum offen, der Chorwand und Altarbereich streifend mit Himmelslicht versorgt. Ein Kranz von quadratischen Fenstern säumt das Maueroval knapp unter der Krone und läßt die Sonnenstrahlen der Tageszeit entsprechend in den Innenraum scheinen. Beschirmt wird der Sakralraum von einer Segmentbogentonne aus Stahlbeton. Da die Verschneidung von elliptischem Zylinder und Tonnengewölbe einem sanften Kurvenschwung folgt, wirkt das vom Material her harte Dach weich, als würde es wie eine plastische Decke drüberhängen. Fünfundzwanzig Lichtkuppeln sind in das Dach geschnitten und lassen Zenitallicht in den Kirchenraum eindringen. Das Innere erweist sich, obwohl der bergende Charakter der Mauern nie nachläßt, mit allseits quellender Lichtfülle ausgestattet. An dieser Lichtflut läßt sich am ehesten der protestantische Charakter der Kirche festmachen. Aus dem Vorraum, der von einer sich aus dem Oval lösenden, niedrigeren Mauer räumlich definiert wird, führt der Zugang, vom Kurvenschwung der Mauer umgelenkt, seitlich in den Versammlungsraum der Gemeinde. Unter dem von einer runden Betonstütze hochgestemmten, von Kreuzarmen getragenen kreisrunden Schirm der Orgelempore hervor

gelangt man in den Einraum. Dem Eingang gegenüber, im konkaven Rund des Ellipsenscheitels liegt der Kanzelaltar, ausgezeichnet durch ein Gemälde in schlankem Hochformat von Hubert Scheibl. Die von den vielen Fenstern in verwirrend geregeltem Muster durchbrochene Südwand streut den Blick auf die Bäume des Gartens. Auf der anderen Seite wirkt die Nordwand mit vertikal gestülpter Akustikverkleidung weniger als Mauer, denn als schützender Wandschirm. Der Versatz beim hohen Nordfenster löst die Spannung des Zentralraumes, der aber in seiner Bipolarität viel ausgleichender wirkt als etwa eine kreisrunde Konzeption. Die Abweichungen von der exakten Ellipse mittels Überlagerungen verschieden

The physical shell housing the Protestant church, a free-standing white building, stands on slightly rising ground in the hinterland of a terrace in a landscape dominated by the monastery of Klosterneuburg. The extensive, park-like garden of the neo-Baroque rectory and the lawn dotted with tall trees allow this medium-sized building sufficient space to create an effect in an area which has expanded partly in a closed and partly in an open development pattern. The approach leads past the tall choir and rises gently to a forecourt shaded by a linden tree and to the entrance hall on the west. If you proceed further the protective, shield-like choir wall dissolves in the flatter curve of the southern flank into a grid made up of numerous small square windows. The wall continues to follow the course of a continuous curve composed of elliptical segments. On the north-east side the staggered wall edges approach each other but leave open an accessible, tall and narrow light slit between them which provides the choir wall and the altar area with light from the heavens. A ring of square windows running around the oval wall, just beneath the top, allows sunshine to enter the interior at different times of the day. This religious space is covered by a segmental barrel vault made of reinforced concrete. The intersection of the elliptical cylinder and the barrel vault follows a gentle curve so that the material which is, of its nature, hard becomes soft as if a plastic sheet had been hung above the space. Twenty-five roof lights were cut out of the roof slab allowing light from the sky above to penetrate. Although the protective

großer Ovalformen erzeugen ein Wechselspiel leichter Asymmetrien und außermittiger Achsen, das knapp über der Wahrnehmungsgrenze liegt. Die Summe architektonischer Maßnahmen macht deutlich, daß es sich hier nicht um irgendein Haus, sondern um einen Sakralraum handelt, dessen raumbildende Hülle sich hinter dem Lichtraum und dem mehrdeutigen Spannungsfeld «Innenraum» zurückhält.
W.Z.

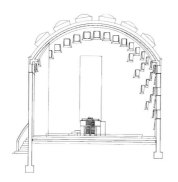
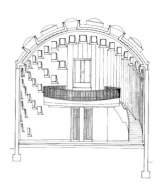
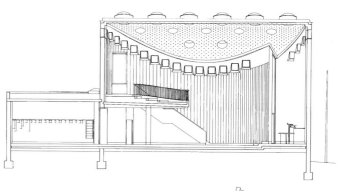

character of the walls never weakens the interior is
essentially a space filled with light from all sides. This
flood of light is the strongest indication of the Protestant
character of the church. The entrance route leads from a
hallway, spatially defined by a lower wall that frees itself
from the oval, and is diverted by the curve of the masonry
to arrive at the side of the community meeting place. You
enter this single space beneath a circular organ loft elevated by a round concrete pier and carried on cross arms.
The pulpit-altar, which lies opposite the entrance in the
concave curve formed by the apex of the ellipse, is
marked by a tall and narrow painting by Hubert Scheibl.
The south wall is broken up by a confusingly regulated
pattern of windows which breaks up your view of the trees
in the garden. On the opposite side the north wall with its
overlapping acoustic cladding seems less like a wall than
a protective screen. The stagger beside the tall north
window dissolves the tension of a central space which,
due to its bi-polar quality, seems much more balanced
than a circular concept could ever be. The departures
from an exact ellipse using overlapping ovals of different
sizes produces an interplay of slight asymmetries and
off-centre axes that lies slightly beyond the boundaries of
our perception. The sum of the architectural measures
employed reveals quite clearly that is not an everyday
building but a religious space contained in a room-
defining shell that plays a secondary role to the light
flodded and multivalent field of tension constituting this
"interior space".
W.Z.

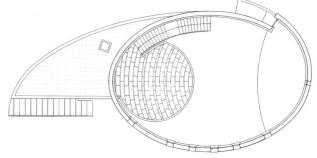

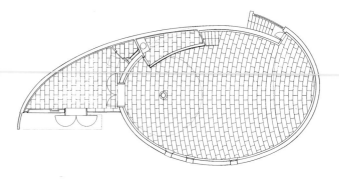

Schnitte/sections,
Grundrisse/plans,
1 : 333

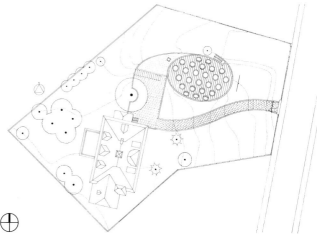

Lageplan/site plan, 1 : 1000

«Das offene Rathaus»
Rathausumbau in Waidhofen
an der Ybbs
1993–95
Fotografie: Margherita Spiluttini

MITARBEITER / ASSISTANT
Anja Fischer
STATIK, KONSTRUKTEUR /
STRUCTURAL ENGINEERING
Alfred Schaufler, Ybbsitz
AUSFÜHRENDE FIRMA /
BUILDING CONTRACTOR
Schrey Bau GmbH (Baumeister)
Firma Glaser (Zimmerer)
Firma Mittermair (Stahlbau)
BAUHERR / CLIENT
Immoconsult Fünf
LiegenschaftsvermietungsgesmbH
im Auftrag der Stadt Waidhofen
an der Ybbs
ANSCHRIFT / ADDRESS
Oberer Stadtplatz 28
A-3340 Waidhofen an der Ybbs

LITERATUR / LITERARY REFERENCE
- Das offene Rathaus, Festschrift,
Waidhofen an der Ybbs, 1995.
- Zschokke, Walter; Die Presse /
Spectrum, 28. Oktober 1995.
- Zschokke, Walter; Architektur aktuell
186, 1995.
- Brandstätter; Leben in der Stadt 6,
1996.
- Orben; Bausubstanz 5, Neustadt
1996.
- Eckhard; NÖ Kulturberichte 3, Wien
1996.
- Denkmalpflege in Niederösterreich
17, Wien 1996.

«DAS OFFENE RATHAUS», WAIDHOFEN AN DER YBBS

ERNST BENEDER

Die langgezogenen öffentlichen Räume des oberen und unteren Stadtplatzes prägen den mittelalterlichen Kern der Stadt. Am oberen Ende des Freisinger Bergs, der verbindenden Gasse, steht der hohe Stadtturm, Teil des ältesten Befestigungsgürtels. Daneben schließt mit einer «Reiche» das Rathaus an, ein Gebäudekonglomerat, dessen Ursprünge in die Zeit der Stadtgründung reichen, das aber alle paar Jahrzehnte Zusätze und Veränderungen erfahren hat. Auf Basis der bauhistorischen Analyse legt das architektonische Konzept eine neue Spur ins Vorhandene. Sie vermittelt dem Rathaus eine ganzheitliche zeitgenössische Identität, kommuniziert aber weiterhin mit sämtlichen Phasen seiner wechselvollen Geschichte. Dabei war das ehemalige Gasthaus «Zum roten Krebs» keineswegs ein Kleinod. Ursprünglich bestand es aus zwei benachbarten Häusern, die mit den Jahrhunderten

unter ein gemeinsames Dach gerieten. An der Rückseite wucherten in mehreren Schüben die Zubauten. Erst seit 1922 als Rathaus genutzt, enthielt es jedoch einige potentiell wertvolle Räume, die es zu gewichten galt. Mit dem Stichwort «offenes Rathaus» gab der Architekt dem Sanierungsunternehmen ein ideelles wie gestalterisches Programm. Mit einer neugeregelten Erschließung machte er das Gebäude übersichtlich – für eine bürgernahe Verwaltung ein großes Plus. Die gewölbte Halle im Erdgeschoß wertete er zum Hochzeitszimmer auf, wahrte aber die positive Erinnerung an die ehemalige Gaststube. Mit der Freilegung der gesamten geschnitzten Tramdecke im darüberliegenden Raum gewann das Rathaus ein würdiges «großes» Sitzungszimmer. Der restaurierte ehemalige Theatersaal im zweiten Obergeschoß dient nun als angemessener Ort für die Beratungen der demokratischen Organe der Stadt. Zuoberst unter dem Dach entstand ein Mehrzwecksaal, der unter anderem zur Durchführung von Bürgerbeteiligungsverfahren gedacht ist. Von hier aus zielt manch schöner Ausblick auf Dächer, Zinnen und Türme der Stadt. Im vorderen Gebäudeteil war das Treppenproblem nur mit einem Befreiungsschlag zu lösen, denn das gesamte Haus hing zuvor an einem engen Schluf. Ein Glück, daß nie bei Theaterbetrieb ein Panikfall eingetreten ist. Der Aufgang ins Obergeschoß kommt dem Besucher, aus den Gebäudeachsen leicht herausgedreht, einladend entgegen. Die Entfernung der Gewölbedecke über dem Hausgang brachte Licht ins bisher fin-

stere Hausinnere hinunter. Der neue Lift, der hinter gläsernen Schachtwänden zwischen die Leimholzbinder einer räumlichen Fachwerkkonstruktion ins Dach hinauffährt, transportiert im Gegenzug Transparenz nach unten. Im hinteren Gebäudeteil, wo ein Arkadenhof aus schwerfälligen Stützen der vierziger Jahre die Witterung bis ins Erdgeschoß eindringen ließ, wurde mit einem über dem Hof montierten gläsernen Pultdach die Klimagrenze gehoben. Dies wertet die Büros stimmungsmäßig auf, weil sie nun leichter und lichtdurchlässiger gebaut werden konnten. Sie gewannen einen modernen und freundlich-hellen Ausdruck, was man sich bei einer zeitgenössischen Verwaltung am ehesten wünscht.
W.Z.

The long public space which comprises the lower and upper Stadtplatz determines the character of the mediaeval core of this town. The high Stadtturm, part of the old ring of fortifications, stands at the upper end of the Freisinger Berg

which is the connecting lane. The Rathaus, which adjoins it, is a conglomerate with origins dating back to the founding of the town. It was subjected to additions and alterations every few decades. The new architectural concept, which is based on a historical analysis of the building, adds a new trace to the existing structure. It gives the town hall a completely contemporary identity while still managing to communicate with all the phases of its rich history. The former guest-house "Zum roten Krebs" (The Red Crab) was no jewel. It originally consisted of two neighbouring houses which, in the course of the centuries, were united under a single roof. Extensions sprouted at the rear in phases. The building, which has been used as a town hall only since 1922, has a few potentially valuable spaces which had to be preserved. Under the motto "open town hall" the architect provided this renovation project with a design programme based on an ideal. By reorganising the circulation he made the building easier to grasp which, for an administrative system which aspires to come closer to the citizens, is certainly a major bonus. He has made the vaulted hall

on the ground floor a registry office while preserving positive memories of the former inn. By exposing the entire carved beamed ceiling in the room above, the Rathaus gained an impressive "major" meeting room. The restored former theatre on the second floor now serves as a suitable location for the consultations of the democratic bodies of the town. At the very top, beneath the roof, a multi-purpose space was created which is intended for use in all those

processes which involve citizen participation. There are fine views from here of the roofs, crenellations and towers of the town. At the front of the building the staircase problem was solved by means of a liberating blow. Access to the entire building previously was via a narrow staircase. It was merely due to luck that a panic situation never arose while people were attending the theatre. The ascent to the upper level, which is swivelled slightly out of the axial system of the

Grundrisse/plans, 1: 333

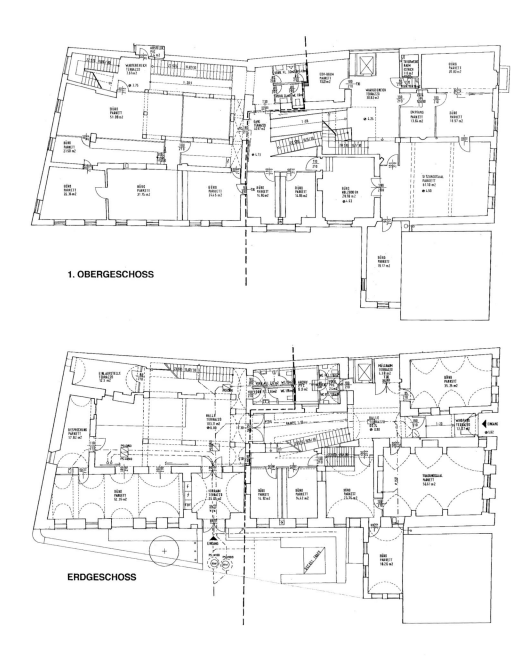

1. OBERGESCHOSS

ERDGESCHOSS

building, makes a gesture of invitation towards the visitor. The removal of the vaulted ceiling over the corridor brought light into the previously murky interior of the building. The new lift travels to the roof level behind glass lift shaft walls that are fitted into a glued timber framework and, in the opposite direction, brings a certain transparency downwards. At the rear of the building, where an arcaded courtyard with heavy piers dating from the forties used allow the weather to penetrate to the ground floor, a glazed mono-pitch roof placed over the courtyard has improved climatic conditions. This move also improved the atmosphere in the offices as it meant that they could be constructed in a lighter, more transparent way. They acquired a modern, bright and friendly atmosphere, precisely what one wishes for in a modern-day administration.

W.Z.

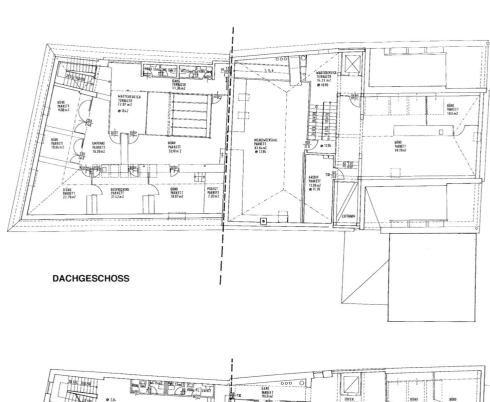

DACHGESCHOSS

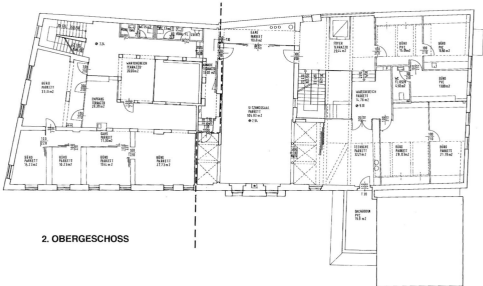

2. OBERGESCHOSS

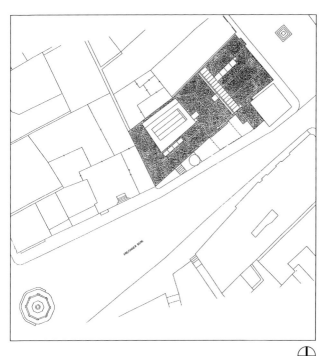

Lageplan/site plan, 1 : 1000

Landhaus, St. Pölten
1989–97
Fotografie: Margherita Spiluttini

MITARBEITER / ASSISTANTS
Franz Janz, Martin Tröthan,
Walter Matzka
STATIK, KONSTRUKTEUR /
STRUCTURAL ENGINEERING
Anton Harrer, Krems
Reinhard Klestil, Wien
Helmut Zieritz, St. Pölten
AUSFÜHRENDE FIRMA /
BUILDING CONTRACTOR
ARGE Baumeister (mehrere
Firmen)
BAUHERR / CLIENT
NÖ Verwaltungszentrum Ver-
wertungs GmbH, St. Pölten
ANSCHRIFT / ADDRESS
Neue Herrengasse
A-3100 St. Pölten

LANDHAUS, ST. PÖLTEN

ERNST HOFFMANN

Das Gebäude mit dem Landtagssitzungssaal ist seiner politischen Bedeutung gemäß sowohl von der städtebaulichen Stellung als auch von seinem Äußeren als Ausnahmebauwerk zu erkennen. Als einziges Bauwerk steht es vor der langen Uferfront, die von den Fassaden der aneinandergekoppelten Bürohäuser zur Traisen hin erzeugt wird. Es ist mit seinem südlichen Teil in einer kräftigen Basis verankert, während der schwungvoll zur Spitze sich verjüngende, nördliche Teil auf wenigen schlanken Rundstützen aufgestelzt ist. Zusätzliche statisch-konstruktive Maßnahmen im Dachbereich ermöglichen die ungewohnte, mehr auf «Kragen», denn auf «Lasten» tendierende Wirkung der Großform. Das gesamte Bauwerk steht in einem flachen Wasserbecken und ist nur über einen kurzen Steg zu betreten. Damit wird seine Autonomie und Vorrangstellung im städtebaulichen Kontext zusätzlich betont. Während der als Basis und Widerlager dienende Südteil durch Natursteinplatten an der Fassade architektonisch Gewicht gewinnt, erzeugen die horizontalen Sonnenblenden am Nordteil Leichtigkeit, und das dahinterliegende Glas vermittelt Transparenz. Der Landtagssaal liegt längs im stärkeren Südteil. Er ist quer organisiert, ein breites, raumhohes Fenster an seiner Rückwand gibt den Ausblick auf den Flußraum der Traisen frei, eine ansprechende niederösterreichische Landschaft, die positive sowie nachdenklich stimmende Aspekte aufweist. Der Nordteil dient als Wandelhalle, hier zieht sich das Landschaftspanorama noch weiter nach Norden. Der hohe Raum wird durch eine freistehende Galerie geteilt. Sie ist über einen Stiegenlauf zugänglich und bietet eine Reihe Sitzgruppen für Gespräche an. Die gediegene Materialwahl der Ausführung berücksichtigt vornehmlich einheimische Steinarten, vermeidet aber unnützen Pomp. Die ausladende Geste der schwungvollen Gesamtfigur des Gebäudes wird damit in der baulichen Konkretisierung auf eine greifbare Ebene transponiert und erscheint nicht als abgehobenes Symbol, vielmehr vergegenwärtigt sie das im positiven Sinn Machbare.
W.Z.

In accordance with its political significance the building containing the assembly hall of the State Parliament is clearly recognisable as a special building due both to its urban location and its external appearance. It is the only building which stands in front of the riverside facade formed by the linked office blocks along the Traisen. The southern part is anchored in a powerful base whereas the northern part, which tapers in a curve towards a point, is carried on a few slender round columns. Additional structural measures in the roof zone enable this major form to "cantilever" rather than "rest". The entire building stands in

a shallow water basin and can be reached only across a short footbridge, a fact which serves to emphasise its autonomy and key position in the urban context. Whereas the southern part, which serves as base and abutment, is lent architectural significance through the stone cladding, the horizontal sun screens on the northern part create a feeling of lightness and the glass behind suggests transparency. The parliament hall, which lies in the stronger southern sector, is planned at right angles to the main axis. A wide, full-height window in the rear wall reveals a view of the river, a true Lower Austrian landscape which

has positive aspects which also cause you to reflect. The northern section is a corridor and lobby, here the landscape panorama extends further north. The high space is divided by a free-standing gallery which is reached by a staircase and contains seating areas for group discussions. The restrained choice of materials, primarily local stone, avoids unnecessary pomp. The expansive gesture made by the dynamic shape of the building is transposed to a concrete level, it is not a detached symbol but a positive expression of what is feasible.
W.Z.

Grundriß/plan, 1 : 667

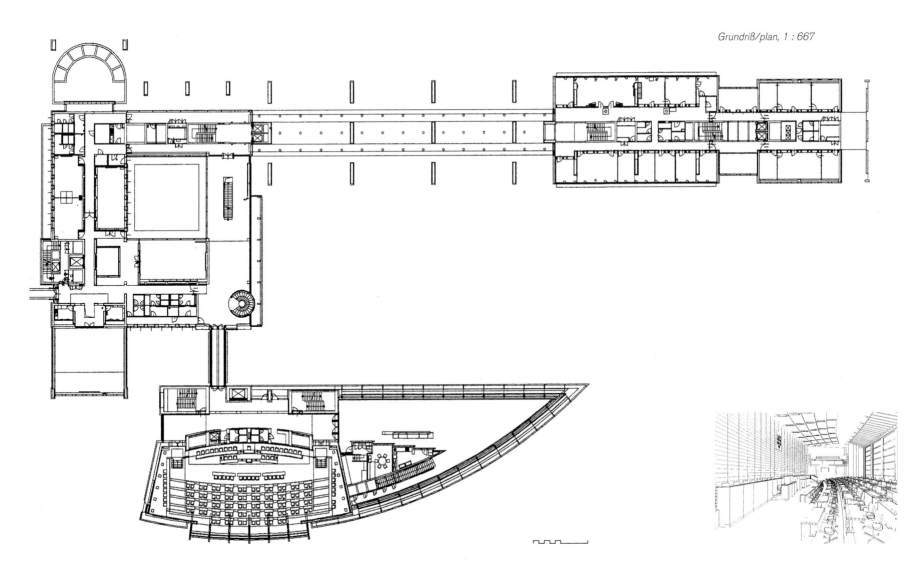

Wohnhausumbau
(15.–19. Jahrhundert), Krems–Stein
1988–89
Fotografie: Margherita Spiluttini

BAUHERR / CLIENT
privat
ANSCHRIFT / ADDRESS
A-3500 Krems–Stein

WOHNHAUSUMBAU (15.–19. JAHRHUNDERT), KREMS-STEIN

FRANZ E. KNEISSL, BÜRO IGIRIEN

An der Steiner Landstraße grenzt eine Mehrzahl der bergseitigen Häuser mit der Rückseite zum ansteigenden Fels. Die zur Straße orientierten Zimmer erhalten Südlicht, um die rückwärtigen Räume ausreichend zu belichten, bedarf es dagegen einiger architektonischer Kunstgriffe. Aus einer geräumigen überwölbten Eingangshalle, die auf das Haustor folgt, und an die nach hinten ein beeindruckender, in den Fels geschlagener Keller schließt, gelangt man durch eine Art Treppentunnel in die darüberliegende Wohnhalle hinauf, die ursprünglich als offener Hof mit Laubengängen ausgebildet war, aber schon in historischer Zeit überdeckt wurde. Nach Norden schließt eine betont massive Mauer das Gebäude ab. Zahlreiche Fenster, deren tiefe Leibungen das seitlich einfallende Licht in den Raum reflektieren, durchbrechen gitterartig diesen Raumabschluß. Für die Küche wurde in der schmalen Zone zwischen aufsteigender Felswand und Haus Platz gefunden. Sie erhält ihr Licht durch ein Glasdach und steht zur Wohnhalle in unmittelbarer Beziehung. Aus der beengten, aber äußerst interessanten Ausgangslage gelang dem Architekten mit wenigen unkonventionellen, gezielten Eingriffen ein eindrückliches neues Raumgefüge für ein kultiviertes Familienleben.
W.Z.

Along Steiner Landstrasse most of the houses on the mountain side of the road were built with their backs against the rock face. The rooms facing towards the road receive daylight from the south but clever architectural interventions are necesary to provide the rooms at the rear with sufficient light. From a spacious vaulted entrance hall linked at the rear to an impressive cellar cut into the rock you move up through a kind of staircase tunnel into the living hall above which was originally an open, arcaded courtyard. An emphatically massive wall terminates the house to the south. Numerous windows penetrate this wall, forming a grid-like pattern. Their deep reveals reflect the light entering the room. Space for the kitchen was found in a narrow zone between the vertical of the cliff and the house. This space is lit through a glass roof and is directly linked to the living hall. The architect has succeeded in exploiting a difficult but extremely interesting situation by employing a few unconventional, sharply focussed interventions to create an impressive sequence of spaces for cultivated family life.
W.Z.

Grundriß/plan, 1 : 333

Einfamilienhaus mit Ordination, Mistelbach

Ernst Hiesmayr

Einfamilienhaus mit Ordination,
Mistelbach
1990–92
Fotografie: Rupert Steiner

Mitarbeiter / assistant
Johannes Kaufmann
Statik, Konstrukteur /
structural engineering
Helmuth Locher, Wien
Ausführende Firma /
building contractor
Baufirma: GAM, Gaweinstal
Zimmerei: Firma Graf, Mistelbach
Sanitär: Firma Potziner, Mistelbach
Elektro: Firma Gindl, Mistelbach
Bauherr / client
privat
Anschrift / address
Lehárgasse 1
A-2130 Mistelbach

Das Haus reiht sich mit seiner langen Vorderfassade in die traufständige Zeilenbebauung einer Vorstadtstraße. Das ursprüngliche Bauwerk wies einen halbgeschossigen Versatz auf, der sich in der Fassade nur durch ein leichtes Mißverhältnis, im Inneren aber für den Betrieb einer Wohnung mit Arztpraxis ungünstig auswirkte. Obwohl die als Garage genutzte Durchfahrt eine Neuordnung erschwerte, bietet nun das in der Folge auf einer Ebene angeordnete Hochparterre genügend Raum für Ordination und großzügige Wohnräume. Die seitlich plazierte Küche ist vom Garten her über eine Nebentreppe aus der Durchfahrt zugänglich. Das Dach wurde etwa anderthalb Meter höher angesetzt, um für die Schlafzimmer im Obergeschoß Raumhöhe zu gewinnen. Diese Veränderung bildet sich in der Fassade ab, indem die Differenz durch ein langes Fensterband ausgedrückt wird. Beim neuen Treppenhaus ist eine ins Dach übergehende Fensterwand herausgeschnitten. Sie bringt Licht ins Hausinnere, das durch großflächig verglaste Türen bis in die Wohnräume gelangt. Der luftige Grundriß bietet weiträumige Durchblicke bis in den Garten, die man hinter der eher geschlossenen Fassade kaum erwartet hätte. Vier paarweise angeordnete französische Fenster verleihen der Straßenfassade noblé Eleganz, die durch traditionelle Jalousieläden noch verstärkt wird. Eingangstüre, Vordach, Einfahrtstor und Stiegenhausfensterwand setzen die sorgfältig ausgewogene Komposition fort, und selbst die etwas größere, in den Mauersockel einschneidende äußerste Öffnung des Fensterbandes nimmt eine wichtige Rolle in der Gesamtkomposition ein. Die Rückseite wird von einem vorgesetzten Wintergarten geprägt, doch auch hier ist das proportionale Spiel zwischen eingeschnittenen Öffnungen und Mauerfläche sorgfältig ausbalanciert. Zwischen Dachkante und Mauerkrone ist ebenfalls ein Fensterband eingezogen, das auf das angehobene Dach verweist und zugleich das klassische Bild

staircase from the driveway. The roof was raised about one and a half metres to gain height for the bedrooms on the upper level. This change is reflected in the facade, the difference is expressed by a long horizontal window. A glass wall reaching into the roof is cut out of the facade beside the new staircase and brings light into the interior which reaches the living areas through generously glazed doors. The airy floor plan offers views into the garden which one would not expect from the rather closed street facade. Two pairs of French windows lend the street facade a noble elegance which is strengthened by traditional louvered shutters. Entrance canopy, gateway and staircase window continue the carefully balanced facade and even the somewhat larger, outermost opening in the ribbon window, which is incised into the masonry plinth, plays an important role in the total composition. The rear of the building is dominated by a winter garden placed in front of it but here too the game with proportions played

eines Hauses mit jenem einer modernen Raumauffassung kontrastiert. Obwohl mit seiner sorgfältig asymmetrisch komponierten Fassade klar zeitgenössisch, kommuniziert das Haus in vielfältiger Weise mit seinen fast hundert Jahre älteren Nachbarn. Dieser Dialog kommt stärker zum Ausdruck, weil die typologisch-strukturelle Einfügung gewahrt wurde.
W.Z.

The long front facade of this house is placed in a row of buildings with street side eaves along a suburban road. The original building was staggered half a level which created only a slight imbalance in the facade but made the interior most unsuitable for a dwelling with attached doctor's surgery. Although the driveway through, which is used as a garage, made re-planning difficult, the ground storey is now arranged on a single level and provides sufficient space for the surgery and generous living accommodation. The kitchen at the side is reached via a service

Altbestand/original building

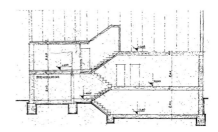

Altbestand/original building

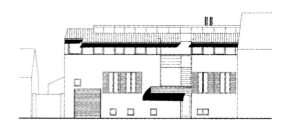

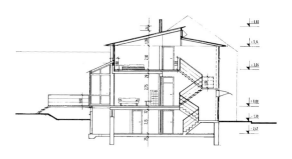

between cut-out openings and wall surface is carefully balanced. A continuous band of glazing placed between the top of the walls and the edge of the roof contrasts the classic image of a house with a modern interpretation of space. Although the carefully asymmetric composition of the facade is quite clearly contemporary the house still succeeds in communicating on a variety of levels with the neighbouring buildings that are almost a hundred years older. This dialogue is strengthened by the successful typological and structural insertion.
W.Z.

Ansichten/views, Schnitte/sections, Grundrisse/plans, 1 : 333

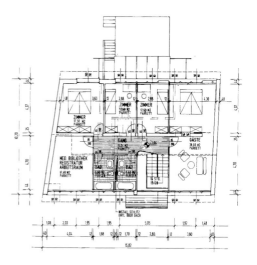

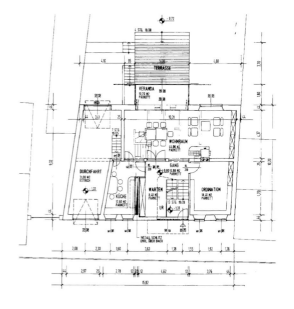

Turmaufbau Stummer,
Waidhofen an der Ybbs
1987–92
Fotografie: Margherita Spiluttini

MITARBEITER / ASSISTANTS
Anja Fischer, Heinz C. Plöderl
STATIK, KONSTRUKTEUR /
STRUCTURAL ENGINEERING
Alfred Schaufler, Ybbsitz
AUSFÜHRENDE FIRMA /
BUILDING CONTRACTOR
Firma Deseyve (Bau- und
Zimmermeister)
Firma Wagner (Stahlbau)
BAUHERR / CLIENT
Christian und Evelyn Stummer
ANSCHRIFT / ADDRESS
Oberer Stadtplatz 31
A-3340 Waidhofen an der Ybbs

LITERATUR / LITERARY REFERENCE
- Lindner, Gerhard; Denkmalpflege in
Niederösterreich 7, Wien 1991.
- Chramosta, Walter H.; Betonproben
aus Österreich, Wien 1992.
- Purtscher, Vera; Die Presse /
Spectrum, 31. Oktober 1992.
- Zement + Beton, Wien 4/1992.
- Spiluttini, Margherita; Neue Häuser,
Architektur Zentrum Wien, Wien 1993.
- Lindner G.; Morgen 93, Wien 1994.
- Denkmalpflege in Niederösterreich 9,
Wien 1994.
- NÖ gestalten 54, St. Pölten 1994.
- Architektur im 20. Jahrhundert –
Österreich, München 1995.

TURMAUFBAU STUMMER, WAIDHOFEN AN DER YBBS

ERNST BENEDER

Der zum ältesten Mauerring der Stadt gehörende, an einer Geländekante positionierte Turm diente in früheren Zeiten als Stadttor, wurde aber schon im Mittelalter ins Stadtgefüge inkorporiert; der Zugang erfolgt heute über einen Hinterhof. Von den Zeitläufen wurde der polygonale Sockel verschliffen wie ein Felsblock im Bett eines Gebirgsflusses. Das abgetragene und neu aufgebaute Obergeschoß – mit Zeltdach, wie von den Denkmalschutzbestimmungen gefordert – gibt dem Bauwerk inhaltliches Gewicht und läßt es in der Dachlandschaft der Stadt hervortreten. Ein in die Breite entwickelter Erker erzeugt für die knapp bemessenen Schlafkammern mehr Raum, verschafft aber zugleich dem neuen Aufbau in der Stadtansicht die notwendige Identität. Das Innere ist sehr kompakt organisiert. Obwohl nur von zwei Seiten mit Licht

versorgt, enthält es einen interessanten, familientauglichen Grundriß mit einer großen Wohnhalle. Sie reicht bis ins offene Zeltdach hinauf, wo ausreichend Platz für eine zurückgezogene Arbeitsgalerie bleibt. Sie erhält von einem in die Dachfläche integrierten Fensterschlitz Tageslicht. In der Materialisierung wird nach außen der Stahlbeton thematisiert: Schalungsplatten dienen als Verkleidung des Erkers. An der neuerrichteten Außenmauer ist im Beton das Muster der Industrieschalung erkennbar. Ohne historisierende Anleihen entsteht ein Anflug fortifikatorischer Härte, der durch kleine Fensterformate unterstützt wird, die jedoch im Einzelfall geschickt erweiterbar sind. Während das Zeltdach außen eine Blechdeckung trägt, was die kristallin-geometrische Körperlichkeit betont, erscheint das in Sichtbeton gehaltene Innere statisch wie formal als Faltwerk und überspannt den gesamten Grundriß. Auf primäre Tragelemente wurde verzichtet, das sichtbare Tragwerk ist zugleich raumbildend: das Dach ist das Dach. Die starke Identität wurde durch die Gestaltung der raumbildenden Einbauten gestärkt, indem sie den Betonhimmel nicht berühren. Als plastische Installation von Körpern und Platten, teils dematerialisierend weiß gehalten, teils aus Sperrholz mit starkem Fladermuster zu expressiver Wirkung getrieben, entsteht zwischen den Kontinuitäten des Lärchenriemenbodens und dem milden

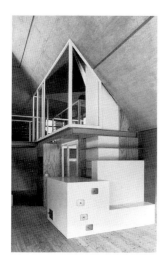

Betongrau des Dachzeltes eine räumlich reiche, der individuellen Identität Rückhalt bietende Wohnlandschaft, die der vielschichtigen Erzählung von der historischen Tiefe des Ortes ein weiteres Kapitel hinzufügt.
W.Z.

The tower placed along a ledge in the terrain is part of the oldest ring wall in the town and once served as the town gateway. It was incorporated in the structure of the town in the Middle Ages, access today is through a backyard. The polygonal base was worn down in the course of time like a rock standing in the bed of a mountain stream. The upper level was demolished, reconstructed and given a pyramid roof which was demanded by the conservation authorities. It gives the structure a certain weight and allows it to take its place in the town's roofscape. A broad bay window provides additional space for the tightly dimensioned bedrooms and, above all, establishes the identity of the new structure in the urban context. The interior is extremely compactly planned. Although it receives light from two sides only it has an interesting plan, eminently suitable for a family, with a large living hall. The hall extends into the open pyramid roof where sufficient space remains for a somewhat withdrawn work gallery. It receives light from a slit window incorporated in the surface of the roof. Externally, reinforced concrete is dealt with thematically: formwork panels were used to clad the projecting bay; the marks of the industrial formwork on the newly erected external wall are clearly visible. Without employing historicist elements the building suggests something of the

strength of fortifications, a feeling intensified by the small window openings which, in a few cases, can be cleverly extended. Whereas the pyramid roof is covered externally in metal sheeting, which serves to emphasise its geometric form, internally the fair-faced concrete appears structurally and formally as a prismatic shell spanning the entire floor plan. Primary load-bearing elements were dispensed with, the visible structural system forms the space. The roof is the roof. The strong identity was strengthened further by the fact that fittings inserted in the space do not touch the concrete canopy above. They comprise a highly expressive sculptural installation of blocks and panels, some painted a dematerialising white, some in plywood with a strong surface pattern. Between the larch wood flooring and the mild grey concrete roof tent a spatially rich, domestic landscape develops which is supportive of individual identity and adds a further chapter to the historic narrative of the place.
W.Z.

Lageplan/site plan, 1 : 1000

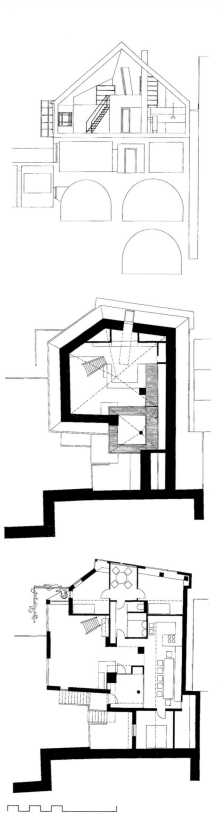

Schnitt/section,
Grundrisse/plans,
1 : 333

Wohnbebauung Franz-Kamtner-Weg,
Perchtoldsdorf
1989–94
Fotografie: Rupert Steiner

MITARBEITER / ASSISTANTS
Timothy Love, Harald Schönfellinger,
Georg Übelhör
PAG-Consult (Örtliche Bauaufsicht),
Alfred Grekowski
STATIK, KONSTRUKTEUR /
STRUCTURAL ENGINEERING
Reinhard Klestil, Perchtoldsdorf
AUSFÜHRENDE FIRMA /
BUILDING CONTRACTOR
Allgemeine Baugesellschaft Porr AG,
St. Pölten
Baumeister Franz Seywerth,
Perchtoldsdorf
BAUHERR / CLIENT
Marktgemeinde Perchtoldsdorf, betreut
durch die Genossenschaft «Alpenland»
ANSCHRIFT / ADDRESS
Franz-Kamtner-Weg
A-2380 Perchtoldsdorf

LITERATUR / LITERARY REFERENCE
- Waechter-Böhm, Liesbeth;
Architektur aktuell 171, 1994.
- Helsing Almaas, Ingerid: Vienna. A
guide to recent architecture, London
1995.
- Werk, Bauen + Wohnen, Zürich, Juni
1996.
- Bergquist, Mikael; arkitektur,
Stockholm, August 1996.

WOHNBEBAUUNG FRANZ-KAMTNER-WEG, PERCHTOLDSDORF

HERMANN CZECH

Das sanft nach Osten abfallende Grundstück setzt sich aus einem kleinen schmalen Abschnitt entlang der Zufahrtsstraße und einem ungefähr quadratischen, wesentlich größeren Teil zusammen, der an einen ausgedehnten Weingarten grenzt. Entsprechend der Flächenkonfiguration wurden zwei entfernt an historische Villen erinnernde Haustypen mehrfach wiederholt und relativ dicht auf dem Baugrund gruppiert. Sie säumen einerseits die Zufahrt, andererseits bilden sie im Binnenbereich stark definierte Außenräume. Die Erschließung der Autoabstellplätze erfolgt von einer außen herumführenden Zufahrt. Ein Netz von schmalen Fußwegen bildet ein inneres Erschließungs- und Verbindungssystem, an das die meisten Wohnungen über ihre Privatgärten angeschlossen sind. Die Organisation der einzelnen Wohnhäuser weist eine allgemein strukturelle Konzeption für den Rohbau

und eine individuell konkrete Ebene für den Ausbau auf. Der T-förmige Grundriß bietet für jede der in den drei Schenkeln liegenden Wohnungen Tageslicht aus drei Richtungen. Außer den Installationsschächten und zwei Stützen im Mittelbereich jedes Abschnitts waren sämtliche raumbildenden Wände frei positionierbar. Für die Wohnungen im ersten Obergeschoß bestand die Option einer Treppe in den individuellen Gartenteil. Fenster waren bezüglich Lage und Größe innerhalb eines konstruktiven Rahmens bestimmbar; auch der Verzicht war möglich. Die durch die T-Form angelegte, relativ gleiche Wertigkeit der Wohnungen wird im zweiten Obergeschoß in Hinblick auf den Außenraumbezug erzielt durch eine Dachterrasse und die beiden altanartigen Dachaufsätze. Mit diesen Voraussetzungen begann der von Anfang an vorgesehene partizipatorische Prozeß,

Wohnwert der Anlage kommt bereits nach wenigen Jahren, nachdem das Grün der Gärten sich entwickelt hat, in hohem Maß zum Ausdruck. Der von den außenliegenden Notkaminen, den sichtbaren Dachbalken, dem Ziegeldach mit den Altanen und der Farbgebung des Mauerputzes hervorgerufene südliche Charakter bildet eine primäre, positiv besetzte Folie, durch die feine Hinweise auf die hinter dem Entwurf stehende Gedankenarbeit hindurchscheinen: etwa die im Putz durch einen Absatz erkennbar gemachten potentiellen Fensteröffnungen oder die kluge Zonierung der individuellen Gärten. Zahlreiche vernünftige Detailüberlegungen zu Mietwohnungen wurden in den Entwurf hineinverarbeitet. Sie drängen sich aber nicht plakativ in den Vordergrund, sondern wirken langfristig substanzbildend. In einer verständlichen Sprache bietet die Wohnanlage zahlreiche Neuerungen an und schafft dadurch vom ersten Tag an jene Selbstverständlichkeit, die kein Einwohnen nötig hat. W.Z.

bei dem die künftigen Mieter ihre Grundrisse mitbestimmen konnten, wobei nur Lösungen wie beispielsweise gefangene Zimmer, die Nachmietern nicht zumutbar sind, ausgeschlossen wurden. Die Dachaufsätze sind über steile hölzerne «Sambatreppen» zugänglich. Da ein Steildach mit Ziegeln vom Bebauungsplan her erwünscht war, ergab sich im Giebel ein freier Raum, der mit den Aufsätzen geschickt genutzt wird. Der demokratische Ansatz, im Rahmen des Möglichen gleichwertige, nach den gegebenen Bedingungen optimierte Wohnungen zu schaffen, ergibt ein breites Angebot interessanter Lebensräume für eine Familie oder Wohngruppe, wobei keiner als «der beste», aber ebensowenig keiner als «der schlechteste» herausgefiltert werden kann, denn Vor- und Nachteile sind gleichwertig verteilt. Der hohe

The site which slopes gently to the east consists of a small, thin section along the access road and an approximately square section, which is much larger, bordering an extensive vineyard. In keeping with the ground configuration, two building types, vaguely resembling historical villas, were repeated and grouped relatively tightly on the site. On the one side they border the access road, on the other side they form clearly defined outdoor spaces within the complex. Access to the parking lots is by an external access road. A network of narrow pedestrian paths forms an internal circulation system to which most of the apartments are linked by way of their private gardens. The individual apartment buildings have a common structural concept as regards the basic construction and a concrete, individual level for the internal layout. The T-shaped floor plan provides daylight from three directions for each apartment in the three legs. Apart from the service ducts and two supports in the middle area of each section, all the space-defining elements could be positioned flexibly. The apartments on the first floor had the option of a stairs leading to their private gardens. The position and size of the windows could be determined within a certain design framework, they could also be dispensed with. Due to the T-form of the buildings the apartments are, in most aspects, of relatively equal quality, the second floor apartments receive compensation for their lack of outdoor

which was cleverly exploited by means of these crowning elements. The democratic intention of creating the best apartments possible and of relatively similar quality within the given conditions has resulted in a wide palette of interesting living spaces for a family or group of people. No single apartment can be said to be either the best or the worst, as the advantages and disadvantages are evenly distributed. The high quality of life in the complex has already manifested itself after just a few years, now that the green of the gardens has developed. The external chimneys, the exposed roof timbers, the tiled roof with the lanterns and the colouring of the render lend a southern character which forms a primary, positively occupied screen through which subtle references to the concepts behind the design can shine: Examples are the potential window openings made recognisable by an indentation in the render or the clever zoning of the individual gardens. Numerous sensible details were incorporated in the apartment design. But these do not push their way into the foreground, instead they form, over the long term, the substance of the development. This apartment complex offers numerous innovations that are presented in an understandable language and thereby creates, from the first day on, a naturalness which takes no getting used.
W.Z.

space in the form of roof terraces and two lantern-like roof-top additions. The planned participatory process with the future tenants began within these parameters. They were able to collaborate on the design of the floor plan for their apartments. Only solutions which would not be acceptable to subsequent tenants, such as "internal" rooms, were rejected. The roof-top additions are reached by way of steep wooden "Samba" steps. Due to the fact that the development plan required tiled, steeply pitched roofs, an open space was created in the gable

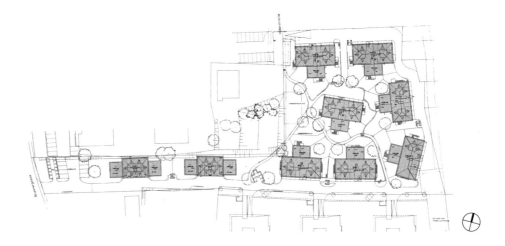

Lageplan/site plan, 1 : 2000

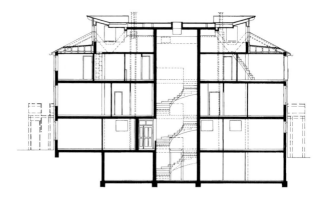

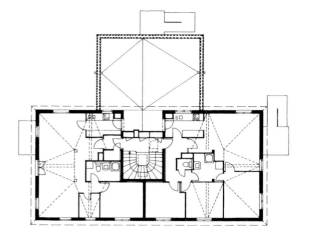

Haus 7
Schnitt/section,
Grundrisse/plans,
1 : 333

Dachgeschoß nach Wünschen
der beiden Mieter

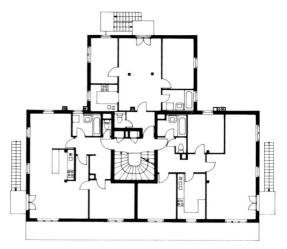

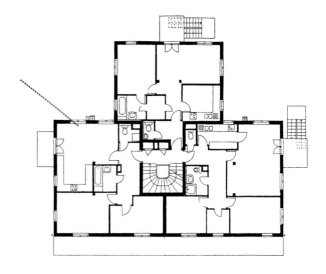

Obergeschoß nach Wünschen
der drei Mieter

Haus 3
Obergeschoß nach Wünschen
der drei Mieter

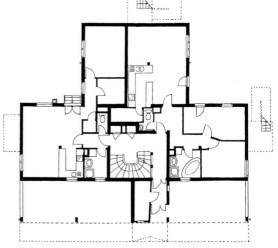

Erdgeschoß nach Wünschen
der beiden Mieter

Wohnanlage «Am Mühlbach»,
St. Pölten–Wagram
1994–96
Fotografie: Margherita Spiluttini

MITARBEITER / ASSISTANT
Gerhard Zweier
STATIK, KONSTRUKTEUR /
STRUCTURAL ENGINEERING
Heinz Nemec
AUSFÜHRENDE FIRMA /
BUILDING CONTRACTOR
Demel & Rössler
BAUHERR / CLIENT
NÖPLAN
ANSCHRIFT / ADDRESS
Kastelicgasse 1–7
A-3100 St. Pölten–Wagram

WOHNANLAGE «AM MÜHLBACH», ST. PÖLTEN–WAGRAM

ARGE KARL BAUMSCHLAGER, DIETMAR EBERLE, PETER RAAB

Die vier Häuser mit 62 Eigentumswohnungen stehen östlich der Traisen nahe der neuen Zufahrtsstraße zum Regierungsviertel. Im Osten grenzt das Grundstück an den Mühlbach. Drei viergeschossige Blöcke auf rechteckigem Grundriß und ein dazu etwas versetzter Dreigeschosser reihen sich an den Fußweg, der die Häuser durchstößt und jeweils den Abschnitt mit den ins Erdgeschoß verlegten Kellerräumen vom größeren, mit drei Wohnungen besetzten Teil abtrennt. Der Bautyp mit einem innenliegenden, von oben belichteten Stiegenhaus wurde von den Architekten schon öfter gebaut. In St. Pölten ziehen sie außen um das ganze Gebäude herum eine Schicht Balkone, die im Süden und Norden eher knapp, nach Westen und Osten etwas tiefer geraten sind. An den Außenkanten laufende Schiebeläden lassen sich nach Bedarf dort positionieren, wo Schatten oder Sichtschutz gewünscht wird. Nach Westen weist jeweils das oberste Geschoß eine große Dachterrasse auf. Mit diesen Maßnahmen wird allen Wohnungen ein eigener Außenbereich zugeordnet, der ihren Gebrauchswert stark erhöht. Das Innere der Blöcke ist sparsamst, symmetrisch zu einer Mittelachse systematisiert, so daß Bäder und Küchen an wenigen Installationssträngen zusammengefaßt werden können. Die Wohnräume liegen nach Westen oder Osten an den Gebäudeecken. An der Südseite ist eine zusätzliche Kleinwohnung eingefügt. Ein Geschoß ist auf diese Weise in zwei Vierzimmer- und drei Zweizimmerwohnungen aufgeteilt, so daß sich an der nach Norden orientierten Flanke die Schlafzimmer der beiden großen Wohnungen reihen. Die Einheit mit der ungünstigeren Exposition an der Nordostecke wird durch Herausziehen des Wohnzimmers, das immerhin bis mittags Sonne erhält, verbessert. Da die geförderte Wohnanlage extrem kostengünstig ist, und in der Umgebung genügend Auslauf besteht, fällt die Orientierungsproblematik weniger ins Gewicht als eine gute Aussicht. Positiv zu werten ist die Fassade mit den raumbildenden Schiebeläden. Sie gibt dem Bauwerk jene nutzerfreundliche Leichtigkeit, die man an den Wohnbauten in Wiener Stadterweiterungsgebieten oft vermißt. W.Z.

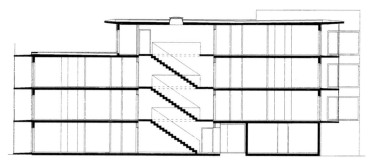

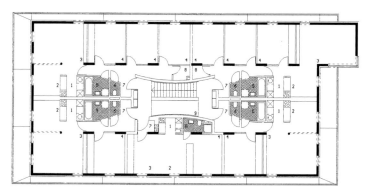

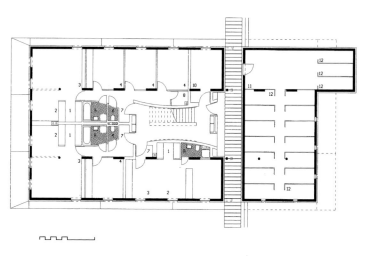

The four buildings containing 62 privately owned apartments stand to the east of the River Traisen, close to the new approach road to the government district. To the west you look across to the "Klangturm". The eastern boundary of the site is formed by the Mühlbach (mill stream). Three four-storey blocks with a rectilinear plan and a slightly recessed three-storey block are placed along a footpath that penetrates each building, separating the area containing the cellars (which in this project have been moved from the basement to ground floor level) from a larger area containing three apartments. This particular type with an internal staircase lit from above has often been used by these architects. In this example in St. Pölten they have placed a layer of balconies around the entire building which, on the south and north sides, is rather narrow and on the east and west sides somewhat deeper. Sliding shutters on the outer edge of these balconies can be positioned where shade or screening is required. The top floor of each building has a large, west-facing roof terrace. These measures ensure an external area for all apartments which, naturally, increases their quality. The interiors of the buildings are extremely economical and planned symmetrically around a central axis so that all the bathrooms and kitchens could be connected to just a few down-pipes. The living rooms are placed at the corners and face east or west. An additional, smaller apartment is inserted on the south side. Each floor is divided into two four-room and three two-room apartments so that the bedrooms of the two larger apartments are arranged along the north facing flank. The quality of the unit with the less advantageous position at the north-east corner is improved by pulling the living room out of the block so that it receives sun until midday. As this subsidised development is extremely reasonably priced and there is enough open space in the immediate environs the question of orientation is less important than securing a good view. The facade with the layer of sliding shutters is a positive feature. It gives the buildings a kind of user-friendly lightness often lacking in the new apartment blocks in the Viennese urban expansion areas. W.Z.

Schnitt/section,
Grundrisse/plans,
1 : 667

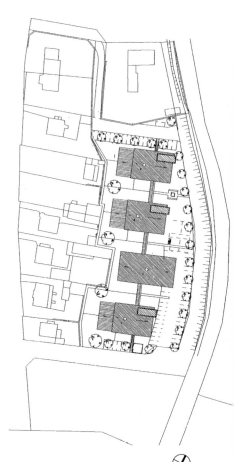

Lageplan/site plan, 1 : 2000

ÖKO-Siedlung Gärtnerhof,
Gänserndorf–Süd
1982–88
Fotografie: Rupert Steiner

MITARBEITER / ASSISTANTS
Ewald Kunst, Heinrich Schuller, Maria
Riegler, Othmar Bischof
STATIK, KONSTRUKTEUR /
STRUCTURAL ENGINEERING
Walter Pistulka
Bauphysik: Walter Pokorny
Kläranlage: Herbert Dreiseitl, Helmut
Deubner
AUSFÜHRENDE FIRMA /
BUILDING CONTRACTOR
Baumeister: Firma Lahofer
Zimmermann: Firma Traschler
Tischler: Firma Bruckner
BAUHERR / CLIENT
Helmut Warter & Co GmbH (Verein der
Ökosiedler Gärtnerhof)
ANSCHRIFT / ADDRESS
Hochwaldstraße 37
A-2230 Gänserndorf-Süd

LITERATUR / LITERARY REFERENCE
- NÖ Perspektiven 2/1987.
- Unser Heim 2/88.
- Wohnen + Siedeln 1/89.
- Schöner Wohnen Österreich, März
1990.
- Bauen und renovieren, Österreich,
Sonderheft Schöner Wohnen 1/92.
- Umwelt Spiegel 1/95.
- Umwelt Journal 1/96.
- Architettura Bioeceologica, Roma,
Numero Unico, 1991.
- Dossier Di urbanistica e cultura del
territorio, April 1991.
- Süddeutsche Zeitung 12/92.
- Forum architektury, Slowakei 10/94.
- Projekt revue, Slovenskey
Architektury, Bratislava, 3/1995.
- Spiegel special, 7/1995.
- Dom, 1996, Kroatien.

ÖKO-SIEDLUNG GÄRTNERHOF, GÄNSERNDORF–SÜD

HELMUT DEUBNER

Die kompakte Häusergruppe liegt im westlichen Bereich des ausgedehnten, von landwirtschaftlich genutzten Flächen durchzogenen, erst in jüngster Zeit entstandenen Streusiedlungsgebiets «Gänserndorf-Süd». Mit der geschlossenen Bauweise wurde hier sehr frühzeitig ein bewußtes Signal gegen die planlose Zersiedelungspraxis gesetzt. Die differenzierten Hauszeilen umschließen einen grünen Binnenbereich mit Spielplatz, Hauszugangs- und Spazierwegen sowie eine ausgedehnte Wasseranlage mit dem besinnlichen Strömungsspiel in einer «flow-form»-Schale. Sichtziegelmauern, individuelle Zeltdächer und viel Holz geben der Anlage ein gediegen handwerkliches und wohnliches Gepräge. Große Veranden und Wintergärten kontrastieren die bergenden Mauerschalen. Die Unterteilung mit hölzernen Sprossen in liegende Glasscheibenformate wirkt stärker raumbildend und schirmend als große Glasflächen. Mit dieser Pioniersiedlung wurden energetisch vorausschauende und ökologisch bewußte Baumaßnahmen gesetzt, die heute vielerorts zum Standard gehören. Die vielgestaltige, seit zehn Jahren bewohnte Siedlung enthält neben zeitspezifischen Details ein gutes Maß an dauerhafter Selbstverständlichkeit.
W.Z.

This compact group of houses lies in the western part of an area of scattered housing that has developed recently and is interspersed with agricultural land. The choice of a continuous building pattern was an early indication of a stand made against unplanned and destructive scattered development. The differentiated rows of houses surround a green internal area with a playground, access paths and other pedestrian paths and an extensive area of water which presents a sensuous play with the current in a "flow form" basin. Fair-faced brickwork, individual pyramid roofs and a great deal of wood give the development a refined domestic quality and also a suggestion of hand craft. Large verandas and winter gardens contrast with protective layers of masonry. The subdivision of the horizontal glass panes using timber glazing bars is more spatially creative and protective than large, uninterrupted areas of glazing. This pioneering development energetically employed forward-looking, ecologically conscious building measures which, today, are standard in many places. This development, which has been inhabited for ten years, displays, alongside detailing specific to its time. a good measure of long-lasting self-confidence.
W.Z.

WOHNPROJEKT BERGGASSE, PURKERSDORF

ARGE ARCHITEKTEN REINBERG–TREBERSPURG–RAITH–REISENHUBER

Wohnprojekt Berggasse 8, Purkersdorf
1986–90
Fotografie: Rupert Steiner

STATIK / STRUCTURAL ENGINEERING
Dieter Kath
AUSFÜHRENDE FIRMA /
BUILDING CONTRACTOR
Baumeister: Firma Schmoll
BAUHERR / CLIENT
Miteigentümergemeinschaft:
«Wohntraum Berggasse»
ANSCHRIFT / ADDRESS
Berggasse 8
A-3002 Purkersdorf

LITERATUR / LITERARY REFERENCE
- NÖ gestalten 43, 1992.
- Cash Flow 1/93.
- Architektur aktuell 159/160, 1993.
- Besser Wohnen, März 1994.

Das nach oben breiter werdende Hanggrundstück bot sich für eine gestaffelte Bauweise an. Unten, an der Straße steht ein freistehendes Haus quer über dem Zugang, der dahinter in einen kleinen Hof mündet. Von hier aus führt der Weg mit kurzen Treppen durchsetzt zu vier in der Fallinie aneinandergereihten Häusern hinauf. Abschließend steht oben wieder frei ein sechstes Wohnhaus. Die nordostorientierte Zugangsseite der Zeile ist als harte, murale Fassade ausgebildet; hier liegen Küchen, Bäder und weitere Nebenräume, während die Wohn- und Schlafzimmer nach Südwesten blicken. Diese Fassade ist in weiche Rundungen differenziert und trägt eine äußere Schicht aus Holz in Form einer vertikalen Schalung mit Deckleisten. Die traditionell «einfache» Verkleidung wird durch die flachen Rundungen nobilitiert. In der Ansicht erscheint die Zeile trotz der Staffelung als Gesamtform. Die Häuser sind mit ortsüblichen Satteldächern gedeckt, die jeweils von einer großzügigen Dachterrasse unterbrochen werden. Als Rhythmusgeber lösen sie die einzelnen Nutzungseinheiten wieder aus der Gesamtform heraus und verstärken geschickt die halbgeschossige Staffelung. Die kleine Siedlung mit den sechs Häusern weist daher eine nach Lage und Richtung stark differenzierte Gestaltung auf, die nach außen wie nach innen identitätsstiftend wirkt. Sie berücksichtigt sowohl Bedürfnisse nach Individualität als auch jene nach einem Gesamtausdruck. Für gemeinsame Aktivitäten der Bewohner enthält überdies das Erdgeschoß des Eingangshauses einen kleinen Saal.
W.Z.

The nature of this sloping site, which widens as it climbs up the hill, suggested a staggered system of building. A free-standing building was placed at the bottom of the site, at right angles to the approach which leads into a small courtyard. From here a path interrupted by short flights of steps leads to four buildings arranged along the incline of the slope. A sixth, free-standing house terminates the development at the top. The northeast-facing, outer side of the row of buildings has a hard facade, somewhat like a mural. Kitchens, bathrooms and other service spaces are located on this side whereas the living areas and bedrooms face south-west. The facade is articulated in gentle curves and is clad externally in vertical timber boarding with cover mouldings. This traditional and "simple" cladding is enhanced by the shallow curves. In elevation the row of buildings works as a unit despite the staggers. The houses have the local standard pitched roofs each of which is interrupted by a generous roof terrace. The terraces establish a rhythm, liberate the individual units from the general form and emphasise, in a subtle way, the half-storey stagger. This small development of six buildings has a strongly defined appearance which differs according to situation and direction. On both the internal and external sides it establishes its own specific identity. The design respects both the need for individuality and the aim of creating a composite form. In addition, a small hall on the ground floor of the entrance building provides space for the residents' communal activities.
W.Z.

Wohnhausprojekt, Ried am Riederberg
1987–89
Fotografie: Margherita Spiluttini

MITARBEITER / ASSISTANT
Fachtechnische Beratung: Maria
Auböck
STATIK, KONSTRUKTEUR /
STRUCTURAL ENGINEERING
Gerd Köhler
AUSFÜHRENDE FIRMA /
BUILDING CONTRACTOR
Zimmermann: Firma Eller, Tirol
Baumeister: Firma Kaltenböck,
Sieghartskirchen
BAUHERREN / CLIENTS
Familien Fennes, Himmel, Hubacek-
Stenmo, Köhler, Kuzara, Steskal,
Zehetner
ANSCHRIFT / ADDRESS
Hauptstraße 44
A-3004 Ried am Riederberg

WOHNHAUSPROJEKT, RIED AM RIEDERBERG

GERD KÖHLER

Die kleine Siedlung mit drei Doppelhäusern, einem Einzelhaus und einem Gemeinschaftspavillon ist eine frühe Pionierleistung ökologischen Bauens. An den sanft ansteigenden Hang komponiert, bilden die unter flachem Winkel aneinandergebauten Häuser hofartige Außenräume. Die Gesamtkonzeption der Freiraumgestaltung und der Verzicht auf Zäune ließen einen großen Garten entstehen, in dem die unterschiedlich gehaltenen Häuser stehen. Die Radikalität des Entwurfs bezieht sich auf das inhaltlich reformerische Konzept. Mit der Wahl des natürlichen Baumaterials Holz und der Beachtung traditionaler

Prinzipien des konstruktiven Holzschutzes entsteht eine spezifisch ambivalente Stimmung. Die Gründächer, deren hochgezogene Ecken und die naturbelassene, vertikale Bretterschalung mögen auf den ersten Blick romantisch erscheinen, sie sind jedoch Teil eines integralen Konzepts, das Lebensweisheit und Fröhlichkeit ebenso transportiert wie eine moderne, von den Innenräumen ausgehende Fassadengestaltung. Wichtige Elemente für ein gemütliches Wohnklima, wie der bewährte, zentral angeordnete Kachelofen für die kältere Jahreszeit, die Veranda als windgeschützter Außenwohnraum in den Übergangs-

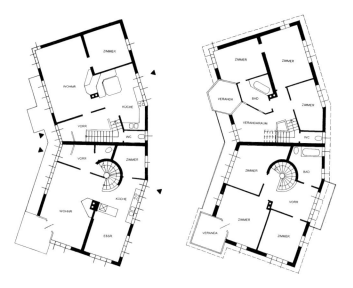

monaten und der gedeckte Sitzplatz zum Garten bei starker Sonneneinstrahlung oder kurzen Regengüssen, sind mit Formgefühl und Sinn für das nötige Varianzbedürfnis anspruchsvoller Bauherren eingesetzt. Für die wenigen Autos wurden am Rand der Siedlung Abstellplätze geschaffen, so daß die Binnenzone den Kindern und Heranwachsenden vollumfänglich als Spielbereich überlassen bleibt. Die durch die Wahl von Holz in handwerklicher Ausführung aufkommende, herstellungsbetonte Anmutung wird durch eine perfekte Ausführung und eine von ingenieurmäßigem Denken bestimmte Konstruktion in verfremdetem Sinn unterlaufen. Die auf den ersten Blick lieblich harmonische Stimmung kippt deshalb nicht ins süßlich dekorative, weil zahlreiche unkonventionelle Ideen und technisch gewitzte Detaillösungen Anwendung fanden. Dies war möglich, weil der Architekt während der Bauzeit in einer improvisierten Hütte direkt auf der Baustelle lebte und Handwerkern wie Bauherren seine Tradition und Innovation verbindenden konstruktiv-gestalterischen Ideen gut zu vermitteln wußte.
W.Z.

This small development consists of three paired houses, a single house and a communal pavilion and is an early, pioneering example of ecological building. The houses are arranged at a slight angle along a gentle slope, creating courtyard-like open spaces. The concept of the open space and the fact that fences were dispensed with allowed the creation of a large garden in which the

differently organised houses stand. The radical nature of the design relates to a reforming concept. The choice of a natural material (wood) and the observance of traditional principles of timber protection created a specifically ambivalent mood. The planted roofs with elevated corners and untreated vertical boarding may, at first glance, seem romantic but are, in fact, part of an integral concept which conveys wisdom and joy and which takes the internal spaces as its starting point for the design of the facades. Elements of considerable importance for a pleasant living environment such as the traditional, centrally placed tiled stoves for the colder period of the year, the veranda as a wind-protected external living room in the transitional periods, and the covered seating area facing the garden for use in bright sunshine or brief showers, are employed with a feeling for form and an understanding of the different needs of discriminating clients. Parking places for the few cars were created at the edge of the development so that the entire inner space forms a play area for children and young people. The mood resulting from the selection of timber elements assembled by hand is balanced by the perfect execution and by constructional methods much influenced by an engineer's way of thinking. The atmosphere, which seems at first glance delightfully harmonious, does not degenerate into a decorative sweetness as numerous, unconventional ideas and clever technical detailing were employed here. This was possible as, during the construction period, the architect lived on site in an improvised hut and knew how to convey his constructional and design ideas, which combine innovation with tradition, to both the clients and the builders.
W.Z.

Grundrisse/plans, 1 : 333

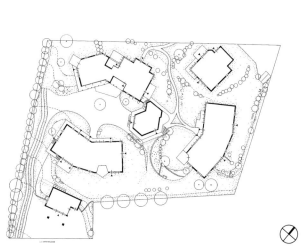

Lageplan/site plan, 1 : 1000

Wohnprojekt I und II, Preßbaum
1988–92 und 1992–96
Fotografie: Margherita Spiluttini

STATIK, KONSTRUKTEUR /
STRUCTURAL ENGINEERING
Helmuth Locher, Wien
AUSFÜHRENDE FIRMA /
BUILDING CONTRACTOR
Züblin Baugesellschaft mbH, Wien
BAUHERR / CLIENT
Miteigentümergemeinschaft
Wohnprojekt Preßbaum
ANSCHRIFT / ADDRESS
Fünkhgasse 9
A-3021 Preßbaum

LITERATUR / LITERARY REFERENCE
- Wohnbund Information 1/1993, März
1993.
- Trend Spezial, Das neue Bauen und
Wohnen, 2/1993.
- Cashflow 8/1993.
- Zschokke, Walter; Die Presse /
Spectrum, 23. August 1997.

WOHNPROJEKT I UND II, PRESSBAUM

HEINZ LUTTER

Auf dem nach Norden abfallenden Grundstück waren nebeneinander zwei gleiche Anlagen geplant. Aus siedlungsbaulichen Überlegungen seitens der Baubehörde mußten die Baukörper bei der zweiten Baugruppe jedoch um 90 Grad gedreht werden. Die erste Anlage weist zwei in der Fallinie angeordnete, lange Volumen mit jeweils drei Einheiten auf. Dazwischen verläuft der Zugangsweg als schiefe Ebene, was mit den rechtwinklig dazu versetzten Geländerpfosten sinnfällig betont wird. Die gegeneinander blickenden Eingangsfassaden unter der schrägen Mauerkante heben den Gesamtbaukörper hervor. Die Windfänge sind als kleine, über eine Metallstiege zugängliche, hölzerne Kisten ausgebildet. Der deutlich attributive Charakter verstärkt, trotz des Hinweises auf die einzelnen Wohneinheiten, die Großform, an der das Wechselspiel von Schräge und Horizontale intensiv und spielerisch ausprobiert wird. Die äußere Ansicht der Baukörper wird durch die sichtbar gemachte Zäsur der Dachterrassen gegliedert, wiewohl das langgezogene Bandfenster in den Hauptgeschossen diese Teilung wieder überspielt. Die Grundrißstruktur weist an der Zugangsseite in jedem Haus eine Kaskadentreppe auf, von der die einzelnen Wohnebenen: Kinder, Kochen–Essen–Wohnen, Eltern und Dachterrasse zugänglich sind. Die «ideal» eingerichtete Wohnung legt Gewicht auf die strukturbildende Wirkung paralleler Flächen mit einer Lasur in Altrosa. Zur Zonierung des Wohnbereichs

dienen raumhohe Glasparavents. Die später errichteten zwei hangparallelen Zeilen mit je drei Einheiten mußten mit dem verschärften Problem der Nordexposition zurechtkommen. Die Schlafzimmer und die Wohnküche blicken nach Süden, während der teilweise zweigeschossige Wohnraum hinter einer schräg davor gesetzten, geschuppt verglasten Veranda auf Nordlicht verwiesen wird. Die quergelegte einläufige Stiege im Mittelbereich gliedert den Innenraum. An der Stiegenwand sind jeweils die übereinander liegenden Naßzellen angeordnet. Zuoberst befinden sich das Elternzimmer und eine Dachterrasse. Die beiden Beispiele zeigen, daß in dieser anspruchsvollen Nordlage die kompaktere, hangparallele Anordnung weniger innenräumliche Vielfalt und faktische Privatheit im Außenwohnbereich anbieten kann als die gestrecktere, den Hang differenziert interpretierende und intelligent nützende Variante.
W.Z.

Two similar developments were planned beside each other on a north-facing, sloping site. In response to reflections on development policy made by the authorities the buildings of the second group were swivelled through 90 degrees. The first development is composed of two large volumes arranged along the line of the slope, each containing three units. The access path running between is a kind of inclined plane emphasised by the railing uprights clearly placed at right angles. The entrance facades facing each other under the sloping masonry edge emphasise the composition as an entirety. The porches are small wooden boxes, access to them is via metal steps. Their clearly attributive character strengthens the form as a whole although they are also references to the individual dwellings. The external elevation of the building is articulated by the clearly visible caesura of the roof terraces although the long horizontal window on the main level veils this separation. The plan shows a cascading staircase on the entrance side of each house, which provides access to the various living levels: children, cooking-dining-living, parents and roof terrace. The "ideally" fitted out dwelling emphasises, by means of an old rose coloured glaze, the power of parallel surfaces to form a structure. Full-height glass screens zone the living area.

The two rows parallel to the slope, each consisting of three units, which were built later had to deal with the intensified problem of the north exposition. The bedrooms and living/kitchen area face south whereas the living room, which is double height in part and lies behind a veranda glazed with overlapping glass panes placed at an angle in front of it, has to make do with north light. The single flight staircase placed at right angles in the central area divides up the interior. Two bathrooms are placed along the staircase wall, one above the other. The parents' bedroom and a roof terrace are at the very top. These two examples demonstrate that, on this demanding, north-facing site, the more compact arrangement parallel to the slope offers less internal variety and real external privacy than the longer grouping which interprets the slope in a differentiated way and exploits it intelligently.
W.Z.

Grundriß/plan,
Schnitt/section,
1 : 333

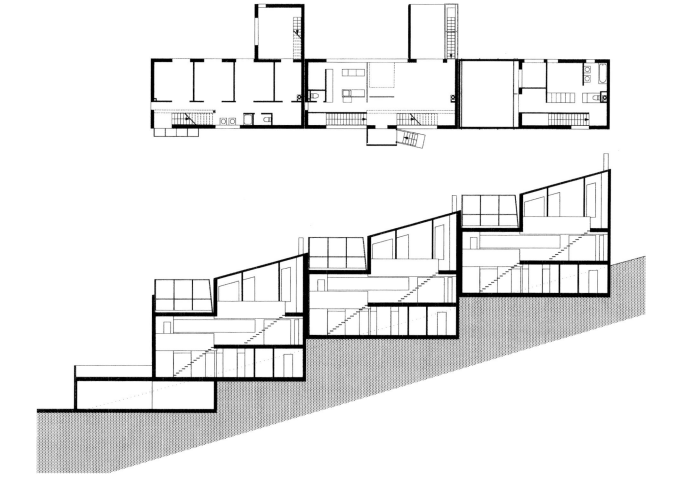

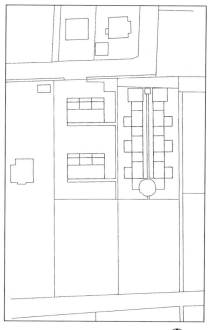

Lageplan/site plan, 1 : 2000

Gartensiedlung Waitzendorf
Wohnanlage mit 12 Reihenhäusern,
St. Pölten
1991–92
Fotografie: Margherita Spiluttini

MITARBEITER / ASSISTANT
Walter Boyer (Bauleitung)
STATIK, KONSTRUKTEUR /
STRUCTURAL ENGINEERING
Heinz Hagen GesmbH, Krems
AUSFÜHRENDE FIRMA /
BUILDING CONTRACTOR
Stuag Bau AG
BAUHERR / CLIENT
Wohnform Bauträger GesmbH
ANSCHRIFT / ADDRESS
Ringelnatzgasse 5
A-3100 St. Pölten

GARTENSIEDLUNG WAITZENDORF

CHRISTIAN HACKL, WERNER SILBERMAYR, ULRIKE LAMBERT

Die fröhlich bunte Siedlung besteht aus zwölf Reihenhäusern, die in drei Zeilen von vier Einheiten zwischen den recht schönen Baumbestand gelegt wurden. Sie sind nach Süd-Südosten orientiert. Durch eine leichte Staffelung erhält jedes einzelne Haus seine Eigenständigkeit, die von der Farbgebung noch verstärkt wird. Flache Pultdächer beschirmen die nahezu würfelförmigen Baukörper, und an den Stirnseiten der Zeilen geben keck eingesetzte Schrägen der Anlage individuellen Pfiff. Die äußere Hülle der Zeilen besteht aus massiven Mauern und Holzleichtbau. Die Feuermauern zwischen den Häusern und Teile der Fassaden im Sockelgeschoß sind gemauert und verputzt. Die darüber aufsteigende hölzerne Ständerkonstruktion wurde außen mit Faserzementplatten verkleidet. Dabei vermitteln die vertikalen Deckleisten den Leichtbaucharakter der Wand nach außen. Sie erinnern entfernt, aber nicht unangenehm an Rankgerüste betulicher Wohnhäuser früherer Zeiten. Das Innere des Hauses war bis auf die Lage des Stiegenhauses und einer zentralen Stütze weitgehend frei bestimmbar. Im Erdgeschoß beansprucht der Wohnraum einen Großteil des knappen Platzes. Daneben finden Küche, Windfang, Vorraum, Toilette und die zweiläufige Treppe in funktional ausgetüftelter Anordnung ausreichend Raum. Das Obergeschoß wird in Elternzimmer, zwei Kinderzimmer und Bad aufgeteilt. Die enorm sparsame Ausführung legte dennoch Wert auf baubiologische und energetische Kriterien. Dies zeigt sich an der Konstruktion der Außenwand und an der Behandlung der Oberflächen. Liebhaber können zudem im Wohnzimmer einen Kachelofen anschließen. Für das Außenwohnen weist jedes Haus auf der Südseite eine befestigte Fläche auf, die vom Wohnraum aus zugänglich ist. Der lebensfrohe Charakter, die Farbigkeit und einzelne Details, beispielsweise beim Vordach aus Wellkunststoff über dem Hauseingang, erinnern – leicht verklärt – an die fünfziger Jahre. Insgesamt weist die Anlage auch nach, daß geschlossene Bauweise in sorgfältiger Gestaltung für individuelles und kostengünstiges Familienwohnen bestens geeignet ist und einer flächenfressenden Einzelhausbebauung eindeutig vorzuziehen ist.
W.Z.

This cheerful and colourful development consists of twelve terrace houses arranged in three rows of four units between fine existing trees. The houses face south/south-east. As they are slightly staggered each house has an independent character which is further emphasised by the colouring. Gently sloping mono-pitched roofs shelter the almost cubic forms, diagonals inserted at the ends of the terraces give the complex an individual flair. The external shell of the terraces consists of massive masonry and light timber frame construction. The party-walls between the individual houses and part of the facades at base level are in rendered masonry. The timber frame construction above is clad externally with fibre cement panels. The vertical cover mouldings are an external expression of the light-weight structural system. They are also faintly reminiscent, in a not unpleasant manner, of the trellises found on slightly fussy houses of an earlier period. The interior of the tightly planned houses was left flexible, just the position of the staircase and a central support was fixed. On the ground floor the living room takes up most of the space available. In addition a kitchen, draught lobby, hall, toilet and two flight staircase are cleverly and functionally arranged. The upper storey is divided between the parents' bedroom, two children's bedrooms and a bathroom. The detailing is highly economical but places emphasis on energy saving and ecologically conscious building. This is illustrated by the construction of the external walls and the treatment of the surfaces. A tiled stove can be connected in the living room for those who are fans of this way of heating. Each house has a south side paved external area for outdoor living. The cheerful character, the colourfulness and individual details such as the canopy of corrugated plastic above the entrance are reminiscent of the fifties, though somehow different. As a whole the development provides proof that a carefully designed terrace building system is admirably suited to providing individual, reasonably priced family accommodation and is clearly preferable to space-devouring developments made up of detached houses. W.Z.

Grundrisse/plans, 1 : 333

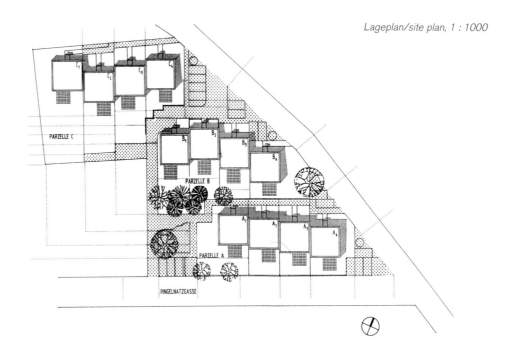

Lageplan/site plan, 1 : 1000

Wohnanlage Kupferbrunnberg,
St. Pölten
1991–92
Fotografie: Margherita Spiluttini

MITARBEITER / ASSISTANT
Florian Wallnöfer
STATIK, KONSTRUKTEUR /
STRUCTURAL ENGINEERING
Helmuth Locher, Wien
AUSFÜHRENDE FIRMA /
BUILDING CONTRACTOR
Einzelvergaben
Baumeister: Firma Wohlmeyer
BAUHERR / CLIENT
Eigentümergemeinschaft
ANSCHRIFT / ADDRESS
Dr. Karl Reinthalergasse 23-35
A-3100 St. Pölten

LITERATUR / LITERARY REFERENCE
- Architektur aktuell 159/160, 1993.
- NÖ gestalten 49, November 1993.

WOHNANLAGE KUPFERBRUNNBERG, ST. PÖLTEN

PETER RAAB

Die sieben zu einer Großform verbundenen Reihenhäuser stehen an der nordwestlichen Peripherie der Stadt im noch agrarisch genutzten Umfeld, das aber bereits als Bauland gewidmet ist. Die starke Form betont den Pioniercharakter dieser Erstsetzung. Die konvexe Seite ist nach Südwesten orientiert; die einzelnen Häuser blicken radial in eine ihnen eigene Richtung. Dieses wesenhafte Sich-Öffnen wird vom ansteigenden Pultdach noch verstärkt. Der inneren Organisation kommt es zugute, indem an der Hauptwohnseite drei Vollgeschosse zur Verfügung stehen. Als integrierendes Element zieht sich ein durchgehendes Balkonband vor dem zweiten Obergeschoß über die gesamte Länge der gekrümmten Zeile. Die unteren Geschosse, teilweise mit vorgestelltem Wintergarten, sind individueller gestaltet. Die Nordostseite, nur zwei Stockwerke hoch, weist ebenfalls einen zusammenfassenden Laubengang auf, der als buntes, hölzernes und damit eher weiches Element für Besucher ansprechend wirkt. Konkav schirmend dient sie als Ankunftsseite, zwei niedrige Autounterstände flankieren pavillonartig den Zugang und wirken zusätzlich vermittelnd. Der Grundriß der Häuser konnte von den künftigen Besitzern mitbestimmt werden, was sich auch auf die Fensteröffnungen auswirkte. Er ist nicht besonders tief, wie für südorientierte Zeilen sonst üblich. Die Wohnräume und nach Wahl ein Wintergarten blicken zur Gartenseite; Stiegen, Sanitär- und Nebenräume liegen an der weniger besonn-

ten Rückseite. Dennoch ist es möglich, den Wohnraum über die gesamte Gebäudetiefe durchgehen zu lassen und so unterschiedliche Raumzonen zu erhalten. Im Zentrum des Grundrisses, hinter den zweigeschossigen Wintergärten, liegt ein kleiner, hofartiger, ins Obergeschoß reichender Binnenraum. Durch das Glashaus und den hohen Raum vermögen die Sonnenstrahlen tiefer in das Haus einzudringen. Obwohl mit extrem niedrigen Baukosten errichtet, sind die einzelnen Wohneinheiten räumlich und konzeptionell sehr hochwertig. Die gemeinsame Initiative der Bauherrengruppe wurde mit ansprechender Architektur belohnt. Die sonnigen individuellen Kerne werden von der starken Großform gut gefaßt. W.Z.

Seven terrace houses connected to create a major form stand on the north-western periphery of the town in an area still used for agricultural purposes but which is already zoned as building land. The dramatic form emphasises the pioneering quality of this first development. The convex side faces south-west, each of the individual houses looks radially in its own direction. The way the houses open is accentuated by a sloping, mono-pitch roof. The fact that there are three entire floors on the main living side simplifies the internal organisation. A continuous balcony at second floor level extending the entire length

of the curved row is a unifying element. The lower levels, some of which have a winter garden in front, are more individually designed. The north side, which is only two storeys high, also has a unifying gallery, a colourful "soft" timber element presents itself to visitors. Its concave curve forms a protective arrival side, two low canopied structures covering car parking spaces flank the approach like pavilions and mediate to the major block. The future residents collaborated in the design of the floor plans, a fact which had an effect on the window openings. The plan is not particularly deep as is normal for south facing rows. The living rooms and an optional winter garden face the garden side, staircases, sanitary facilities and service spaces are placed on the less sunny rear side. Neverthelesss the living area can be extended the entire depth of the building thus creating different spatial zones. At the centre of the plan, behind the two-storey winter garden, is a small internal space somewhat like a courtyard which extends into the upper level. The glass house and this high space allow the rays of the sun to penetrate deeper into the house. Although these houses were built at a very low cost the individual, dwelling units are spatiallly and conceptually of a very high standard. The combined initiative of the group of clients was rewarded with quality architecture. The sunny individual cores are well contained by a powerful major form.

W.Z.

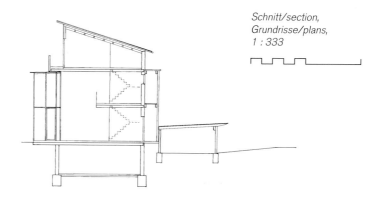

*Schnitt/section,
Grundrisse/plans,
1 : 333*

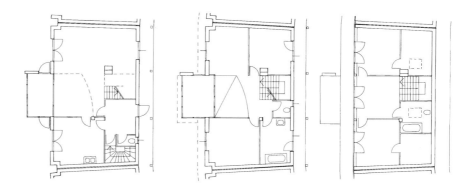

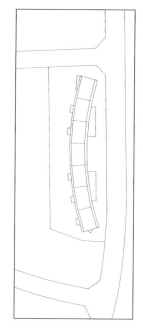

Lageplan/site plan, 1 : 2000

Musterwohnhausanlage St. Pölten–
Wagram
1992–95
Fotografie: Margherita Spiluttini

MITARBEITER / ASSISTANTS
Markus Dorner, Irmgard Brottrager,
Gabriele Brandstetter, Andreas
Heinrich
STATIK, KONSTRUKTEUR /
STRUCTURAL ENGINEERING
Armin Rausch, Wien
AUSFÜHRENDE FIRMA /
BUILDING CONTRACTOR
ARGE Mayreder, Kraus & Co
Brandstetter & Co
Universale Bau AG
BAUHERR / CLIENT
WET-Wohnungseigentümer
ALPENLAND
GEBAU-NIOBAU
ANSCHRIFT / ADDRESS
Salzerstraße 40–58
A-3100 St. Pölten

LITERATUR / LITERARY REFERENCE
- Architektur aktuell 192, 1996.

WOHNHAUSANLAGE ST. PÖLTEN–WAGRAM

HELMUT CHRISTEN

Die ausgedehnte Wohnhausanlage liegt östlich der
Traisen, in der Nähe der neuen Zufahrtstraße zum
Regierungsviertel, die südlich daran vorbeiführt. Fünf
Zeilen dreigeschossiger Häuser werden durchschnitten
von einer über die Stiegenaufgänge gekoppelten Kette
aus vier aufgestelzten Laubengangtrakten. Die südorientierten, zweigeschossigen Baukörper enthalten Kleinwohnungen, während in den dreigeschossigen Häusern jeweils drei Wohnungen abnehmender Größe gestapelt
sind. Ausgedehnte Parkierungsflächen liegen an der
Ostflanke, im Westen befindet sich ein kleines Parkdeck.
Das Erscheinungsbild der Siedlung wird geprägt durch
eine betont reduktive Haltung: Sichtbetonelemente, ver-
zinkter Stahl, Streckmetallgitter, Fassadenverkleidung mit
großen Faserzementplatten, braun lasiertes Sperrholz.
Die Farbgebung unterstützt den manifestartigen Charakter: weiß, abgestufte Grautöne, das Braun der lasierten
Holzfenster, Materialfarben von Beton und verzinktem
Stahl. Nur in den Zwischenräumen der Laubengangtrakte
leuchtet es an den Stirnseiten gelb auf. Während die
gestalterische Strenge an der Südseite der Kleinwoh-
nungstrakte durch schachbrettartigen Versatz der Fenster
weitergeführt wird, sind die Wohnhauszeilen durch die
Einschnitte mit den Stiegenaufgängen und die abgestuf-
ten, nach Süden orientierten Terrassen stärker differenziert. Hier ist jeder Wohnung ein privater Außenwohnbereich zugeordnet, der ihren Gebrauchswert steigert.
Die gemeinsamen Außenräume in der Gesamtanlage
sind stark differenziert: Wege, eine interne Straße, die
nur als Notzufahrt dient, offene Hallen unter den aufgestelzten Laubengangtrakten und verschiedene Grün-
flächen bieten für Kinder und Jugendliche ausreichend
Bewegungsraum ohne Gefährdung durch Automobil-
verkehr. Die auf den ersten Blick recht karge gestalterische Grundausstattung der Wohnanlage wird daher zu
einer Folie, die mit fortschreitendem Einwohnen interpretiert und von den kurzfristiger wechselnden Zeichen gesellschaftlichen und individuellen Lebens überlagert wird.
W.Z.

*This extensive housing development lies to the east of the
River Traisen, not far from the new access road leading to
the government district which passes by to the south. Five
rows of three-storey buildings are broken by a chain of
four elevated access galleries, linked by staircases. The
south-facing, two-storey structures contain small apartments whereas three apartments of different, reduced
sizes are stacked, one above the other, in the three-storey
blocks. There is an extensive car park on the east flank
and on the west a small park deck. The physical appearance of the development is determined by an emphatically
reductionist approach: fair-faced concrete elements, galvanised steel, expanded metal mesh, facade cladding made
of large scale fibre cement slabs, brown glazed plywood.
The colour scheme, which serves to underline the manifesto made here, is based on white, different shades of grey,*

the brown of the glazed window frames, natural shades of concrete and galvanised steel. The only touch of primary colour is in the spaces between the gallery wings where the end walls are painted bright yellow. Whereas on the south wing containing the small apartments this severity is continued by the checker board pattern of the windows, the apartment building wings are more dramatically differentiated by insertions which house the staircases and by stepped, south-facing terraces. Each apartment here is allotted a private external area which increases its value. The communal outdoor spaces in the complex are also strongly differentiated: an internal street which also serves

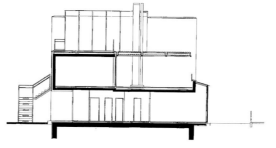

Typ 1

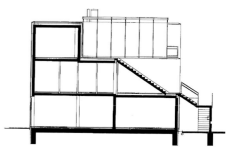

Typ 2

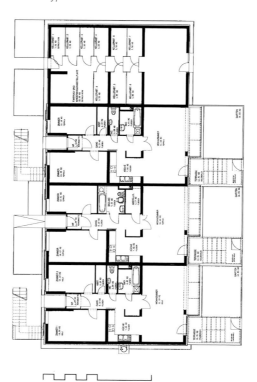

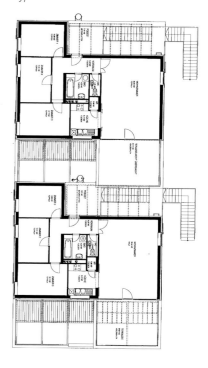

Schnitte/sections,
Grundrisse/plans,
1 : 333

as emergency access, open hallways beneath the elevated galleries and a variety of green areas offer children and young people sufficient open space without exposing them to the danger of motorised traffic. This design, which may seem bare when seen for the first time, thus becomes a backdrop that, as the residents settle in here, will be interpreted and overlaid with the constantly changing symbols of social and individual life.
W.Z.

Lageplan/site plan, 1 : 4000

Wohnhausanlage, Laab im Walde
1989–95
Fotografie: Margherita Spiluttini

MITARBEITER / ASSISTANT
Robert Kraus
STATIK, KONSTRUKTEUR /
STRUCTURAL ENGINEERING
Helmuth Locher
AUSFÜHRENDE FIRMA /
BUILDING CONTRACTOR
Baufirma Gruber
BAUHERR / CLIENT
private Bauherrengruppe
ANSCHRIFT / ADDRESS
St. Kolomanngasse 1–23
A-2381 Laab im Walde

LITERATUR / LITERARY REFERENCE
- Zschokke, Walter; Boris Podrecca.
Arbeiten / Works 1980–1995.
Basel/Boston/Berlin 1996.
- NÖ gestalten 66, Oktober 1996.

WOHNHAUSANLAGE, LAAB IM WALDE

BORIS PODRECCA

Ein Dutzend Reihenhäuser unter einzeln-giebelständigen Satteldächern fügt sich zu einer langen Zeile. Die kompakte Reihung wird relativiert durch eine geringfügige Schrägstellung, aus der zwischen den Häusern jeweils ein kleiner Versatz resultiert, sowie durch ein individuell ausgebildetes Element am Südkopf. Damit gerinnt die Zeile zur Figur, wir reden von «Körper» und von «Kopf», auch wenn die einzelnen Einheiten deutlich erkennbar bleiben. Von außen betrachtet weist das Gesamtbauwerk eine Eingangsseite mit knappen Vorgärten und pro Haus einem, die Situation vor den einzelnen Haustüren individualisierenden Vorbau auf. Zur Gartenseite, die von einem baumbestandenen Bachlauf geprägt ist, erzeugt die Reihe der um 45 Grad verdrehten gläsernen Prismen der Wintergärten ein einheitliches Gesicht. Die stark räumlich-plastischen Längsfassaden interpretieren den Übergang von außen nach innen und umgekehrt. Im Innern der Häuser werden verschiedenartige Grundrißvariationen angeboten, die zusammen mit den späteren Besitzern entwickelt wurden. Dabei sind normale, exquisite, aber auch sehr individuelle Interpretationen des vorgegebenen Volumens entstanden. Die Möglichkeiten des

Vorbaus auf der Eingangsseite oder des Wintergartens auf der hinteren Seite werden geschickt genutzt, womit beiläufig die Polyvalenz einer gegebenen Hülle demonstriert wird. Entgegen der ursprünglichen Intention wurden einige weitere Häuser ebenfalls äußerlich individuell abgeändert und teils größer, teils kleiner ausgeführt. Sie besetzen das Ende der Zeile. Alle Sonderformen finden ihren Platz im Rahmen der Gesamtgestalt, da der Anteil des «Körpers» bzw. an Gleichmaß ausreicht. Die Anlage zeigt eine Bauform, die sich nicht an einer bäuerlich-ländlichen Siedlungsweise orientiert, sondern in gewissem Sinn ein klein- oder vorstädtisches Element in den ländlichen Raum transferiert. Dies ist umso richtiger, als seine Bewohner keine Bauern, sondern als Angestellte, Vertreter städtischer Kultur, sind. Mit dem Zusammenrücken nicht bloß zur Zeile, sondern zu einer benennbaren Figur gewinnt das Bauwerk Identität, die über den kollektiven parallelen Isolationismus, wie er den großflächigen Einfamilienhausquartieren eignet, entscheidend hinausgreift. Die Überschaubarkeit erleichtert dagegen die Integration in die dörfliche Siedlungsgemeinschaft. W.Z.

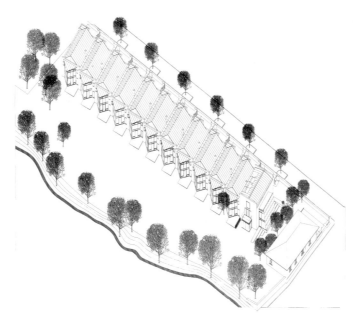

A dozen terrace houses under separate pitched roofs with front-facing gables are placed together to form a long row. The compact arrangement is modified by a slight

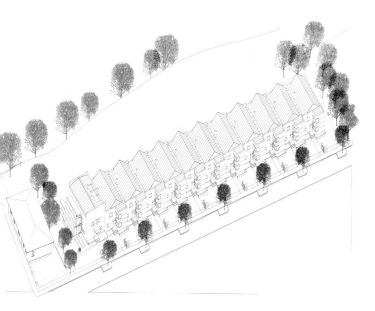

degree angle. The spatially strongly structured long facades interpret the transition from inside to outside and vice-versa. Internally the houses offer a variety of floor plan types which were developed together with the future owners. This collaboration produced normal, exquisite and also very individual interpretations of the given volume. The possibilities offered by the porch on the entrance side or the winter garden at the rear were cleverly exploited, and, incidentally, also demonstrate the polyvalence inherent in an existing shell. At variance with the original intention some houses were individually altered externally, some were extended, some made smaller. These are at end of the row. All these special elements find their particular place within the context of the total form as the degree of harmony and the dominance exerted by the "body" are adequately developed. This complex illustrates a building form which is not based on agricultural or rural settlement patterns but one which, in a certain sense, transfers a suburban or small town element to the countryside. This is all the more appropriate as the residents are not farmers but employees and as such represent an urban culture. By grouping the buildings together to form not merely a row but a definite figure the structure acquires an identity which extends far beyond the collective parallel isolationism found in extensive areas of single-family housing. In contrast the clarity of this composition facilitates its integration in the village settlement community.
W.Z.

swivel, which produces a small offset and an individually formed element at the southern end. The row becomes a figure, we are entitled to talk here of a "body" and a "head" although the individual elements remain perceptible as such. Seen externally the entire composition has an entrance side with small front gardens and, per house, a porch-like building which emphasises the situation of the separate entrance doors. On the garden side, where the character is determined by a stream lined by trees, the row acquires a unified appearance through the glass prisms containing the wintergardens, placed at a 45

Axonometrie/axonometric view

Kleinwohnhaus in Ried am Riederberg
1987–88
Fotografie: Margherita Spiluttini (2),
Sepp Berlinger (2)

STATIK, KONSTRUKTEUR /
STRUCTURAL ENGINEERING
Lothar Heinrich, Ingenieurbüro Vasko
+ Partner, Wien
AUSFÜHRENDE FIRMA /
BUILDING CONTRACTOR
Buchacher Holzleimbau GesmbH,
Hermagor
BAUHERR / CLIENT
Guido Salzer, Graphiker
ANSCHRIFT / ADDRESS
Hauptstraße
A-3004 Ried am Riederberg

LITERATUR / LITERARY REFERENCE
- Wettbewerbe 78/79,
November/Dezember 1988.
- arcus – Architektur und Wissenschaft
9, 1990.
- Baujahre, Österreichische Architektur
1967–1991, Katalog der ZV, 1992.
- Architektur & Bauforum 148, 1992.
- NÖ gestalten 61, Dezember 1995.

KLEINWOHNHAUS IN RIED AM RIEDERBERG

RUDOLF PROHAZKA

Das kleine Haus war vorerst für das Familienwohnen an Wochenenden gedacht. Später sollte die Gesamtanlage durch ein angemessenes Einfamilienhaus vervollständigt und das Kleinhaus als Grafik-Atelier genutzt werden. Der Entwurf für die Häusergruppe berücksichtigte in sensibler Weise die stark geformte Topographie. In einer geschützten Senke kam das Atelierhaus zu stehen. Der gespannte Schwung des Daches korrespondiert mit jenem des Stegs, und beide Linienführungen finden im Terrain ihre Entsprechung. Aus dem nahezu würfeligen Volumen ist ein Viertel herausgeschnitten. Hier zielt der Steg vom höher gelegenen Teil des Geländes ins Obergeschoß, wo sich eine Glaswand zur Seite schieben läßt;

als Antwort auf die Bewegung wölbt sich der Balkon vor. Eine gemütliche, nach Südwesten orientierte Sitzecke gräbt sich darunter in das anstehende Terrain. Das Innere des Hauses ist bewußt einfach gehalten: Eingang und Nebenraumgruppe liegen im Osten, Wohnküche und Sitzbereich im Erdgeschoß; darüber erstreckt sich eine Schlafgalerie mit dem über den Steg führenden Ausgang ins Freie. Eine Stiege in der ostwärts gerichteten Spitze vermittelt zwischen den Ebenen. Die Konstruktion besteht aus einer beplankten hölzernen Ständerkonstruktion, die außen mit einer Vertikalschalung versehen ist. Die fassadenbündig eingesetzten Fenster lassen die leichte Konstruktion entsprechend dünnhäutig erscheinen.

Insgesamt entsteht das Bild eines luftigen, fast temporär anmutenden Sommerhauses. Dank der sorgfältigen Konstruktion ist es selbstverständlich ganzjährig zu bewohnen. Das kleine Ateliergebäude ist das erste einer Folge äußerst eleganter, von Rudolf Prohazka geländefühlig und formsicher entworfener Einfamilienhäuser. Leider wurde es nach einem Besitzerwechsel entstellend umgebaut. Damit wurde ein frühes Zeugnis engagierter zeitgenössischer Architektur in Niederösterreich gedankenlos zerstört.
W.Z.

*This small house was initially intended for use as at week-ends. The idea was to complete the development later by adding a family house of appropriate dimensions and then using the smaller building as a graphic artist's atelier. The design for the group of buildings sensitively respected the strong forms of the local topography. The atelier house was placed in a protected hollow, the sweep of its roof corresponds to that of the footbridge, both relating to the terrain. A quarter has been cut out of the almost cubic mass. At this point the footbridge from the higher part of the site penetrates the upper storey where a glass wall can be slid aside. The balcony is curved in response to this movement. Below a pleasant, south-west facing seating area has been inserted into the rising terrain. The interior of the house has been kept deliberately simple: the entrance and ancillary spaces are to the east, kitchen/living room and seating area are on ground floor level, above is a sleeping gallery with access to outdoors by means of the footbridge. A staircase placed in the east-facing angle mediates between the levels. The house is built in a panelled timber post system clad externally with vertical timber boarding. The windows are set flush with the facade giving the light weight structural system the appearance of a thin skin. The image is that of an airy, almost temporary summer house. However, thanks to the carefully detailed construction the house can be lived in throughout the year. The small atelier building is the first in a series of extremely elegant single family houses designed by Rudolf Prohazka in which he has demonstrated his sensitivity to the site and his certain sense of form. Unfortunately, following a change of ownership, this house was re-designed in a way which destroyed its appearance. An early example of committed contemporary architecture in Lower Austria was thus thoughtlessly destroyed.
W.Z.*

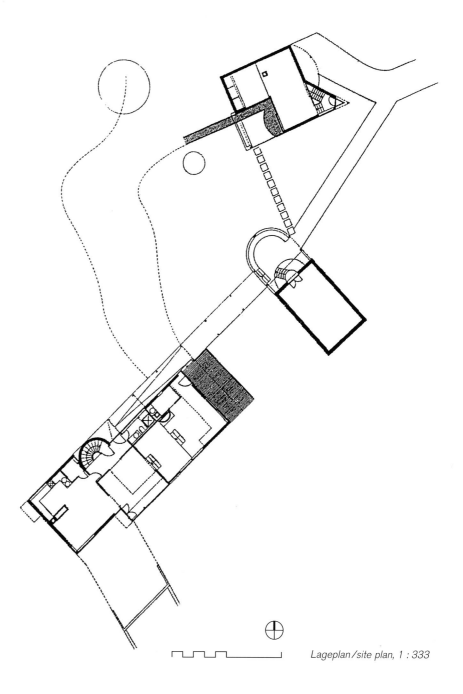

Lageplan/site plan, 1 : 333

Standard Solar – Haus Magerl,
Langenschönbichl
1987–89
Fotografie: Margherita Spiluttini

MITARBEITER / ASSISTANT
Franz Magerl, Energietechnik Tulln
STATIK, KONSTRUKTEUR /
STRUCTURAL ENGINEERING
Ernst Illetschko, Wien
BAUHERR / CLIENT
Christa und Franz Magerl
ANSCHRIFT / ADDRESS
Langenschönbichl, Hauptstraße 90 b
A-3442 Langenrohr

LITERATUR / LITERARY REFERENCE
- Purtscher, Vera; Architektur &
Bauforum 145, 1991.
- Deutsche Bauzeitung, Stuttgart
1992.
- Reiners, Holger; Neue
Einfamilienhäuser, München 1992.
- Geisel, Ingrid; Detail, München
06/93.
- Reiners, Holger; Neue
Einfamilienhäuser aus Holz, München
1993.
- Noever, Peter; Umriss, Wien 1994.
- Dimster, Frank; Die neue österreichi-
sche Architektur, Stuttgart 1995.
- Reiners, Holger; Individuelle
Einfamilienhäuser unter 500.000,00
DM, München 1996.
- Dworschak, Gunda; Neue
Niedrigenergiehäuser im Detail,
München 1997.

HAUS MAGERL, LANGENSCHÖNBICHL
DRIENDL * STEIXNER; GEORG DRIENDL, GERHARD STEIXNER

An der Bundesstraße nach Langenschönbichl steht das Haus, abgeschirmt durch eine Betonmauer und fast verdeckt von dem seit der Fertigstellung gewachsenen üppigen Grün wuchernder Natur. Der Weg nähert sich von Süden dem langgestreckten Gebäude. Wie der Name «Standard Solar» besagt, ist es aus standardisierten Teilen, meist aus industriell produzierten Halbfabrikaten, errichtet und weist einen Sonnenenergiekollektor in Form eines nach oben schräg verglasten Wintergartens mit massiver, steinverkleideter Rückwand auf, die als Wärmesammler und -speicher dient. Der Stahlskelettbau ist bis auf ein paar schlanke, aussteifende Stahlbetonscheiben vollkommen offen gehalten. Membranhafte Glasscheiben mit wenigen hyperschlanken Sprossen dienen als Klimatrennung, und zur Unterteilung der privaten Räume werden Schrankwände eingesetzt. Der breitgelagerte Grundriß ist in einen individuell-privaten Schlafteil und einen deutlich allgemeineren Tageswohnteil gegliedert. Während die individuellen Räume vor dem gangartigen Wintergarten und hinter breit zur Seite schiebbaren Glaswänden aufgereiht sind, befindet sich die Wohnküche unter einem weit ausladenden, offenen Satteldach, das an drei Seiten eine großzügige, gedeckte Terrasse beschirmt, die sich für exzessives Außenwohnen anbietet. Ein verglastes Volumen über dem Kochbereich dient als windgeschützte, im Sommer beschattete, im Winter besonnte Veranda. Zwischen die beiden nutzungsmäßig exakter definierten Hausteile ist eine foyerartige Zwischenschicht geschoben, die eine Eingangsdiele, Treppenläufe nach oben und in den Keller sowie einen Wohn- und Arbeitsbereich enthält. Diese Zone befindet sich auch kompositorisch an dem Ort, wo sich die Horizontale des Privattrakts und die Vertikalen einer tragenden und aussteifenden Stahlbetonscheibe und des zweigeschossigen, satteldachbeschirmten Tageswohnbereichs überschneiden. Zur räumlichen Großzügigkeit gesellt sich die Mehrdeutigkeit funktionaler und konstruktiver Überlagerungen, die das Gebäude je nach Standpunkt des Betrachters verschieden erscheinen lassen.
B.E., W.Z.

This house which stands on the federal motorway leading to Langenschönbichl is screened by a concrete wall and now almost hidden by rampant greenery that has grown up since the building was completed. The path approaches the long building from the south. As the name "Standard Solar" suggests it is made of standard elements, mostly industrially produced semi-fabricated parts, and has a solar collector in the form of a winter garden with a sloping glazed roof and a solid, stone clad rear wall which serves to collect and store warmth. The steel frame building is, apart from a few slender reinforced concrete panels acting as stiffening elements, almost completely open. Glass panes like membranes with a few super slender glazing bars separate inside from outside, storage units are used to define private spaces. The broad plan is divided into an individual private sleeping area and a clearly more communal daytime living area. Whereas the individual spaces are arranged in front of the corridor-like winter garden and behind wide, sliding glass walls, the kitchen/living area is under a projecting open pitched roof which screens on three sides a generous covered terrace that is used for outdoor living. A glazed volume above the cooking area is a wind protected veranda, which is shaded in summer and in winter receives the rays of the sun. A foyer-like intermediate layer between the two precisely defined sections of the house contains the entrance hall, staircases leading upstairs and to the basement and a living and work area. In a compositional sense this zone is also the point where the horizontal of the private wing and the vertical of a load bearing, stiffening reinforced concrete panel and the two-storey roofed daytime living area overlap. The multivalence of functional and constructional layers is combined with spatial generosity making the building appear very different, depending on the particular position of the observer.
B.E., W.Z.

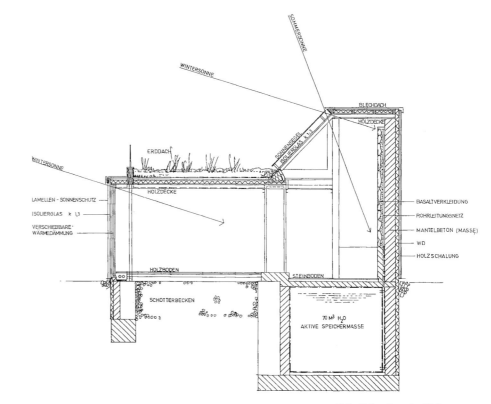

Schnitt/section, 1 : 100

Wohn- und Atelierhaus, Neulengbach
1986–87
Fotografie: Margherita Spiluttini

Ausführende Firma /
building contractor
Firma Wittmann, teilweise Selbstbau
Bauherr / client
Monika und Artur Anzelini
seit 1991 Familie Kejda
Anschrift / address
Bilkogasse 8
A-3040 Neulengbach

Literatur / literary reference
- Architektur & Bauform 125, 1988.
- Die Presse / Spectrum, 14. / 15. Mai
1988.
- phalaris 8/9, Venedig 1990.
- Wohnen 2/1991, Wien 1991.
- Baujahre, Österreichische Architektur
1967–1991, Katalog der ZV, 1992.
- NÖ gestalten 52, St. Pölten 1994.

Wohn- und Atelierhaus, Neulengbach

Helmut Hempel & Franco Fonatti mit Gerhard Ullreich

In der locker bebauten Siedlungsperipherie im Talgrund vor Schloß und Markt Neulengbach steht das als Fitness-Studio und Seminarhaus gebaute, heute als Atelier und zum Wohnen genutzte Bauwerk. Ein turmartig-zylindrischer Baukörper in leuchtendem Rot signalisiert den Eingang. Dahinter folgt ein im Grundriß längsrechteckiges Volumen, an dessen einer Längsmauer ein dreieckiges, abfallendes Glasdach anschließt, das sie zu einer Binnenwand und Mittelmauer macht. Obwohl blau geschlämmt, ist sie sichtbar aus alten Ziegeln gemauert. Durch eine einspringende Faltung wird sie ausgesteift. In diesem Knick liegen auch die Treppen zum Unter- und hinauf zum Obergeschoß, wo sich ein galerieartiger Gang entlang der Mauer hinzieht. Er dient nicht bloß dem Zugang zu den Zimmern hinter der Mauer, sondern ebenso der Exposition der gesamten Architektur und des Raumes unter dem Glasdach, der aber an seinen Enden noch hinaus auf Balkone und damit in die Landschaft führt. Im Turm wird der runde Grundriß auf drei Geschossen verschieden interpretiert: zuunterst als Bad, darüber als Empfangshalle, im Obergeschoß dient er als weitgehend über das verglaste Dach belichteter Tanz- und Seminarraum.
W.Z.

This building, originally erected as a fitness centre and seminar building and used nowadays as an atelier and dwelling, stands on the open periphery of a settlement located in the floor of the valley below Schloss Neulengbach and Markt Neulengbach. A tower-like cylinder, painted bright red, marks the entrance. This is followed in the floor plan by a long volume. A sloping, triangular glass roof is attached to one wall of this volume making of it an internal central wall. Although washed in blue this wall is clearly made of old bricks. A fold in the wall stiffens it and the stairs to the upper and lower levels are placed precisely at the point of the fold. On the upper level a corridor, somewhat like a gallery, extends along the wall. It does not merely provide access to the rooms behind the wall but also reveals the architecture and the space below the glass roof. It leads out onto a balcony and thus into the landscape beyond. The round volume of the tower is interpreted differently on each of the three levels: on the lowest level it is a bathroom, on the ground floor a reception hall and on the upper level it becomes a room for dance and seminars, lit primarily through the glazed roof.
W.Z.

HAUS WÖGENSTEIN, SEEBARN

ROLAND HAGMÜLLER

Haus Wögenstein, Seebarn
1989–90
Fotografie: Margherita Spiluttini

MITARBEITER / ASSISTANTS
Peter Auer, Martin Palmrich
AUSFÜHRENDE FIRMA /
BUILDING CONTRACTOR
Selbstbau
BAUHERR / CLIENT
Erwin Wögenstein
ANSCHRIFT / ADDRESS
A-2111 Seebarn 52

Das zweigeschossige Haus mit Pultdach ist am Rand eines neuen Siedlungsgebietes in ein nach Westen abfallendes Hanggrundstück mit altem Obstbaumbestand vorsichtig hineingestellt. Die Längsachse des Baukörpers folgt der Fallinie des Hanges. Die Idee des Hauses entschlüsselt sich an der Fassade beim Zutritt von der Westseite des Grundstückes. Das Sockelgeschoß mit Hobby- und Nebenräumen nimmt das Gefälle auf. Der Wintergarten, der über Erd- und Obergeschoß angelängt ist, weist auf die Wohn- und Schlafräume hin und bietet einen herrlichen Ausblick nach Westen und Süden. Links führen Treppen zur Haustür, durch die man von der Nordseite ins Erdgeschoß tritt. Der Luftraum hinter der massiven Nordwand verbindet die beiden Geschosse miteinander. Zwei vertikale Lichtbänder und die verglaste Veranda lassen das Licht durch das Haus fluten. Nach Süden hin öffnet sich das Pultdach zur sichtgeschützten Terrasse und zum Garten. Aufgrund baubehördlicher Auflagen mußte über dem Wintergarten ein Satteldach errichtet werden, was der angenehmen Schlichtheit dieses Hauses jedoch nicht schadet.
B.E.

This two-storey house with a mono-pitched roof lies on the periphery of a new development area. It was carefully placed on a westward sloping site with old fruit trees. The long axis of the building follows the slope of the site. When you approach from the west the facade clearly reveals the concept underlying this house. The base containing the hobby room and service spaces takes up the slope. The winter garden, which extends through ground and first floor, indicates the location of the living areas and bedrooms and, inside, offers a marvellous view towards the west and south. A flight of steps to your left leads to the main entrance on the north side of the house. The internal void along the solid north wall links the two levels of the building. Two vertical strips of glass and a glazed veranda allow light to flood the house. Towards the south the mono-pitched roof opens onto a screened terrace and the garden. Local building regulations required that the winter garden be given a pitched roof which does not, however, negatively affect the pleasant simplicity of this house.
B.E.

Einfamilienhaus P., Purkersdorf
1988–90
Fotografie: Margherita Spiluttini

MITARBEITER / ASSISTANTS
Gerda Gibelhauser, Ernst Stadlbauer
STATIK, KONSTRUKTEUR /
STRUCTURAL ENGINEERING
Wilfried Braumüller
AUSFÜHRENDE FIRMA /
BUILDING CONTRACTOR
Baufirma: Firma Schmoll
Zimmerer: Halbartschlager und
Hofmarcher, Tischlerei Gratschopf,
Gresten
BAUHERR / CLIENT
Susanne und Michael Pirker
ANSCHRIFT / ADDRESS
Hießbergergasse 26
A-3002 Purkersdorf

LITERATUR / LITERARY REFERENCE
- Spiluttini, Margherita; Neue Häuser,
Architektur Zentrum Wien, Wien 1991.
- BauArt 3, Architektur wahrnehmen,
Wien, 1992.
- Chramosta, Walter; Architektur &
Bauforum 150, 1992.
- Ullmann, Franziska; BauArt 4, Raum
denken, Wien, 1996.

EINFAMILIENHAUS P., PURKERSDORF

FRANZISKA ULLMANN

Das Haus steht an einem Südhang des Wientals in der
.bereits in Niederösterreich liegenden Umlandgemeinde
Purkersdorf, westlich von Wien. Das einfache Volumen
unter einem Satteldach mit unkonventionell modifizierten
Firstvorsprüngen ist giebelständig in der Fallinie des Hanges positioniert und an der oberen Stirnseite von der
Straße her über einen kurzen Betonsteg zugänglich. An
der Westseite schwenkt eine luftige Pergola, die sich
vorn zum Wintergarten verfestigt, aus der Hauptrichtung
um einige Winkelgrade aus. Dieser leicht verschobenen
Ordnung entspricht im Innern eine durch die gesamte
Gebäudelänge laufende Kaskadentreppe, an der entlang
sich die Wohnfunktionen entwickeln. Der erste Absatz
enthält das Entrée, wo die Alternativen Tageswohnen
(weiter geradeaus) und Schlaftrakt (im Obergeschoß)
entschieden werden. Ein nächstes Podest erschließt die
Garderobe, ein Studio und den Sanitärraum. Drei weitere
Stufen führen zu einer größeren, fast platzartigen Aus-
weitung, die zwischen den autonom gestalteten Volumen
von Küche und Wintergarten aufgespannt ist. Der Eßplatz
schließt auf einer Galerie vor der Küche an diese an.
Unter einer kleinen Brücke, die vom Eßplatz hinüber in
den Wintergarten führt, taucht die Treppe zum Wohnraum hinunter, der, in einer flachen Sitzgrube zurückgezo-
gen, drei Stufen unter dem vorderen Hangniveau liegt.
Ein südorientiertes hohes Fenster verstärkt die vertikale
Beziehung zwischen Eßplatz und darunter befindlichem

Wohnraum. Die von der Kaskadentreppe initiierte Bewegung wird von einer nur von zwei kleinen Guckfen-
stern durchbrochenen Prallwand gebremst und in die
Sitzgrube umgelenkt. Bei diesem Entwurf wurden die
primären konzeptionellen Setzungen durch ein iteratives
Spiel mit Raum-, Material- und Lichtwirkungen bis in die
sekundären und tertiären Gestaltungsebenen miteinander
vernetzt und zugleich relativiert, aber auch zu einem komplexen Ganzen mit unterschiedlichsten Wohnstimmungen
verdichtet.
W.Z.

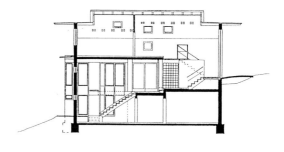

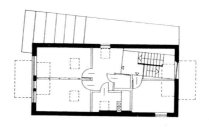

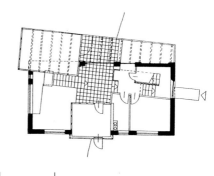

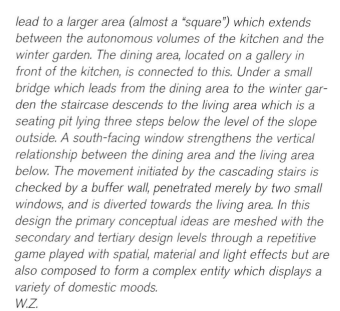

This house stands on a south-facing slope of the river Wien valley in Purkersdorf, an outlying district to the west of Vienna which is, in fact, already part of Lower Austria. The simple volume under a pitched roof with unconventionally modelled ridge elements is placed so that its gable faces down the line of the slope. Access is across a short concrete footbridge to the upper end of the house. To the west an airy pergola has been swivelled a few degrees out of the main axis. This slight axial shift corresponds to an internal cascading flight of stairs which runs through the entire length of the house, and along which the various internal functions are developed. The first landing contains the entrance area where you choose between daytime living (straight ahead) or the sleeping area (on the upper floor). The next landing provides access to the cloakroom, a studio and the sanitary facilities. Three further steps

lead to a larger area (almost a "square") which extends between the autonomous volumes of the kitchen and the winter garden. The dining area, located on a gallery in front of the kitchen, is connected to this. Under a small bridge which leads from the dining area to the winter garden the staircase descends to the living area which is a seating pit lying three steps below the level of the slope outside. A south-facing window strengthens the vertical relationship between the dining area and the living area below. The movement initiated by the cascading stairs is checked by a buffer wall, penetrated merely by two small windows, and is diverted towards the living area. In this design the primary conceptual ideas are meshed with the secondary and tertiary design levels through a repetitive game played with spatial, material and light effects but are also composed to form a complex entity which displays a variety of domestic moods.
W.Z.

Schnitte/sections, Grundrisse/plans, 1 : 333

Strasse Street

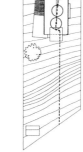

Lageplan/site plan, 1 : 1000

Einfamilienhaus, Königstetten
1990–91
Fotografie: Margherita Spiluttini

AUSFÜHRENDE FIRMA /
BUILDING CONTRACTOR
Baumeister: Firma Erich Langsteiner,
Wien
Zimmermann: Firma Draxler GesmbH
& CO KG, Weiten
Bautischler: Josef Putz, Krumbach
BAUHERR / CLIENT
Eveline und Walter Grabler
ANSCHRIFT / ADDRESS
Franz Lisztstraße 4
A-3433 Königstetten

LITERATUR / LITERARY REFERENCE
- Walden, Gert; Der Standard, 27. Juni
1991.

EINFAMILIENHAUS, KÖNIGSTETTEN

IRMGARD FRANK

Der erste Entwurf dieses Hauses sah ein mit Holz
verschaltes Gebäude mit Pultdach vor. Dies erschien
der Behörde als nicht passend für das Ortsbild, so mußte
die Architektin neu planen. Die zweite Fassung zeigt ein
sensibles Herangehen und vorsichtiges Rezipieren der
gebauten Tradition in Niederösterreich und Interpretieren
in eine eigene Formensprache. Eine signifikante Lösung
stellt das Satteldach – mit einer Neigung von 45 Grad –
dar, auf einer Balkenschar ruhend, mit einfachen
Eternitrauten gedeckt. Der schlichte Baukörper ist in die
Nordwestecke des Grundstücks plaziert, um eine möglichst große Fläche für den Garten zu erhalten. An der
Nordseite des Hauses zur Grundstücksgrenze bleibt
noch Platz für eine Garage mit einem Abstellraum für
Fahrräder, der auch vom schmalen Zugang zur Haustür
über eine platzsparende Schiebetür zugänglich ist. Die
Fassaden sind durch die Öffnungen streng symmetrisch
gestaltet. Die knapp an die Gebäudeecken gesetzten
Fenster vermeiden im Inneren dunkle Ecken und bewirken
innen angenehmes Streiflicht entlang der Wände. Nach
Süden öffnet sich das Gebäude zu einer zweigeschossigen Veranda, die im Erdgeschoß als Wintergarten mit
geschoßhohem Lichteinfall, im Obergeschoß mit holzver-
schalter Brüstung als Erweiterung eines Allzweckraumes
genutzt wird. Im Inneren spiegelt die Richtung der Balken
die Funktionsteilung im offenen Grundriß wider. Neben
der Holzkonstruktion beeinflußt die weiße Putzfläche die
Raumstimmung. Im Erdgeschoß dominiert der zentrale,
großzügige Eßbereich. Er bildet die Schnittstelle zwischen
dem Eingangsbereich, der Küche, dem Wintergarten und
– über eine Längsseite – zum podestartig erhöhten,
jedoch kleineren Wohnbereich. Von diesem Niveau führt
eine gerade einläufige Treppe, durch eine Wandscheibe
vom Eßbereich getrennt, in das Obergeschoß. Kleine, private Räume und das Badezimmer liegen um den zentralen Gemeinschaftsbereich. Im Obergeschoß folgt der
Holzboden wie im Erdgeschoß der vorgegebenen
Richtung der Holzkonstruktion und öffnet die Räume nach
allen Richtungen. Die Aufmerksamkeit gilt der Konstruktion in gleichem Maß wie der Form, die durch die
Wahl der Materialien an ländliche Bautradition anschließt.
B.E.

*The first design for this house envisaged a timber-clad
building with a mono-pitched roof. The building authorities
did not think this would fit in with local buildings and the
architect was forced to re-plan. The second version
demonstrates a sensitive approach to and careful analysis
of the built tradition in Lower Austria which the architect
interprets in her own formal language. The pitched roof
with a pitch of 45 degrees which rests on a series of
beams and is covered in plain Eternit slates laid on the
diagonal is a significant solution. This simple element is
placed in the north-west corner of the site in order to*

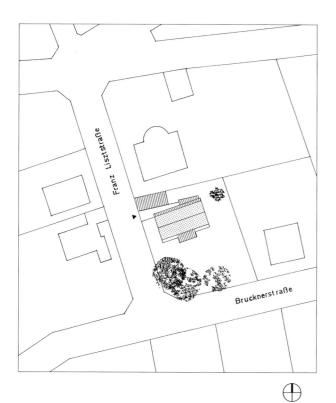

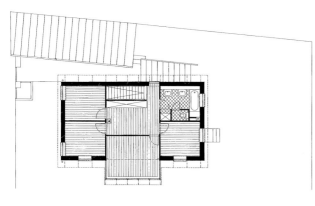

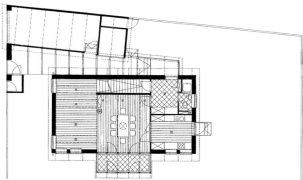

create a garden of maximum dimensions. On the north side of the house, towards the site boundary, space was left for a garage and bicycle shed which is also accessible from the narrow approach to the entrance door via a space-saving sliding door. The placing of the openings has created strictly symmetrical facades. The windows placed close to the corners of the building ensure that there are no dark corners internally and allow light to slope pleasantly along the walls. The building opens to the south with a two-storey veranda, which on the ground floor is a winter garden with full-height glazing and on the upper level has a timber-clad parapet and forms an extension to a multi-purpose space. In the interior the orientation of the beams reflects the separation of functions in the open floor plan. The timber construction and the white rendered surfaces determine the spatial atmosphere. The generous central dining area is the dominant element. On the ground floor it forms the interface between the entrance area, the kitchen, the winter garden and a smaller living area placed like a podium on a long side of the building. From this level a single flight staircase, separated from the dining area by a wall panel, leads to the upper level. Here, as at ground level, the wood flooring follows the orientation of the timber construction and serves to open the spaces in all directions. The construction is as significant as the form which, through the selection of materials, is linked to rural building traditions.
B.E.

Lageplan/site plan, 1 : 1000

Grundrisse/plans,
Schnitt/section,
1 : 333

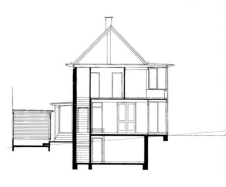

Einfamilienhaus Stolfa,
St. Andrä–Wördern
1989–91
Fotografie: Margherita Spiluttini

STATIK, KONSTRUKTEUR /
STRUCTURAL ENGINEERING
Werner Stolfa
AUSFÜHRENDE FIRMA /
BUILDING CONTRACTOR
Mirwald GesmbH, Brunn am Gebirge
Heinrich Wagner, Walkersdorf
BAUHERR / CLIENT
Christa und Werner Stolfa
ANSCHRIFT / ADDRESS
Kernstockstraße 5
A-3423 St. Andrä–Wördern

EINFAMILIENHAUS STOLFA, ST. ANDRÄ–WÖRDERN

WERNER STOLFA

Das kompakte Haus steht giebelständig zur Straße, die an der Südseite vorbeiführt und gegenüber dem Gartenniveau um ein Geschoß höher liegt. In der Mitte der Länge nach geteilt, besteht es aus einem zweigeschossigen, gemauerten Teil mit den eher kleinen Räumen wie Küche, Zimmer und Bad sowie einem in Ständerkonstruktion aus Holz errichteten, westorientierten Teil, der eine zwei Stockwerke hohe Wohnhalle umfaßt. Auf den Windfang beim Eingang folgt eine Diele, von der man die Wohnhalle überblickt, deren Boden ein knappes Geschoß tiefer liegt. Fünf Stufen hinauf zieht sich eine hölzerne Galerie entlang der Mittelmauer nach vorn und mündet in einer Fenstertüre mit davorliegendem Putzbalkon. Auf halbem Weg gelangt man von dem nischenartigen Einzug in der Mauer zu den Schlafräumen. Im Erdgeschoß quert, von der Küche ausgehend, eine Raumzone die Wohnhalle und durchdringt die hohe Fensterwand zum Gartensitzplatz. Die klare Gliederung wiederholt sich im Obergeschoß in reduzierter Form und hat etwas Selbstverständliches. Ohne manifesthaft zu wirken, enthält das Haus einen klugen Grundriß mit einfach, aber charakteristisch zugeschnittenen Räumen, die einen hohen Wohnwert versprechen.
W.Z.

This compact house stands with its gable onto a road passing by to the south which lies a full storey above the garden level. The building is centrally divided along its long axis and consists of a two-storey walled section containing the smaller spaces such as kitchen, bedrooms and bathroom and a west-facing section in timber frame construction which encompasses a two-storey living hall. The draught lobby at the entrance is followed by a hall from which you have a view across the living hall lying a storey lower. Five steps higher a timber gallery extends along the centre wall and leads to a French window with a rendered balcony in front. Half way along this gallery you can reach the bedrooms through a niche-like incision in the wall. On ground floor level a zone which starts in the kitchen traverses the living hall and penetrates a high glazed wall towards a garden sitting area. This pattern is repeated on the upper level, albeit in a reduced form. The clear articulation seems completely natural. The house has a lucid floor plan which avoids any suggestion of a manifesto, it provides rooms of simple but characteristic shape which imply that a high quality of life could develop here.
W.Z.

AUFSTOCKUNG HAUS S., KLOSTERNEUBURG

WALTER MICHL UND KLAUS LEITNER

Aufstockung Haus S., Klosterneuburg
1988–91
Fotografie: Walter Zschokke

ZIMMERER UND STATISCHE BERECHNUNG
Firma Halbartschlager und
Hofmarcher, St. Pölten
AUSFÜHRENDE FIRMA /
BUILDING CONTRACTOR
Josef Moser, Göpfritz
BAUHERR / CLIENT
Hilda und Herbert Segall
ANSCHRIFT / ADDRESS
Dr. Teichmann-Gasse 8
A-3400 Klosterneuburg

Das kleine Sommerhaus von 1971 war flächenmäßig zu erweitern; auch sollte die mittlerweile verbaute Aussicht auf das Stift Klosterneuburg wieder ermöglicht werden. In der Nordecke des nach Süden geöffneten, winkelförmigen Gebäudes wurde die autonome Form eines elliptischen Stiegenaufgangs plaziert. Er bildet die räumlich signifikante Zäsur der beiden selbständigen Nutzungsebenen. Der Dachaufbau enthält nach Westen einen Schlafraum, Serviceräume und eine kleine Küche. Den südöstlich orientierten Gebäudeflügel nimmt ein dielenartiger Raum ein, dem als Kopf ein großzügiger Wintergarten vorgelagert ist, dessen verglaste Front und Seitenwände sich zusammenschieben lassen, worauf er zur an den Ecken offenen Loggia wird. Ein flaches Zeltdach schließt das Gebäude ab. Bei dieser auch qualitativen Erweiterung wurde nicht nach einem gestalterischen Gegensatz gesucht, vielmehr wurde der eher bescheidene Altbau mit dem anspruchsvollen Aufbau zu einem neuen Ganzen verbunden, das zwar durchaus attraktiv, aber ebenso selbstverständlich im locker bebauten, dicht begrünten Hang steht.
W.Z.

The commission involved a roof top addition to a small summer house, dating from 1971, with the additional intention of recapturing a view of the monastery in Klosterneuburg which had been blocked by more recent building. An autonomous form, an elliptical staircase, was placed in the northern corner of the angled house that opens to the south. It creates a spatially significant caesura between the two independent levels. The roof extension contains a west-facing bedroom, service spaces and a small kitchen. The wing facing south-east contains a hall-like space with a generously dimensioned winter garden at the front. The glazed front and side walls of this winter garden can be slid together thus transforming it into a loggia which is open up to the corners. A gently pitched tent roof crowns the building. This project both increased the floor area and improved the quality of the house. It does not attempt to create a counterpart to the existing building, instead the modest existing house has, as a result of the extension, evolved into a new entity. It is now an attractive element which stands, quite naturally, among the scattered buildings on the slope.
W.Z.

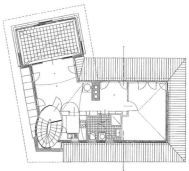

Grundriß/plan, 1 : 333

Haus G., Purkersdorf
Sanierung eines Einfamilienhauses
und Erweiterung
1990–92
Fotografie: Rupert Steiner

STATIK / STRUCTURAL ENGINEERING
Karlheinz Wagner, Wien
AUSFÜHRENDE FIRMA /
BUILDING CONTRACTOR
Baumeister: Franz Edelböck & Co KG
Zimmermann: Walter Nutz
Gas, Wasser, Heizung: Blain Rupp
Tischler: Erich und Klaus Rimpler
Lüftung: Firma Lunos
Glas: Firma Baumann
BAUHERR / CLIENT
Robert Glattau
ANSCHRIFT / ADDRESS
Robert Hohenwartergasse 23
A-3002 Purkersdorf

LITERATUR / LITERARY REFERENCE
- Reiners, Holger; Einfamilienhaus
modernisieren; «Altes verwerten,
umbauen und erweitern – nach ökologischen Kriterien», 1994.
- Ladener, Heinz (Hrsg.); Vom Altbau
zum NiedrigEnergieHaus; Georg W.
Reinberg, Einfamilienhauserweiterung
zum Zweifamilienhaus, 1997.
- Architettura naturale 1/97.

HAUS G., PURKERSDORF

GEORG W. REINBERG

Das knapp bemessene Häuschen aus den sechziger Jahren machte bereits einen etwas ergrauten Eindruck. Mit der Erweiterung um eine zweite Wohneinheit an der Ostseite und einem vor die Südseite gestellten Wintergarten gewinnt das Bauwerk einen neuen Ausdruck. Das kompakte Häuschen wurde ersetzt durch eine differenziert strukturierte Agglomeration, die sich um die zwei mit einem Satteldach gedeckten, weiß verputzten Kernvolumen herumzieht. Die biedere Verzagtheit ist fröhlicher Offenheit gewichen, die intensive Bezüge zum Garten gewährt. Entsprechend weist die Südseite vor dem Glashaus gestaffelte, offene und pergola-beschattete Terrassen auf. Und an der Nordseite wurde ein «weicher» Eingangsbereich angefügt. Die innere Organisation ist sparsam gehalten; dennoch verfügen beide Hausteile über einen großzügigen Tageswohnbereich. Das erweiterte Vorzimmer dient beiden Wohnungen und der breite, zweigeschossige Wintergarten ebenfalls. Eine gemeinschaftliche Nutzung der Tageswohnbereiche ist möglich, ebenso die problemlose Trennung. Die passiv genutzte Sonnenenergie wird über ein temperaturdifferenz-gesteuertes Umluftsystem aus dem Glashaus optimal im ganzen Haus verteilt.
W.Z.

This small scale house dating from the sixties made, at best, a slightly faded impression. Through the addition of a second dwelling unit on the east side and a winter garden on the south the building acquired a new expression. The compact little house was replaced by a differentiated, structured agglomeration centred on two white rendered core volumes with pitched roofs. The polite pusillanimity of the original building has been replaced by a cheerful openness which creates a close relationship to the garden. The south facade, in front of the glass house, has staggered terraces left open or shaded by a pergola.

A "soft" entrance area was added to the north side. The internal organisation has been kept simple but nevertheless both parts of the building have a generous area for daytime living. The expanded hall serves both apartments as does the broad winter garden. The daytime living area can also be used communally or divided without difficulty. Passively used solar energy is optimally distributed from the glass house by means of an air circulation system which is regulated by the difference in temperature.
W.Z.

Umbau der ehemaligen Lanzendorfer
Mühle, Mistelbach
1990–93
Fotografie: Margherita Spiluttini

STATIK, KONSTRUKTEUR /
STRUCTURAL ENGINEERING
Oskar Graf, Wien
AUSFÜHRENDE FIRMA /
BUILDING CONTRACTOR
Baumeister Gerhard Lahofer, Bad
Pirawarth
BAUHERR / CLIENT
Hermann und Wilma Coradello
ANSCHRIFT / ADDRESS
Lanzendorfer Hauptstraße 54
A-2130 Mistelbach

LITERATUR / LITERARY REFERENCE
- Walden, Gert; Der Standard,
9. September 1993.
- Chramosta, Walter; Architektur &
Bauforum 159, 1993.
- Kraker, Margit; Der Standard,
14. Februar 1994.
- Staatspreis für Consulting 1994, in:
Konstruktiv 186, 1994.
- Zazek, Patricia; Der Standard,
16. Dezember 1994.
- Reiners, Holger; Bauernhäuser
umbauen, München 1995.
- 4. Architekturpreis der österreichi-
schen Zementindustrie 1994/95, in:
Zement und Beton 2/95.
- Hrsg. Frantisek Sedlacek, AWA –
Award Winning Architecture 1996,
München 1996.

UMBAU DER EHEMALIGEN LANZENDORFER MÜHLE, MISTELBACH

ALEXANDER RUNSER, CHRISTA PRANTL

Das auf T-förmigem Grundriß über Jahrhunderte in Etappen entstandene Bauwerk weist an der Stirnseite zur Straße hin eine fünf Fenster breite barocke Fassade auf, deren Ausdruckskraft an einem vergleichbaren Profanbau weiterum unübertroffen ist. In dem sich dahinter entwickelnden Längstrakt befindet sich die Wohnung. Das Untergeschoß weist vor allem Kellerräume auf. Der gartenseitig anschließende Quertrakt enthielt früher im Mittelteil die Mechanik der Mühle und das Mahlwerk. Das Obergeschoß und die beiden Seitenflügel dienten als Schüttkasten. Der östliche Teil wurde kürzlich von Nachbarn zu Wohnzwecken umgebaut. An der Westseite des Längstraktes erstreckt sich der private Garten. Entlang der Ostseite erfolgt der Zugang der Patienten zur Ordination in einem freigelegten Arkadengang im Sockelgeschoß, vorbei an einem vielgestaltigen Garten. Da hinter dem Quertrakt bereits die Grundgrenze verläuft, bestand der Kern der Aufgabe darin, im mittleren Geschoß eine Praxis zur Behandlung von Kleinkindern einzubauen und

mit Tageslicht zu versorgen. Das attraktive alte Holztragwerk sollte dabei erhalten bleiben. Der Längstrakt wurde nur geringfügig adaptiert und die Räume an der Straßenfront mit einfachen, aber formsicher ausgeführten barocken Deckenspiegeln behutsam erneuert. Die übrigen Räume liegen an einem Mittelgang, der sich am Ende zu einer Wohndiele weitet. Der mächtige Dachraum ist als Kaltdach ungenutzt. Unmittelbar vor dem Quertrakt haben die Architekten im Raum zwischen zwei Dachbindern die mit der Problematik dieser Anschlußstelle verbundenen Aufgaben wie Belichtung, Erschließung, aber auch die architektonische Thematik untergebracht. Dieser Abschnitt wurde bis auf die Gewölbedecke über dem Sockelgeschoß ausgeräumt, die beiden Dachflächen sind weitgehend verglast. Die Mauer zum Quertrakt wurde vollständig entfernt und durch eine gläserne Trennwand ersetzt. Da dieser Mittelteil zu beiden Seiten geringfügig über den Längstrakt hinaussteht, konnten zwei raumhohe, südorientierte Fensteröffnungen zum Außenraum

geschaffen werden. Ordination und Wartezimmer, für Patienten von der Ostseite her über eine Treppe zugänglich, weisen eine angenehme Raumstimmung auf, die vom Holz der alten Deckenbalken und dem mehrheitlich indirekt eintretenden Licht herrührt. In den zuvor angesprochenen Zwischenraum setzten die Architekten den neuen Bauteil, ein freistehendes Raumgebilde aus dünnen Sichtbetonscheiben und Platten. Sie schirmen einerseits den Wohnteil von der Ordination ab, aber auch vom Treppenaufgang aus dem Privatgarten, der den Hauptzugang zum Wohnteil bildet. Die beiden abgewinkelten Stahlbetonwände ragen zudem in den Quertrakt hinüber und tragen den Treppenlauf schräg nach oben in den neuen Wohnraum, der sich im Quertrakt über der Ordination befindet und bis in den Dachraum reicht. Die Raumskulptur aus Beton löst den aus Bestand und Wünschen geschlungenen funktionalen und konstruktiven Knoten und versinnbildlicht zugleich das Neue, diese konzeptuelle Intervention mit ihrer intensiven Materialwirkung, der Eleganz der aktiven Form und der raumbildenden Kraft. Zum Beton kontrastieren das alte Gespärre und die weiß getünchten Wände. Die Veränderung wird auf die Schlüsselstelle konzentriert, zugleich gelingt es, den neuen Charakter derart zu bestimmen, daß ein würdiger, der neuen Nutzung entsprechender Eingangsbereich entsteht. Im Gegenzug konnte die alte Substanz einschließlich ihrer spannenden Episodenhaftigkeit bewahrt werden.

W.Z.

The building which developed in a series of phases over the course of the centuries has a T-shaped floor plan. The street side has a five bay Baroque facade considerably more expressive than any comparable profane building nearby. The dwelling is located in the long tract behind. The basement contains primarily cellars. In the Middle Ages the transverse garden wing housed the mill machinery and grinding works. The upper floor and the two side wings served as grain storage. The eastern section was recently converted by a neighbour to provide living accommodation. The private garden extends along the west side of the long wing. On the east side the patients' entrance to the doctor's surgery is in an exposed arcade at ground level and runs past a varied garden. As the site boundary runs behind the transverse wing the central task was to incorporate a practice for the

wing two outward facing, full-height south-facing window openings could be made. Patient access to the surgery and waiting room is from the east via a staircase. These spaces have a pleasant atmosphere derived from the old timber ceiling beams and light which enters indirectly from several sources. In the intermediate space referred to above the architects placed a new element, a free-standing structure made of slender reinforced concrete slabs and panels. They serve to screen the living area from the surgery but also screen the staircase from the private garden. The two right-angled reinforced concrete walls extend towards the transverse wing and carry the staircase diagonally upwards to the new living room which is located in the transverse wing above the surgery and extends into the roof space. The spatial sculpture in concrete unties those functional and constructional knots resulting from the conflict between the existing structure and new requirements. It is a symbol of the new intervention made and its intensive material effect, the elegance of the active form and of powerful creation of space. The old rafters contrast with the concrete and white painted walls. The changes are concentrated on certain key points and the designers succeeded in forming a new character in such a way that an entrance area appropriate to the new function was created. At the same time the existing substance and its episodic history was preserved. W.Z.

treatment of small children in the central level and provide it with daylight while preserving the attractive existing timber framework. The long wing was only slightly modified, the street-side rooms with simple but confidently made decorated ceilings were carefully renovated. The other rooms are placed along a central corridor which widens into a living space at the end. The powerful attic forms a cold roof and remains unused. Directly in front of the transverse wing in an intermediate zone between two roof trusses the architects placed all those items associated with the problem of a creating a connecting joint such as lighting, circulation and also the architectural themes. The wall facing the transverse wing was removed completely and replaced by a glass separating screen. As this central section extends on both sides slightly beyond the long

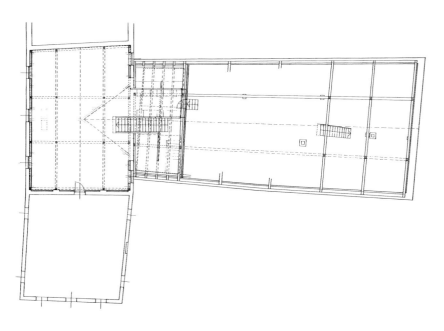

Schnitte/sections, 1 : 333

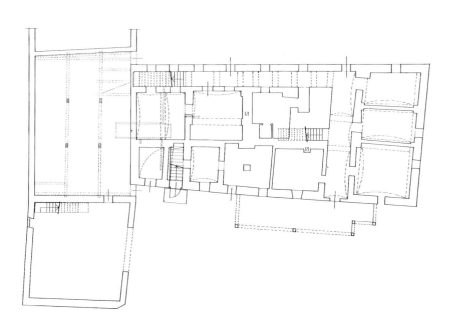

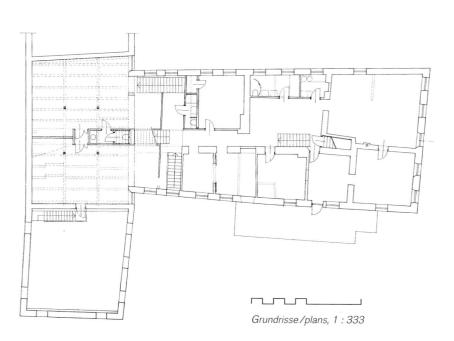

Grundrisse/plans, 1 : 333

Wohnhaus bei Wiener Neustadt
1991–93
Fotografie: Margherita Spiluttini

MITARBEITER / ASSISTANT
Markus Mitiska
STATIK, KONSTRUKTEUR /
STRUCTURAL ENGINEERING
Franz Leppa, Wien
AUSFÜHRENDE FIRMA /
BUILDING CONTRACTOR
Baufirma: Lieb Bau Weiz, Weiz
Metallfenster: Heidenbauer,
Bruck an der Mur
BAUHERR / CLIENT
privat

LITERATUR / LITERARY REFERENCE
- Zschokke, Walter; Die Presse /
Spectrum, 5. Februar 1994.
- Möbel, Raum, Design – international,
1/94, 16. Jahrgang.
- Architektur & Bauforum 164, 1994.
- Kapfinger, Otto; Neues Bauen heute,
Architektur der Neunziger Jahre;
Basel, Boston 1995; erschienen zum
Internationalen Architekturkongress in
Wien 1993.
- Ausstellungskatalog: «Architektur im
20. Jahrhundert – Österreich», DAM,
AZW, München 1995.

WOHNHAUS BEI WIENER NEUSTADT

RUDOLF PROHAZKA

Tief eingeschnitten, führt ein Waldweg der Geländestufe entlang zu ihrem oberen Niveau. Die letzten Meter überwindet man auf natursteingemauerten Stufen. Oben betritt man eine Waldwiese, die locker mit hohen Fichten besetzt ist, hinter den roten Stämmen weitet sie sich zur flach ansteigenden Lichtung. Zwischen den Bäumen stand ein in mehreren Etappen gewachsener Bungalow aus den fünfziger Jahren, der erneuert werden mußte. Das Konzept des Architekten bewahrt den ältesten Kern: eine quadratische Blockhütte, und die Peripherie: die den Erdsockel des Hausplatzes stützende Natursteinmauer sowie den in gleicher Weise gemauerten Kamin. In Konstellation zu dieser Hütte, die mit einer von vier Rundstützen getragenen Dachterrasse luftig überspannt wurde, addierte er an der Südseite einen stärker geschlossenen Zimmertrakt für die bereits herangewachsenen Kinder und die Gäste. Einen zweiten, langgezogenen Körper stelzte er in lockerer Distanz zum Kernbau auf schlanken Pfeilern in die Wiese. Die Unterseite beschirmt den Sitz-

bereich beim Kamin. Zwischen der breiten Kaminwand und dem neu die Küche beherbergenden Holzhaus spannt sich ein minimal definierter Raum, der auch nach oben nur mit Glas gedeckt ist. Nach hinten öffnet er sich durch eine breite, verschiebbare Glasscheibe zum Gartenhof, den ein großer Kirschbaum überwölbt. Ein langgezogenes Schwimmbecken grenzt zur Lichtung ab. Vorn wendelt sich die Stiege ins obere Geschoß und beansprucht den glasgefaßten Eckraum. Die Frontwand ist als einzige leicht aus den orthogonalen Achsen der Gesamtanlage herausgedreht. Sie öffnet sich an der vorderen Ecke, um den von einer hohen Birke markierten Eingang zu bilden. Die einzelnen, jeweils stark reduzierten Elemente dieses Bauwerks sind bis an die Grenzen räumlicher Spannung auseinandergezogen. In verhaltener Wechselwirkung erzeugen sie eine feldartige Raumzone, die in der vom Waldsaum definierten, von den alten Fichten überragten Lichtung zur bewohnbaren Landschaft wird. Es entsteht eine neue Topographie, die nach allen

Seiten Ausblicke offenhält, auf schlankem Gestänge
Sitzplätze zwischen Baumkronen anbietet oder aber in
dem weitgehend geschlossenen weißen Körper im
Obergeschoß einen geschützten Ruhe- und Schlafplatz
schafft, über dem ein großes Dachfenster den Blick zum
Firmament freihält. Die neuen Gebäudeteile nehmen vom
Erdboden kaum Besitz, eine in Sitzhöhe über dem Rasen
schwebende Betonplatte trägt den Fußboden. Das
schlanke, die Ecke stützende Stahlrohr fußt daneben im
Rasen. Die Treppe, die in Stufen gewendelt nach oben
weist, wirkt nicht konstruiert, sondern interpretiert ihrerseits das gestufte Aufsteigen. Dematerialisiertes Weiß für
die raumbildenden Mauern, verzinkte Stahlprofile für konstruktive Teile, für die weiteren klimatrennenden Teile
Glas. Der ruhigen uneitlen Gestaltung gelingt es, die in
der Stützmauer konkretisierte Erdenschwere in den fragi-
len, nahezu unbelastet wirkenden Konstruktionen der
Wege, Stege, Plattformen und Dächer zu sublimieren.
Das Bauwerk ordnet und durchdringt den Raum und ist
zugleich durchdrungen von der meditativen Stimmung
der Lichtung, vom beredten Schweigen der dunklen
Fichten, aus denen die Birke weiß herausleuchtet. Rudolf
Prohazka schuf mit diesem Haus eine feinsinnige Interpretation dieses besonderen Ortes, indem er ihn mit seiner Architektur noch einmal erstehen ließ. Natur, Bestand
und neue Strukturen integrierte er zu einem offenen
Ganzen, das den Betrachter einfängt und beruhigt wieder entläßt.
W.Z.

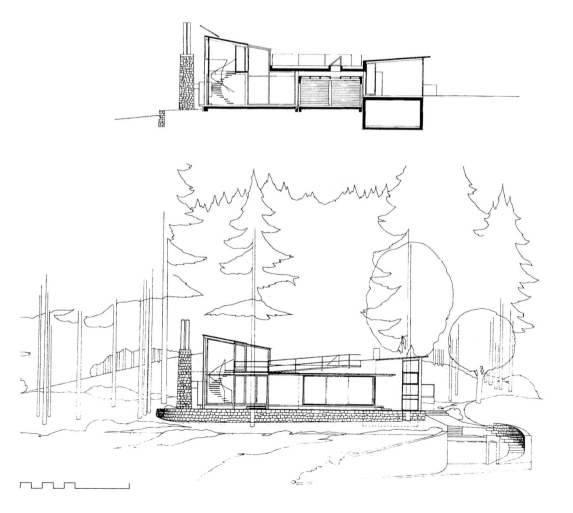

A path in the wood, deeply cut into the terrain, leads along a slope to the upper level. You climb the last few metres via stone steps. Above you arrive at a woodland meadow on which a few tall spruce trees stand. Behind the red tree-trunks the meadow broadens to a gently rising clearing. A bungalow from the fifties, which grew in a series of stages, stands between the trees. This building was in need of renovation. The architect preserved the oldest core element, a square log cabin, and the periphery, a stone retaining wall which defines the area forming the site of the house and a chimney stack built in the same stone. The cabin is spanned by a roof terrace carried on four round columns, on the south side the architect added a powerful closed bedroom wing for the grown-up children and for guests. He placed a second long element on slender piers in the meadow, some distance from the core building. The

underside of this element protects the sitting area beside the fireplace. A minimally defined space, roofed entirely in glass, extends between the broad chimney wall and the timber building which now contains the kitchen. At the rear this space can be opened by means of a sliding glass wall to ta garden courtyard, shaded by a large cherry tree. A long swimming pool forms the boundary to the clearing. At the front a spiral staircase which occupies the glazed corner area rises towards the upper level. The front wall is the only element which is swivelled slightly out of the prevailing orthogonal geometry of the complex. It opens at the front corner to form the entrance marked by a tall birch tree. The individual, strongly reduced elements of this building are separated from each other to such an extent that they reach the limits of spatial tension. They create interactively a kind of spatial zone in which the

clearing defined by the edge of the woods and dominated by the old spruce trees becomes an inhabited landscape. A new topography is created which allows views to all sides, provides a seating area between the tree-tops supported on slender struts or creates a protected area for sleep and quiet in the largely closed white element forming the upper level which has a view of the firmament through a large roof light. The new elements of the building hardly take possession of the ground. A concrete slab hovering over the lawn at sitting height carries the floor. The slender steel column which supports the corner is embedded in the lawn beside it. The staircase spiralling upwards does not seem constructed but interprets a stepped ascent. The space-shaping masonry walls are painted a dematerialising white, galvanised steel profiles form the structural elements and glass is used for the other elements separating inside from outside. This calm, modest design succeeds in sublimating the earth-bound weightiness apparent in the retaining wall in a fragile, almost unweighted construction of paths, links, platforms and roofs. This building orders and penetrates space and is itself penetrated by the meditative mood of the clearing, by the eloquent silence of the dark spruce trees from amid which the white trunk of the birch radiates. With this house Rudolf Prohazka has created a sensitive interpretation of this special place by allowing it to come into being again as a result of his architecture. He integrates nature, the existing building and new structures to form a unity which entrances the observer, calms and then releases him.
W.Z.

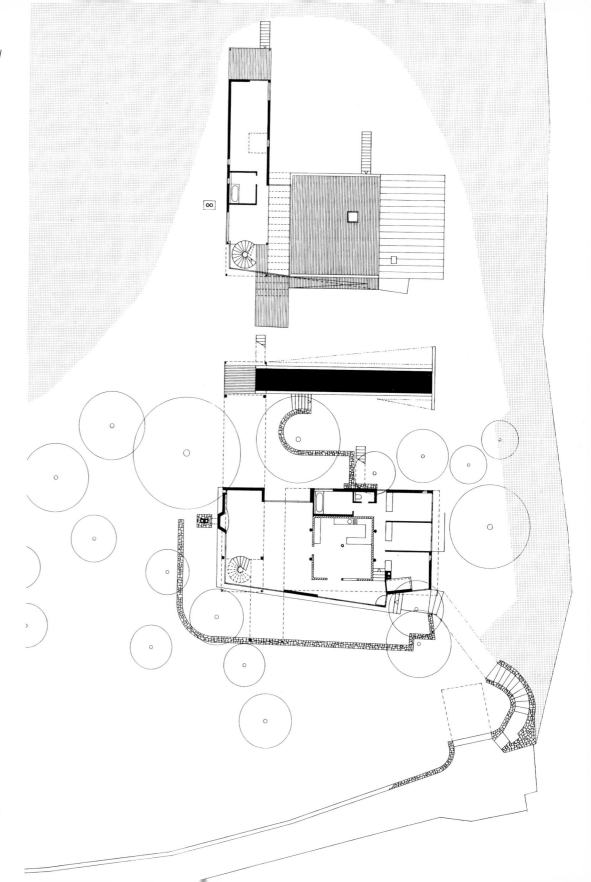

Grundriß/plan, 1 : 333

Haus Huf, Blindenmarkt
1990–93
Fotografie: Margherita Spiluttini

MITARBEITER / ASSISTANT
Anja Fischer
STATIK, KONSTRUKTEUR /
STRUCTURAL ENGINEERING
Helmuth Locher, Wien
AUSFÜHRENDE FIRMA /
BUILDING CONTRACTOR
Firma Glaser (Bau- und
Zimmermeister)
Firma Wagner (Stahl- und Portalbau)
BAUHERR / CLIENT
Josef und Maria Huf
ANSCHRIFT / ADDRESS
Ausee 4
A-3372 Blindenmarkt

LITERATUR / LITERARY REFERENCE
- Architektur zeigen, Sammelmappe,
Zentralvereinigung der Architekten,
Wien 1994.
- Purtscher, Vera; Die Presse /
Spectrum, 26. November 1994.
- Chramosta, Walter; Architektur &
Bauforum 169, 1995.
- Architektur im 20. Jahrhundert –
Österreich, DAM, AZW 1995.
- Arquitectura Viva 44, Madrid 1995.
- Biswas, Kumar (Ed.); Innovative
Austrian Architecture, Wien, New York
1996.

HAUS HUF, BLINDENMARKT

ERNST BENEDER

An einem Baggersee in der ehemaligen Aulandschaft
sind seit den siebziger Jahren zahlreiche Einfamilienhäuser entstanden. Im Zwickel zweier schmaler Straßen
blieb lange ein dreieckiges Grundstück frei, dessen dritte
Seite von der Ufermauer des künstlichen Teiches bestimmt wird. Zwei freie Wandscheiben, die vorn an der
Gabelung stehen, bilden nun das Visier eines Weges,
das Richtung Wasser und darüber hinweg zum anderen
Ufer zielt. Seitlich daran gelegt, schiebt sich der langgezogene, holzverschalte Quader des kleinen Hauses über
die Uferböschung und kragt hoch über dem Wasser aus.
An der nördlichen Längsseite greift ein wellblechverschal-
tes Prisma turmartig in den scharf konturierten Container
ein und hält ihn visuell am Ufer fest. An seiner Südseite,
wo der Weg vorbeiführt, ist eine große, teils verglaste
Öffnung in der Holzfassade eingeschnitten, durch die
eine schmale Lücke gleichsam beiläufig zu dem vorgelagerten, kiesbedeckten Hof führt, der in das Gesamt-
volumen einbezogen ist. Von hier öffnet sich lateral, nahe
der Wand je eine Türe, durch die der differenzierte Einraum des Hauses betreten werden kann. Der Wohnbereich steigt nach vorn um fünf Stufen an. Seine Stirnfassade zum Wasser ist vollständig verglast und konzentriert
den Ausblick nach Osten auf das gegenüberliegende
Teichufer. Aus dem eng umschlossenen Hof dringt eine
Treppe nach vorn ins Volumen ein und führt zu der rundum sichtgeschützten, nach oben offenen Dachterrasse.
Im Innern steigt man in Gegenrichtung vom großen
Wohnraum zu einer kleinen Kammer im Obergeschoß
des Blechprismas hinauf, die als Rückzugsraum dient.
Die beiden diagonalen Raumbeziehungen führen – ge-
gengleich – einmal vom kleinen, aber stärker definierten,
zum großen, aber schwächer gefaßten Außenraum und
zum anderen von der weiten, fast röhrenartigen Wohnhalle zum knappen und würfelförmigen Rückzugsraum.
So elementar, wie an diesem Haus Räume und Raumbeziehungen gestaltet sind, so klar und grundsätzlich
wurden die Bezüge zur umgebenden Landschaft wahrgenommen. Dabei spielt die Vertikale des benachbarten
Transformatorenturms ebenso eine Rolle wie die Horizontale der Seeoberfläche, über der das Haus schwebt.
W.Z.

Since the seventies numerous single family houses have been built around a flooded former quarry in what was once an area of water meadows. A triangular-shaped site in the fork between two narrow roads remained undeveloped for a long period. Its third side is formed by the bank of the man-made pond. Two free-standing wall slabs, located at the junction of the routes, focus on a path which is directed towards the water and towards the opposite bank. The long, timber-clad block which forms the small house is placed along this path and extends over the sloping bank of the pond, hovering high above the water. On the long northern front a tower-like prism, clad in corrugated metal sheeting is inserted into the sharply contoured container and visually secures it to the bank. On the southern side, where the path runs, a large, partially glazed opening is cut into the wooden facade through which a small gap leads, almost accidentally, into a small, gravelled front courtyard which is completely incorporated in the volume of the building. From this courtyard a door, close to the wall, provides entry to the differentiated main space of the house. The living area in front of you rises up four steps. The end wall of this room, facing the water, is completely glazed directing your view towards the opposite, eastern bank of the pond. From the confines of the courtyard a staircase penetrates the volume of the building leading to a roof terrace open to the heavens but completely enclosed on all four sides. Inside you ascend in the opposite direction, from the major living area to a small space on the upper level of the metal prism, a kind of retreat. These two diagonal spatial relationships are matching opposites, one leads from a small, clearly defined space to a larger, more loosely defined external space, the other from the broad, almost tube like living hall to the tight, cubical retreat. The spaces and spatial relationships established in this house are elementary, and the references to the surrounding landscape are both clear and primary. The vertical thrust of the transformer tower nearby plays a role here as does the horizontal of the pond, above which the house hovers. W.Z.

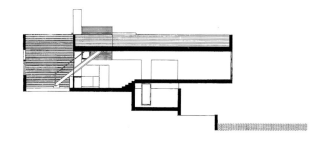

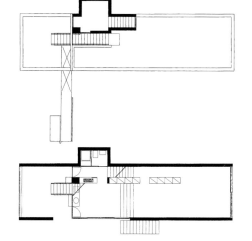

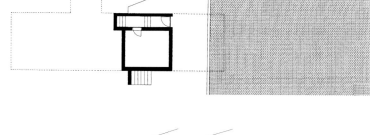

Schnitt/section,
Obergeschoß/upper level,
Erdgeschoß/ground level,
Sockelgeschoß/base level,
1 : 333

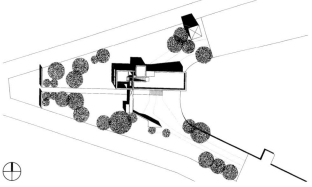

Lageplan/site plan, 1 : 1000

Einfamilienhaus, Neulengbach
1988–93
Fotografie: Rupert Steiner

STATIK, KONSTRUKTEUR /
STRUCTURAL ENGINEERING
Helmut Lutz, Wien
AUSFÜHRENDE FIRMA /
BUILDING CONTRACTOR
Zimmerei Fahrenberger & Harreither,
Gresten
BAUHERR / CLIENT
Elisabeth und Gerhard Forstenpointner
ANSCHRIFT / ADDRESS
Haydngasse 369
A-3040 Neulengbach

EINFAMILIENHAUS, NEULENGBACH

ERICH RAITH GEMEINSAM MIT KARIN RAITH-STRÖMER, KARL SCHLERITZKO

In den tiefen Gärten hinter einer geschlossen errichteten, gründerzeitlichen Straßenbegleitbebauung entstanden in den vierziger Jahren ein paar Einzelhäuser. Als neuerliche Verdichtung wurde nun in einem ehemaligen Obstgarten ein Wohnhaus für eine Familie neu gebaut. Die schubweise Siedlungsentwicklung berücksichtigend, wurde für das in Holzbauweise errichtete Gebäude der Typ eines Gartenpavillons gewählt. Zwischen zwei deutlich geschlossenen Volumen liegt eine ost-westorientierte, lichtdurchflutete Wohnhalle, in die die Treppe wie ein Möbel hineingestellt wurde. Darüber spannt sich, von der Form her ähnlich einem Festzelt, auf je sechs stangendünnen Stützen die blau-weiß gestreifte Untersicht eines nach vorn und hinten ausschwingenden Daches. Die Lage der Fenster in den beiden «Häuschen» verstärkt deren strukturelle Autonomie. Beide weisen sie zur Wohnhalle eine Binnenfassade auf, in der sich aus den Obergeschossen Fenster in die Halle öffnen. Ihre Anordnung erzeugt im Inneren eine fast klassische Raumstimmung mit Ausblicksmöglichkeiten nach allen Seiten. Im einen Fall sind die Fenster an die Ecken gesetzt. Daraus ergibt sich im

Zimmer von der Belichtung her eine Diagonalwirkung, die anders ist als die orthogonale Ordnung im gegenüberliegenden Zimmer. In dem begrenzten Volumen gelang es den Entwerfern, mehrere charakteristische, identitätsstiftende Raumtypen anzubieten, die kompakte Form nach außen aber zu wahren. Die Materialisierung in naturbelassenem Holz lehnt sich teilweise an den Charakter der Nebengebäude historistischer Villen an, die in der Nähe stehen, aber auch in all den gründerzeitlichen Sommerfrischegebieten des Wienerwaldes zu finden sind. Es handelt sich aber nicht um eine mimetische Angleichung, sondern um eine typologisch fundierte Einfügung in die spezifische Siedlungsstruktur in der Zone ehemaliger Obst- und Gemüsegärten.
W.Z.

In the forties a few single-family houses were built in the long gardens which lie behind a continuous row of Gründerzeit buildings that here define the street. A new family house erected in a former orchard represents a further

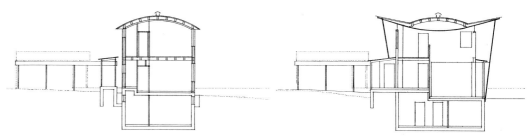

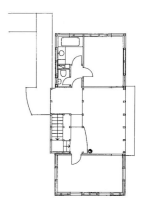

increase in density. The predominant development pattern was accorded recognition by the selection of a garden pavilion type, built in timber frame construction. A living hall facing east and west was inserted between two emphatically closed volumes. The staircase stands in the hall, much like a piece of furniture. The blue and white striped soffite of the roof above, which looks somewhat like a tent, projects both at the front and the rear and is supported on six slender columns. The placing of the windows in the two little houses emphasises their structural autonomy. Both have an internal facade onto the central hall in which the windows on the upper level open into the hall. They produce an almost classical feeling, allowing views outside from all sides. In one place the windows are situated at the corners which creates a diagonal effect very different to the orthogonal order which prevails in the adjoining room. The designers have succeeded in offering, within a restricted volume, a variety of individual spatial types which produce a specific sense of identity while preserving, externally, a compact form. The exposed timber is, in one sense, a reference to the outhouses of the historicist villas standing nearby or to their equivalents which are to be found in almost all the Gründerzeit summer resorts in the Vienna Woods. This is not a imitative building but a typologically substantiated insertion into a specific development structure in an area composed largely of former orchards and gardens. W.Z.

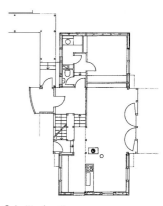

Schnitte/sections,
Grundrisse/plans,
1 : 333

Lageplan/site plan, 1 : 1000

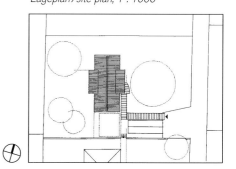

Atelier- und Wohnhaus,
St. Andrä–Wördern
1964–92 (Entwurf)
1992–93
Fotografie: Margherita Spiluttini

MITARBEITER / ASSISTANTS
Maria Flöckner, Peter Weber
STATIK, KONSTRUKTEUR /
STRUCTURAL ENGINEERING
Wolfdietrich Ziesel, Wien
AUSFÜHRENDE FIRMA /
BUILDING CONTRACTOR
Firma Frieberger, St. Andrä–Wördern
Holzbau: Firma Schrey,
Waidhofen an der Ybbs
BAUHERR / CLIENT
Eva und Anton Schweighofer,
St. Andrä–Wördern
ANSCHRIFT / ADDRESS
Webergasse 6
A-3423 St. Andrä–Wördern

LITERATUR / LITERARY REFERENCE
- Waechter-Böhm, Liesbeth; Die
Presse / Spectrum, 30. Oktober 1993.
- Chramosta, Walter; Architektur &
Bauforum 161, 1994.
- Schweighofer, Anton; Zeitschrift der
Zimmerer-Innung, Mai 1994.
- Häuser 6, 21. November 1994.
- Kurier, 27. August 1995.
- Kolb, Bernhard (Hrsg.); «Wintergärten
und Glasanbauten im Detail»,
Augsburg 1995.
- Archin: Magazine for Architecture,
Urbanism, Design, 2/1996 (Skopje,
Mazedonien).
- Die neue Architektur, Zeitgeschichte
für Studierende, 4, 1/2 1997.

ATELIER- UND WOHNHAUS, ST. ANDRÄ–WÖRDERN

ANTON SCHWEIGHOFER

Hinter einer Gruppe der Baumschule entwachsener Koniferen steht das turmartige Gebäude auf dem Grundstück einer Gärtnerei. Als Holzbau negiert es das Fortifikatorische, das Turmbauwerken sonst oft eigen ist. Als Zentralbau betont es die Autonomie, sich den Ort an der Stelle, wo es steht, selber zu schaffen. Zwei innere Tendenzen vereinigen sich deshalb in dem Bauwerk: die geduldige, leistungsbereite, elastische Natur des Holzes sowie der anspruchsvolle, sperrige, oft nutzungsfeindliche Charakter des Zentralbautyps. Der Architekt, der nach vielen Jahren Praxis für sich selber baut, errichtete sich nicht in erster Linie einen Nutzbau. Vielmehr suchte er nach einem Gedankengebäude, in dem vieles, was er in seinem bisherigen Berufsleben ideell angedacht hatte,

aus mancherlei Gründen aber anders ausführen mußte, in dem von fremden Zwängen losgelösten Gebilde nun möglich wird. Die Entwicklung in vertikaler Richtung führt zu einer Teilung in einen zweigeschossigen mantelartigen Unterbau, der ringförmig den insgesamt fünfgeschossigen zentralen Kernbau umfängt. Darüber bedarf es dieses räumlichen Schutzes nicht mehr, und das Bauwerk öffnet sich nach drei Seiten, um die umgebende Landschaft aufzunehmen. Die Art, wie im Erd- und im ersten Obergeschoß raumbildende Halbschalen im Achteck gegeneinandergestellt sind, erinnert an ein durch mehrere Spulen erzeugtes Magnetfeld. Die solchermaßen verdichtete Raumzone in der Mitte kann daher nicht nur geschoßhoch sein. Sie fordert für sich eine größere

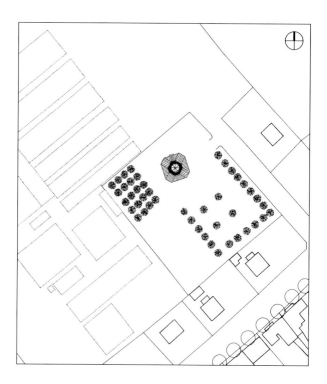

construction in which many of his ideals in his professional life which, for various reasons, were not always realised exactly as planned could become concrete within the context of a creation liberated from external constraints. The vertical development separates the building into a two-storey protective lower structure encircling the five-storey central core. On the upper levels where this protection is no longer necessary the building opens up on three sides to integrate the surrounding landscape. The manner in which, on ground and first floor level, space-shaping half shells are placed opposite each other in the octagon reminds one of a magnetic field created by several coils. Of its very nature the intense spatial zone in the centre cannot be restricted to a single storey, it demands a greater height. This relaxes and calms the central area where the encircling space and rooms create an architectural pressure which is released upwards. Here in the empty core, in a space without a specific function and in the void above, which is inaccessible but architecturally effective, the centralised type achieves a multi-faceted, idealised lack of specific direction and remains untroubled by the profane dictates of function.

W.Z.

Höhe. Aber dies entspannt und beruhigt den Zentralbereich, wo durch die Umschnürung mit Raum und Räumen ein architektonischer Druck entsteht, der nach oben Entlastung erzwingt. Hier, im leer gehaltenen Kern, im unspezifisch zu nutzenden Raum sowie im darüber befindlichen, nicht betretbaren, aber architektonisch wirksamen Luftraum erreicht der Zentralbautyp seine allseitige, idealtypische Ungerichtetheit, die von profanen Nutzungsbedürfnissen nicht irritiert wird.

W.Z.

Behind a group of conifers which has outgrown the nursery garden a tower-like building stands on a site once part of a market garden. It is a timber building without the feel of a fortification which is indeed often a characteristic of tower buildings. It is a centralised building which emphasises autonomy and its right to create itself the place where it stands. In this sense the building combines two innate tendencies: the patient, result-oriented, flexible nature of wood and also the demanding, difficult and often anti-functional nature of the centralised building. The architect (who here built for himself following many years of architectural practice) did not erect a primarily functional building. Instead he searched for an intellectual

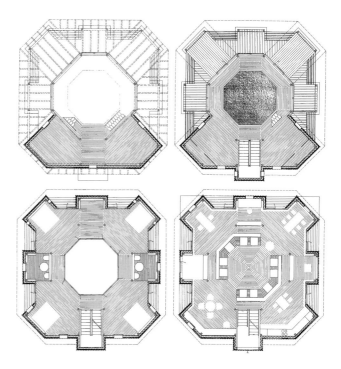

Lageplan/site plan, 1 : 2000

Grundrisse/plans, 1 : 333

Haus G., Anbau Gartentrakt,
Klosterneuburg–Weidling
1990–93
Fotografie: Rupert Steiner

MITARBEITER / ASSISTANT
Erwin Steiner
STATIK, KONSTRUKTEUR /
STRUCTURAL ENGINEERING
Helmuth Locher, Wien
AUSFÜHRENDE FIRMA /
BUILDING CONTRACTOR
Zimmerei: Franz Schneeflock, Kleinzell
Baufirma: Wagner Bau, Wien
ANSCHRIFT / ADDRESS
A-3400 Klosterneuburg–Weidling

LITERATUR / LITERARY REFERENCE
- «Wohnen im Wintergarten – Aktuelle
Entwürfe für ein stilvolles Ambiente»,
München, 1995.

HAUS G., ANBAU GARTENTRAKT, KLOSTERNEUBURG–WEIDLING

WALTER STELZHAMMER

Die kleine Villa der Jahrhundertwendezeit, mit alpenländischem, sonnengeschwärztem Schindelschirm und romantisch-spitzbehelmtem Turm, liegt an der sanft nach Nordosten abfallenden Flanke eines Seitentälchens des locker besiedelten und stark bewaldeten Wienerwaldtals südlich von Klosterneuburg. Der Zubau besteht aus einem vom Altbestand abgesetzten Pavillon mit flachem Dachschirm. Über einen niedrigeren Verbindungstrakt schließt er lateral an den Bestand an, dabei wird das ansteigende Terrain durch verschiedene Ebenen geschickt interpretiert und genützt. Unten, auf dem Eingangsniveau befinden sich zwei Kinderzimmer mit Blick nach Osten. Davor zieht sich – um sechs Stufen höher – eine zum Gartenhof hin verglaste Ganghalle, in der mit drittelgeschossigen Schritten kurze Treppenläufe die verschiedenen Nutzungsebenen erschließen. Ein weiterer Schritt führt hinauf zur Gartenterrasse, wo sich der Pavillon über quadratischem Grundriß erhebt. Er enthält einen Diwanraum und einen Alkoven mit dem Schlafplatz der Eltern, zu dem man über einen dritten Treppenzug gelangt. Der Pavillon selbst ist rundum verglast, die nahen Bäume schirmen Sonne und neugierige Blicke ab. Die schlanken Profile und das viele Glas stellten an den

Tragwerksplaner hohe Anforderungen. Obwohl der neu hinzugebaute Teil aufgrund der Skelettbauweise in zartester Holzkonstruktion und des flach geneigten Blechdaches gut vom Altbestand unterschieden werden kann, besteht eine starke räumlich-strukturelle Verwandtschaft zwischen den beiden Komponenten der Gesamtanlage. Was vor hundert Jahren als romantisch-differenziertes Bauwerk mit Kernhaus, Turm und Quergiebel begann, wird in eher lagerhafter Schichtung auf das ansteigende Terrain bezogen weitergeführt. Ein schroffer Gegensatz wird vermieden, zugleich gewinnt der Pavillon Autonomie, ähnlich dem vertikalen Element des Turms an der alten Villa. Die äußerst sorgfältige kontextuelle Arbeit kann auf jede Anbiederung verzichten, weil die harmonische Verwandtschaft der beiden Teile in der Struktur gründet. Stilmerkmale erreichen nur sekundäre Bedeutung.
W.Z.

A small villa dating from the turn of the century with an alpine shingle roof darkened by the rays of the sun and a romantic tower crowned by a point lies on the gentle, north-east facing slope of a small side valley which is

densely wooded but sparsely inhabited, to the south of Klosterneuburg. The extension consists of a pavilion with a flat protective roof, placed apart from the old building. A low connecting element links it to the existing building, the rising terrain is cleverly interpreted and exploited by the use of different levels. Below, at entrance level are two, east-facing children's bedrooms, six steps higher a glazed corridor hall faces onto a garden court in which short flights of stairs, each ascending a third of a storey provide access to the various levels. A further change in level leads to a garden terrace where the pavilion stands based on a square floor plan. It contains a divan room and an alcove with the parents' sleeping area which you reach

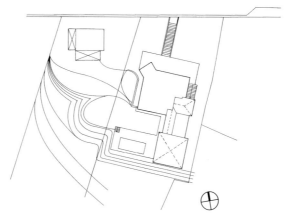

via a third flight of stairs. The pavilion itself is glazed on all sides, the trees close by screen it from the sun and from inquisitive glances. The slender profiles and the large amount of glass used placed considerable demands on the structural designer. Although the new element can be clearly distinguished from the old building by its delicate timber framed construction and gently inclined metal roof there is a strong spatial and structural relationship between the two components of the complex. A building which was begun a hundred years ago as a romantic structure with a core, a tower and a transverse gable is continued as a series of layers in the rising terrain. Brusque contrasts are avoided and the pavilion acquires an autonomy similar to the vertical tower of the old villa. The extremely careful contextual work can thus dispense with any form of ingratiating imitation because the harmonious relationship of the two parts is based on the structure of the design. Stylistic elements achieve only secondary importance.
W.Z.

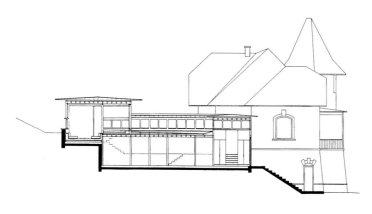

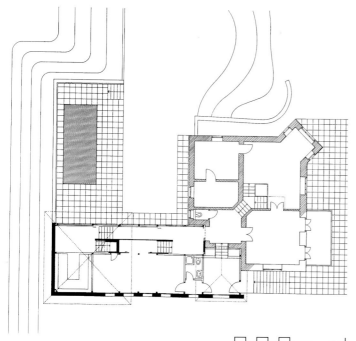

Lageplan / site plan, 1 : 1000

*Schnitt / section,
Grundriß / plan,
1 : 333*

Einfamilienhaus mit dreigeschossigem
Wintergarten, Altenburg bei Horn
1991–93
Fotografie: Margherita Spiluttini

STATIK, KONSTRUKTEUR /
STRUCTURAL ENGINEERING
Richard Fritze, Wien
AUSFÜHRENDE FIRMA /
BUILDING CONTRACTOR
Blüml Bau GesmbH, Statzendorf
BAUHERR / CLIENT
Ulrich und Angela Kroitzsch
ANSCHRIFT / ADDRESS
Burgerwiesen 43
A-3591 Altenburg

LITERATUR / LITERARY REFERENCE
- NÖ gestalten 56, März 1995.

EINFAMILIENHAUS MIT DREIGESCHOSSIGEM WINTERGARTEN, ALTENBURG BEI HORN

MARTIN TREBERSPURG

Das neuerrichtete Wohnhaus besteht aus einem winkelförmigen Massivteil, der nach Norden, zu den kalten Winden und zur Straße hin, seine geschlossene, kantige Seite zeigt, der sich dagegen nach Süden raumbildend öffnet. Eine turmartige Wintergartenkonstruktion aus Holz und Glas steht exakt südorientiert vor dem Winkelbau, so daß dazwischen ausreichend Raum für eine luftige Wohnhalle aufgespannt wird. Pultdächer über den beiden massiven Flügeln lassen das Haus zur Straße eingeschossig erscheinen, während zu dem drei Stockwerke hohen Wintergartenturm zwei Geschosse vermitteln und über der Wohnhalle eine Sonnen- und Aussichtsterrasse vom Windschatten der steilen Giebel profitiert. Der Wintergarten ist zweigeteilt: der dreigeschossige Turm unter einem flach auskragenden Dach, der die Sonne von morgens bis frühnachmittags einfängt, dient als Erweiterung des Wohnraums. Sein quadratischer Grundriß erlaubt, einen Tisch mit Sesseln aufzustellen oder bietet genügend Platz für spielende Kinder.

Nach Westen schließt unter schrägem Glasdach ein bloß zweigeschossiger Teil an, der zur Aufzucht von Pflanzen dient. Die ausgedehnten Glasflächen wurden mit Dreischeiben-Wärmeschutzglas versehen, das einen günstigen Wärmedurchgangswiderstand aufweist. Weiß verputzte Wände und viel naturbelassenes Holz schaffen eine gemütliche Wohnatmosphäre, die von den Bewohnern mit zahlreichen Grünpflanzen noch intensiviert wurde. Dem Entwurf für das großzügige Wohnhaus gelang es einerseits, ortsbildgestalterische Forderungen zufriedenzustellen und andererseits die Erkenntnisse des Architekten über zeitgenössische Solarhäuser mit einer auch räumlich interessanten Konzeption zu verbinden. Dies drückt sich in den unterschiedlichen Ansichten von der Straße und vom Garten aus. Dies ergibt jedoch keinen Widerspruch. Vielmehr wird die Spannung der beiden Hausgesichter in der dazwischenliegenden Wohnhalle aufgehoben.
W.Z.

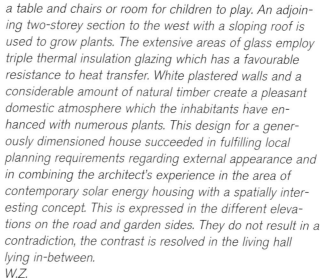

a table and chairs or room for children to play. An adjoining two-storey section to the west with a sloping roof is used to grow plants. The extensive areas of glass employ triple thermal insulation glazing which has a favourable resistance to heat transfer. White plastered walls and a considerable amount of natural timber create a pleasant domestic atmosphere which the inhabitants have enhanced with numerous plants. This design for a generously dimensioned house succeeded in fulfilling local planning requirements regarding external appearance and in combining the architect's experience in the area of contemporary solar energy housing with a spatially interesting concept. This is expressed in the different elevations on the road and garden sides. They do not result in a contradiction, the contrast is resolved in the living hall lying in-between.
W.Z.

This newly built house consists of a right-angled, massively built section which turns a closed side to the north, towards the road and the cold winds, but opens towards the south. A tower-like, south-facing winter garden made of timber and glass stands in front of the angular building leaving sufficient space in-between for an airy living hall. Mono-pitched roofs to the two massive wings give the house a closed appearance on the road side, whereas on the other side the two levels mediate to the three-storey high winter garden tower. A sun and viewing terrace above the living hall is sheltered from the wind by the steep gables of the mono-pitched roofs. The winter garden is separated into two parts: the three-storey tower under a flat projecting roof captures the sun from the morning until early afternoon and serves as an extension to the living space. The square floor plan allows space for

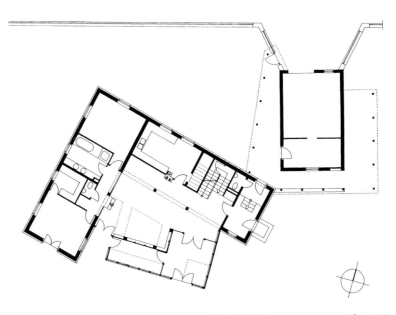

Grundriß/plan, 1 : 333

Kleingartenhaus, Königstetten
1990–93
Fotografie: Margherita Spiluttini

MITARBEITER / ASSISTANT
Martin Kunath (Entwurf und
Projektleitung)
STATIK, KONSTRUKTEUR /
STRUCTURAL ENGINEERING
Helmuth Locher, Wien
LANDSCHAFTSPLANUNG / LANDSCAPING
Jakob Fina
BAUHERR / CLIENT
Christel und Helmut Bartu
ANSCHRIFT / ADDRESS
Aspangweg 49
A-3433 Königstetten

LITERATUR / LITERARY REFERENCE
- Architektur aktuell 5/93.
- Die Presse, Schaufenster, 12. Juni
1993.
- Spiluttini, Margherita; Neue Häuser,
Architektur Zentrum Wien, Wien 1993.

KLEINGARTENHAUS, KÖNIGSTETTEN

NORBERT ERLACH

Die Vorgabe für dieses Sommerhaus war ein schmales, langgezogenes Grundstück in den Weinbergen mit entsprechendem Gefälle. Das zweigeschossige Haus öffnet sich nach Süden hin unter einem Pultdach. Die Erschließung mußte von oben erfolgen, so plazierte der Architekt das Holzhaus an der Geländekante. Die schräggestellte, massive Mauer im Norden folgt der Grundstücksgrenze und schützt vor den oft heftigen Winden im Tullnerfeld. Zwischen dieser Wand und der Rückseite des Gebäudes entsteht ein zweigeschossiger Luftraum, der an das Haus über eine auf Holzbalken verlegte transparente Überdachung angebunden ist. Dort befindet sich ein Innenbalkon mit Zugang zum Wohn-, Eß- und Kochbereich; Schlafraum, Garderobe und Keller sind im Untergeschoß. Die teilweise geschoßhohen Fenster und die Übereckverglasung gewährleisten helle Räume und sind gleichzeitig gestalterischer, farbiger Raster für die holzverkleidete Fassade. Unspektakulär fügt sich dieses Haus in seiner Gestaltung und der Wahl der Materialien in die Landschaft und strahlt in seiner Schlichtheit eine intime Atmosphäre aus.
B.E.

The starting point for this summer house was a long, narrow site in the hilly vineyards with a considerable slope. The two-storey house under a mono-pitched roof opens towards the south. Access had to be from above and so the architect placed the timber building along the edge of the site. The massive diagonal wall at the north follows the site boundary providing protection from the turbulent winds which often blow in the Tullnerfeld area. A two-storey void placed between this wall and the rear of the building is linked to the house by a transparent roof carried on timber beams. An internal balcony with access to the living, dining and cooking areas is placed here. The bedroom, the cloakroom and cellar are on the lower level. The windows (some of which are storey-height), and the glazed roof ensure bright interior spaces and also form a colourful design grid for the timber-clad facade. This house fits into the landscape in an unspectacular manner as a result of the design and the choice of materials, its simplicity allowing it to exude an intimate atmosphere.
B.E.

EINFAMILIENHAUS MIT ARZTORDINATION, BAD VÖSLAU

LUKAS MATTHIAS LANG

Einfamilienhaus mit Arztordination,
Bad Vöslau
1991–93
Fotografie: Rupert Steiner

HOLZKONSTRUKTION
Firma Kaufmann
AUSFÜHRENDE FIRMA /
BUILDING CONTRACTOR
Firma Kaufmann Holzbauwerk
GesmbH, Reuthe/Bregenzerwald
BAUHERR / CLIENT
Karl Scherz
ANSCHRIFT / ADDRESS
Johann-Strauß-Straße 9a
A-2540 Bad Vöslau

Das Haus liegt im Binnenbereich eines weiträumigen Einfamilienhausquartiers an einem nach Süden geneigten Hang. Es verbindet traditionelle und neueste ökologische Erkenntnisse mit neuzeitlichen Prinzipien der Architektur. Ein konstruktives Skelettsystem aus durchlaufenden Rundholzstützen mit eingesetzten Unterzügen wird mit nichttragenden Blockwänden kombiniert. Die notwendigen Dimensionen ergeben eine starke Präsenz des Materials Holz, das daher die Raumatmosphäre bestimmt. Während die Nordost- und Nordwestseite eher geschlossen und orthogonal geordnet sind, wenden und öffnen sich die Wohnräume an der Südseite zur Sonne. Breite Fensterwände lassen sich beiseite schieben, so daß sie fast vollständig geöffnet werden können. Flache, grasbewachsene Dächer mit schützendem Überstand bieten Sommerschatten. An einer leichten Geländestufe stehend, ist das Haus südseitig plastisch zurückgestaffelt. Die weniger gebundenen Elemente, wie die herausstehende Wohnhalle, der kleine Salon, den ein Geschoß darüber eine offene Terrasse mit freistehender Pergola krönt, sowie ein Altan, der das Gebäude überragt, bilden eine lockere Entwicklung bauplastischer Volumen von nahezu gehöftartigem Charakter.
W.Z.

on a slight slope, is plastically staggered. The less fixed elements such as the projecting living hall, the small salon roofed by an open terrace with a free-standing pergola, and a balcony which projects above the building, combine to form a relaxed development of sculptural volumes which has something of the character of a farmhouse.
W.Z.

This house lies on a south-facing slope within an extensive area of single-family housing. It combines tradition and more recent ecological awareness with contemporary architectural principles. A skeletal structural system composed of a series of round timber posts with incorporated beams is combined with non load-bearing blockwork. The requisite structural dimensions mean that timber as a material is strongly evident and this consequently determines the atmosphere. Whereas the north-west and north-east sides are more closed and rectilinear, the living spaces on the south side open towards the sun. Broad glass walls can be slid aside and thus opened almost completely. Projecting flat roofs planted with grass provide shade in summer. The south elevation of this house, which stands

Grundriß/plan, 1 : 333

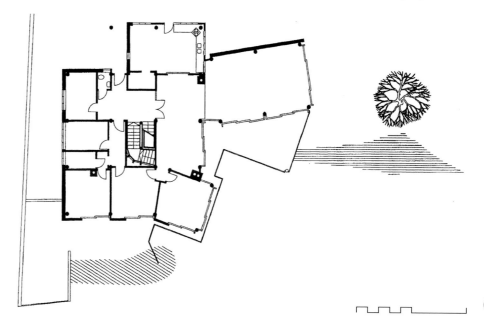

Einfamilienhaus, Zwentendorf
1992–94
Fotografie: Margherita Spiluttini

STATIK, KONSTRUKTEUR /
STRUCTURAL ENGINEERING
Heinz Geza Ambrozy
AUSFÜHRENDE FIRMA /
BUILDING CONTRACTOR
Holzkonstruktion: Zimmerei Othmar
Kaufmann, Kirchberg am Walde
Innenausbau: Tischlerei Alexander
Ambrozy, Zwentendorf
BAUHERR / CLIENT
Michaela und Manfred Rockenschaub
ANSCHRIFT / ADDRESS
Langobardengasse 249
A-3435 Zwentendorf

LITERATUR / LITERARY REFERENCE
- NÖ gestalten, Dezember 1996.
- Holzkurier, 52. Jahrgang, 16. Jänner
1997.
- NÖN, Ausgabe Bezirk Tulln 17/23,
April 1997.

EINFAMILIENHAUS, ZWENTENDORF

HEINZ GEZA AMBROZY

Die Erschließung des Grundstückes am Rande eines Neubaugebietes erfolgt durch die Nord-Süd verlaufende Anrainerstraße. Das als Niedrigenergiehaus konzipierte zweigeschossige Gebäude ist in die Nord-Ostecke des Grundstückes plaziert, um die Süd- und Westseite des Gartens optimal nutzen zu können. Maßgeblich für die Gestaltung war die Berücksichtigung passiver Solarenergie. An der Nordseite befinden sich der Stellplatz, die Garage und der Eingang durch einen Windfang. Im Norden, Osten und Westen umfassen massive Speicherwände den umbauten Raum. In das von der Mauer geformte "U" ist eine leichte Holzkonstruktion hineingestellt, die sich unter einem extensiv begrünten Pultdach, mit allen Aufenthaltsräumen, nach Süden hin öffnet. Geschoßhohe Fenster und der davorgestellte Wintergarten, der als Pufferraum und im Winter als Wärmefalle fungiert, betonen das Öffnen und In-die-Höhe-Streben der Südfassade. Die schattenspendende Pergola im Erdgeschoß und der durchgehende Oberlichtstreifen, durch welchen die Wintersonne auf die dahinterliegende Speicherwand fällt, werden dieser Dynamik als horizontale Elemente entgegengesetzt. Der hintere Teil des Hauses, wo sich die Nebenräume und die Stiege befinden, wird durch ein großes, öffenbares Dachoberlicht erhellt.
B.E.

Access to this site, which lies on the edge of an area of new buildings, is via a residential road running north-south. This two-storey building, planned as a low energy house, is placed at the north-east corner of the site in order to allow optimum use of the south and west sides of the garden. The exploitation of passive solar energy was of primary importance in this design. A parking place, garage and entrance via a draught lobby are located on the north side. Massively constructed energy storage walls enclose the interior on the north, east and west sides. A light timber construction was placed within the "U" thus formed. Along with the living space it opens towards the south under a broad, planted mono-pitched roof. Full height glazing and a winter garden in front, which acts as a buffer zone and retains warmth, in winter, emphasise the openness and vertical movement of the south facade. The pergola on the ground floor and the continuous, high-level glazing through which the rays of the winter sun can enter and reach the energy storage wall behind, form a horizontal element that balances this vertical dynamic. The rear area of the house, where the service spaces and the staircase are located, receives daylight through a large roof light which can be opened.
B.E.

Einfamilienhaus, Maria Enzersdorf

Szyszkowitz + Kowalski

Die Gesamtanlage des Hauses wird von gestaffelten Dachschalen geprägt, deren Höhe vom Eingang her gesehen zum Garten hin zunimmt. Der Grundriß der auf langgezogener Parzelle plazierten Gebäudegruppe besteht aus seitlich versetzten, schräggestellten Abschnitten. Die ineinandergeschachtelten Volumen werden von einem Weg durchzogen, der seitlich am Carport vorbei und tangential durch einen Gartenhof ins Wohnhaus führt, mit jeder Staffelung etwas weiter zur Mitte wechselt, über eine seitlich ausschwingende Treppe die Wohnhalle streift und ins Obergeschoß zu den Schlafräumen führt, die am Gebäudekopf liegen; vom vorgelagerten Balkon leitet ein Stiegenlauf wieder zum Garten hinunter. Die Räume gehen oft fließend ineinander über, die Lage der Dachschalen deckt sich bewußt nicht unbedingt mit der Zimmerteilung, so daß ein fragiles Raumgebilde entsteht, zusammengehalten von einer feldartigen Spannung und der bergenden Wirkung der flachen Schalen und Mauerscheiben. An den Ecken und beim Versatz der gestaffelten Hausteile bleiben Lichtschlitze offen. Diese Art dynamischer Raumbildung in labiler Ausgewogenheit ist bei Häusern in Niederösterreich kaum vertreten; das interessante Bauwerk bildet daher eine Bereicherung der regionalen Architekturlandschaft.
W.Z.

Einfamilienhaus, Maria Enzersdorf
1991–93
Fotografie: Margherita Spiluttini

MITARBEITER / ASSISTANTS
Brigitte Rathmanner, Michael Lyssy
STATIK, KONSTRUKTEUR /
STRUCTURAL ENGINEERING
Johann Birner, Graz
AUSFÜHRENDE FIRMA /
BUILDING CONTRACTOR
Baufirma Joiser
BAUHERR / CLIENT
Gabriela und Wolfgang Habermayer
ANSCHRIFT / ADDRESS
Ferdinand Raimund-Gasse 14
A-2344 Maria Enzersdorf

LITERATUR / LITERARY REFERENCE
- Gleininger, Andrea; Monographie Szyszkowitz + Kowalski, 1994.
- GA-Houses Nr. 41, Project 1994.

The house is dominated by staggered roof fragments which step down in height from the entrance to the garden. The plan of this group of structures which is located on a long site consists of diagonally placed segments, staggered sideways. The interlocking volumes are penetrated by a path which leads past the carport and, tangentially, through a garden courtyard into the house. At each stagger it moves closer to the centre and touches the living hall via a staircase swinging out sideways, and leads to the bedrooms on the upper floor. These are placed at the end of the building, from a balcony in front of them another staircase brings you down to the garden. The spaces flow into each other, the position of the roof fragments deliberately does not always correspond with the subdivision of the spaces beneath resulting in a fragile system of spaces held together by a field of tension and by the protective effect of the flat shells and wall slabs. At the corners and at the junctions of the staggered elements light slits have been left open. A dynamic spatial creation of this kind, held in a fragile balance, is rarely found in buildings in Lower Austria. This interesting building is therefore an enrichment of the regional architectural landscape.
W.Z.

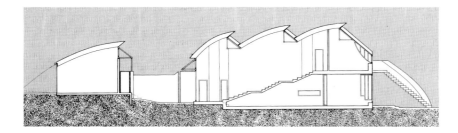

Schnitt/section, 1 : 333

Doppelwohnhaus, Krems
1992–94
Fotografie: Margherita Spiluttini

STATIK, KONSTRUKTEUR /
STRUCTURAL ENGINEERING
Helmuth Locher, Wien
ANSCHRIFT / ADDRESS
Dr. Josef Mellergasse 11
A-3500 Krems

LITERATUR / LITERARY REFERENCE
- Krems – Stadt im Aufbruch, 1993.
- Architekur & Bauforum 175, 1995.
- Zschokke, Walter; Die Presse /
Spectrum, 13. April 1996.
- NÖ gestalten 64, Juni 1996.

DOPPELWOHNHAUS, KREMS

ERNST LINSBERGER

Das Doppelwohnhaus liegt an einem südorientierten Hang über der Stadt Krems, wo in den vergangenen Jahren zahlreiche Einfamilienhäuser zwischen die teilweise noch genutzten Weinberge hineingebaut wurden. Die zwei sehr verschiedenen Häuser liegen gestaffelt übereinander und interpretieren je ihre Lage zu Zufahrt und Topographie. Das Grundstück ist von oben erschlossen: Zur Straße hin gewendet, steht unter einem steilen Satteldach das obere, alltäglich wirkende Haus, dessen Fassade mit sorgfältig proportionierten Öffnungen allerdings aufmerken läßt. Ostseitig ist ein kurzer Seitenflügel vorgezogen, an den südseitig das knappe Obergeschoß des zweiten, unteren Hauses anschließt. Diese beiden Hausteile bilden einen einheitlichen Baukörper, der zusammen mit dem oberen Haus einen diesem zugeordneten Gartenhof umschließt. Der Hauptwohntrakt des unteren Hauses zieht sich quer über die ganze Grundstücksbreite und ist südseitig durchgehend verglast. Während das Entrée und das Elternzimmer mit der Aussicht auf das Donautal noch im oberen Baukörper liegen, reihen sich unten Kinderzimmer, Wohnraum, Eßplatz und Küche an einen großzügigen, rückseitig anschließenden glasüberdeckten Gang. Die einfache, an der vorderen Breitseite offene Schachtel ist hinten in einen Feldrain eingetieft, so daß sie nur mit der Vorderfront in Erscheinung tritt. Das flache Dach ist mit Magerflora bewachsen; getragen wird es von einer dichten Schar schichtverleimter Holzbalken, die im Wohnraum sowohl Kontinuität als auch Rhythmus einbringen.
Alle «Stilelemente», die das Haus der «neuen Einfachheit» zuordnen lassen – längsquadrische Schachtel oder Kiste, emotionslos-coole Reihung, raumhohe Fassadenöffnungen im gleichwertigen Schachbrettversatz von offen und geschlossen, durchgehender Raum mit wenigen Schiebewänden –, liegen vor. Aber das Haus hat ein spezifisches Verhältnis zu seiner unmittelbaren Umgebung: Es ist mit seinem ganzen Wesen auf den davorliegenden Obstgarten bezogen, in dem alte Marillenbäume ihre Äste und Zweige zu einem luftigen Dach flechten, im Sommer schattenspendend belaubt und im Winter für Sonnenlicht durchlässig. Die Reduktion auf die primäre räumliche Aussage: «nach vorne offen», erzeugt eine polare Span-

nung von Haus zu Marillengarten. Dazwischen ist eine hölzerne Plattform gelegt, die den Übergang von innen nach außen moderiert. Die Glaswand und die über der Wiese schwebende Kante der Plattform wirken als Filter.
W.Z.

This pair of houses lies on a south-facing slope above the town of Krems where, in recent years, numerous single-family houses have been erected between the hills still partly covered with vineyards. These two very different

houses are staggered, one above the other, each inter-
preting its own position towards the access and topography.
Access to the site is from above. The upper house, which
at first appears quite ordinary, faces the road under a
steeply pitched roof. The carefully proportioned openings
in the facade are what attract your attention. A short wing
projects on the east side, the tightly planned upper level
of the second, lower house is attached to the southern
end of this wing. These two elements combine to form a
single unit which, with the upper house, defines a garden
courtyard allotted to the upper building. The main living
accommodation of the lower house stretches at right
angles across the width of the site and its southern front
is completely glazed. Whereas the entrance area and the
parents' bedroom, which have a view of the Danube
valley, are located on the upper level, the children's room,
living room, dining area and kitchen are arranged below
along a generous, glass-roofed corridor at the rear. This
simple box which is open to the front is, at the back,
embedded in a field drain so that only the front elevation
is visible. The sparsely planted flat roof is carried by a
series of laminated timber beams which establish con-
tinuity and rhythm in the living area. All those stylistic
elements which suggest that the house belongs to the
category of so-called new simplicity – the long, rectangular box, the emotionless, cool use of additive elements,
full-height facade openings in a neutral checkerboard
pattern of opening and fixed sections, continuous space
with a few sliding walls – are evident here. But the building does have a specific relationship to its immediate
surroundings. It is entirely focused on the orchard in front
of it in which old apricot trees weave an airy canopy with
their branches and twigs. In summer their foliage provides
shade, in winter they allow sunshine to penetrate. The
reduction to a primary spatial statement "open at the
front" creates a tension between the house and orchard.
A timber platform placed in-between moderates the
transition from inside to outside. The glass wall and the
edge of the platform hovering over the meadow function
as a filter.
W.Z.

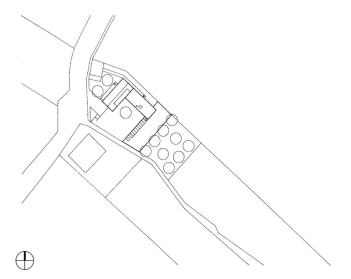

Lageplan/site plan, 1 : 1000

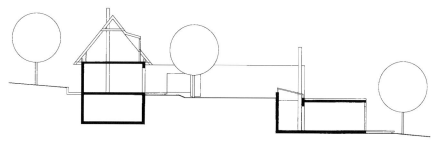

Schnitt/section,
Untergeschoß/basement,
1 : 333

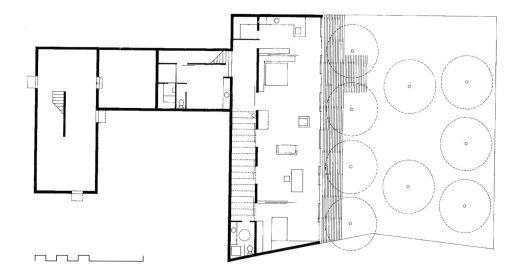

Haus am Hang, Hintersdorf
1993–94
Fotografie: Margherita Spiluttini

STATIK, KONSTRUKTEUR /
STRUCTURAL ENGINEERING
Oskar Graf, Wien
AUSFÜHRENDE FIRMA /
BUILDING CONTRACTOR
Baumeister Frieberger,
St. Andrä–Wördern
ANSCHRIFT / ADDRESS
Hauptstraße 143
A-3413 Hintersdorf

LITERATUR / LITERARY REFERENCE
- Dungl, Leopold; Kurier, 9. Juli 1994.
- Chramosta, Walter; Architektur &
Bauforum 167, 1994.
- Leeb, Franziska; Zement und Beton
4, 1994.
- Zschokke, Walter; Die Presse /
Spectrum, 21. Jänner 1995.
- Heizung Lüftung Klimatechnik 3,
1995.
- 4. Architekturpreis der österreichi-
schen Zementindustrie 1995; in:
Zement und Beton 2, 1995.
- Reiners, Holger; Individuelle
Einfamilienhäuser, München 1996.

HAUS AM HANG, HINTERSDORF
ALEXANDER RUNSER, CHRISTA PRANTL

An dem nach Norden leicht abfallenden Hang standen auf langen Rechteckparzellen bereits mehrere Einfamilienhäuser. Nach einem Gartenhaus, das als Pionierbau diente, ließ die Bauherrschaft ein schlankes, auf die Parzellenform Bezug nehmendes Einfamilienhaus errichten. Unter einem flach geneigten Satteldach, das als Großform auf vier je zu zweit stirnseitig postierten Stützen das Haus beschirmt, entwickelt sich raumbildend auf rechteckigem Grundriß eine Mauerschale. Zwischen Mauerkrone und Dach bleibt ein Abstand. Dazwischen zieht sich ein durchgehendes Fensterband, so daß die Grundstruktur deutlich ablesbar bleibt, zugleich aber aus dem Obergeschoß die Aussicht kontinuierlich genossen werden kann. Zur Topographie tritt das Bauwerk sehr subtil mit einer floßartigen Platte in Beziehung, wie eine Familienarche, die vom Absinken des Wassers überrascht wurde. Damit bleiben Wiese und Hang nahezu unversehrt, hingegen wird die Autonomie des Artefakts betont. Das Innere des Hauses wird von zwei Nebenraumkernen in drei Hauptraumzonen geteilt; eine klare Gliederung, die vom Keller bis zum Obergeschoß durchgehalten wird. Die Mittelzone nimmt jeweils ein dielenartiger Raum ein, in dem sich seitlich die einläufige Stiege befindet. Im westlichen Kopfteil liegt im Erdgeschoß der Wohnraum

mit Küchenzeile, darüber das Elternzimmer. Der östliche Kopf enthält auf jedem Geschoß zwei geräumige Zimmer. An der Südseite des Wohnraums durchdringt ein verglaster, wie ein Möbel gebauter Kasten die Mauerschale und öffnet sich zur Mittagssonne. Das schmale Dächlein wird nach hinten gezogen und beschirmt zugleich die Eingangstüre zur Erdgeschoßdiele. Diese Maßnahme ist als bewußter Kontrast zu der strengen, nach einem Meternetz geregelten Struktur des Hauses gesetzt. Der großzügige Zuschnitt der Räume läßt aber für die Benutzer die klare Ordnung nicht dominant werden; als Zeuge des obsessiven Architekturwollens der Architekten bleibt sie im Hintergrund.
W.Z.

Several single-family houses already stood on long rectangular sites along a slope gently inclined towards the north. After erecting a garden house which served as a pioneer, the client decided to build a family house whose slender form directly relates to the shape of the site. A gently sloping pitched roof carried on four posts, two at either end, is the dominant form and serves to protect the house. Under this protective element a masonry layer was

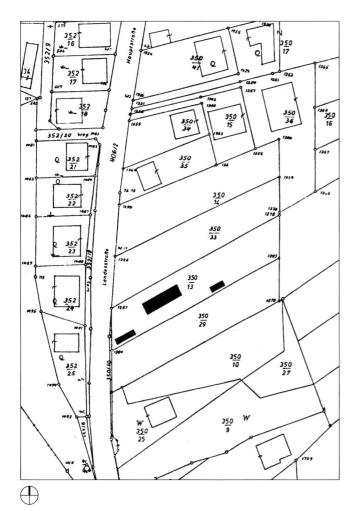

tains two spacious rooms on both levels. On the southern side of the living space a glazed box, made like a piece of furniture, breaks through the masonry layer and opens up to the midday sun. The small roof of this box is continued to protect the entrance to the ground floor hall. This measure forms a deliberate contrast to the strict structure of the house which is based on a one metre grid. The generous dimensions of the spaces mean that, for the user, the clear order does not become predominant. This witness of the designers' obsessive interest in creating architecture remains discreetly in the background.
W.Z.

Lageplan / site plan, 1 : 2000

Schnitte / sections,
Grundrisse / plans,
1 : 333

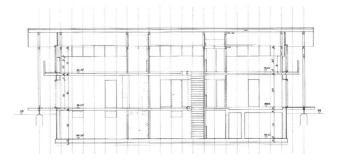

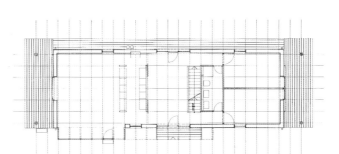

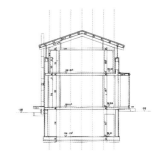

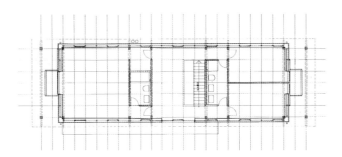

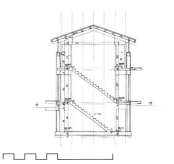

developed on a rectilinear plan. A distance was maintained between the top of this masonry layer and the roof. Between there runs a continuous band of glazing so that the basic structure remains clearly visible and, on the upper level, the view can be enjoyed from any point. The building, which is placed on a raft-like slab, enters into a subtle relationship with the topography. It is like a family ark that was taken unawares by the sinking of the flood waters. As a consequence the slope and the meadow remained almost untouched and the autonomy of the artefact is preserved. The interior is separated by two service cores into three principal spaces and this clear articulation is repeated on all three levels. The centre zone is always occupied by a hall-like space, a single flight staircase is placed to one side. The living room with rows of kitchen fittings is positioned on the western end of the ground floor, the parents' bedroom is above. The eastern end con-

Einfamilienhaus, Klosterneuburg–
Weidling
1990–93
Fotografie: Margherita Spiluttini

WICHTIGE MITARBEITER / ASSISTANTS
Hermann Schnöll, Alfred Steiner
STATIK, KONSTRUKTEUR /
STRUCTURAL ENGINEERING
Wilfried Braumüller
AUSFÜHRENDE FIRMA /
BUILDING CONTRACTOR
Baufirma und Zimmermann: Firma
Mittelbach, Klosterneuburg
BAUHERR / CLIENT
Silvia Gottlieb
ANSCHRIFT / ADDRESS
Stöllngasse 12
A-3400 Klosterneuburg–Weidling

LITERATUR / LITERARY REFERENCE
- Zschokke, Walter; Die Presse /
Spectrum, 10. April 1993.
- Kapfinger, Otto; Architektur &
Bauforum 160, 1993.
- Ullmann, Franziska; BauArt 4, Raum
denken, Wien 1996.
- Simma, Brigitte; Zement und Beton,
Heft 2, 1995.
- Ullmann, Franziska; Zeitzeichen
Niederösterreich – 1000 Jahre Öster-
reich, Sonderheft der Zeitschrift
Architektur in Zusammenarbeit mit der
NÖ-Landesregierung, November
1996.

EINFAMILIENHAUS, KLOSTERNEUBURG–WEIDLING

FRANZISKA ULLMANN

Das an einem Südhang im stillen Rottal gelegene Grundstück zieht sich längsrechteckig den Hang hinauf. Die
Architektin plazierte das Gebäude zuoberst an der rückwärtigen Baulinie, wo der locker angeflogene Wald
beginnt. Der quergestellte Wohntrakt in warmem Zimtrot
lagert auf einem gedrungenen Sockelbaukörper und
einem schlanken Pfeilerpaar aus Beton. Die ungleichen
Stützelemente stemmen die Hülle für den kostbaren
Inhalt «Rückzugsraum» sorgsam hoch und zeichnen ihn
damit aus. Breit auskragend wirkt das flache Dach ebenso schirmend wie ein klassisches Satteldach. Ein einziges großes Langfenster zieht sich über die Hauptfassade. Etwas kleiner, aber mit gleicher Proportion ist eine
zweite Öffnung in den grau-rot gestreiften Sockelkörper
geschnitten. So entsteht für das Auge des Betrachters
eine harmonische Beziehung zwischen den beiden
Baukörpern, bevor dies bewußt wahrgenommen wird.
Die lapidare Aussage «pro Wand ein Fenster» gibt der
Fassade Gewicht und Bedeutung, obwohl das Gebäude
selbst nicht besonders groß ist. Ein Baukörper hüllt

jeweils einen Raum – mit diesem elementaren Muster
ist das Innere des Hauses organisiert. Alle Nebenräume
befinden sich im hinteren Teil des Sockelgeschosses.
Nachdem man die Außentreppe hochgestiegen ist, empfängt einen der gedeckte Sitzplatz, von dem aus die
Eingangstür in die Wohnküche führt. Die Bewegungslinie
dreht sich in der Folge um 180 Grad und erreicht über
einen Stiegenlauf im Rücken des Wohnraums das
Obergeschoß, das den Charakter eines Salons hat. Es
dient zum Wohnen und zum Schlafen. Eine leichte
Schiebewand trennt bei Bedarf die beiden Raumzonen.
Das breite Fenster im Salon gewährt einen herrlichen
Ausblick. Bequem in Fauteuils sitzend, schaut man hinüber zum Gegenhang mit dem geschlossenen Wald,
über dem sich ein kräftiger Streifen Himmel dehnt. Die
schützende Mauerschale im Rücken weist wenige, kleine
Öffnungen auf. Durch eine Tür gelangt man auf die rück-
wärtige Sommerterrasse, wo die Aufwärtsbewegung sich
eindreht und zur Ruhe kommt.
W.Z.

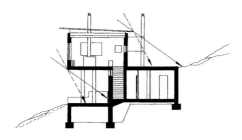

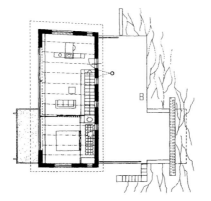

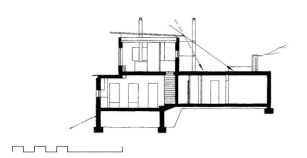

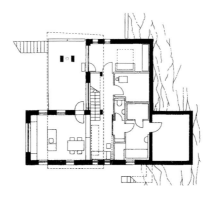

The site, which lies on a south-facing slope in the quiet Rottal is a long rectangle stretching up the slope. The architect placed the building at the rear boundary of the site where the open woodland begins. The living area, placed at right angles to the slope and painted warm cinnamon-red, rests on a solid base and a slender pair of concrete columns. These disparate load-bearing elements carefully elevate the shell containing the precious content "space to retreat to", thus accentuating it. The projecting flat roof is just as protective as a traditional pitched roof. A single, long horizontal window extends across the main facade. A smaller opening with the same proportions is cut into the grey and red striped base. The eye of the observer is thus presented with a harmonious relationship between the two building elements before this relationship can be consciously perceived. The laconic statement "one window per wall" gives the facade both weight and importance, although the building is not particularly large. Each building element contains one

room: this is the elementary pattern around which the interior is organised. All the service spaces are located at the rear of the base element. After having climbed the external staircase you are received by a covered seating area from which an entrance leads into a combined kitchen/living area. The line of movement then turns through 180 degrees and, via a staircase which emerges at the rear of the living room, leads to the upper level which has the character of a salon. It is used as both living and sleeping space. A light sliding wall can be used to separate the two zones, if required. The broad window in the salon offers a marvellous view. Seated comfortably in an arm chair you look across to the densely wooded slope opposite, a strip of the sky extending above. The protective masonry layer at the rear has only a few, small openings. You arrive, through a doorway, at the rear summer terrace where the upward momentum finally comes to rest.
W.Z.

Lageplan/site plan, 1 : 1000
Schnitte/sections,
Grundrisse/plans,
1 : 333

Zu- und Umbau Haus Renner,
Langenzersdorf
1993–95
Fotografie: Rupert Steiner

MITARBEITER / ASSISTANT
Werner Scherhaufer (Bauleitung).
STATIK, KONSTRUKTEUR /
STRUCTURAL ENGINEERING
Manfred Gmeiner, Martin Haferl, Wien
AUSFÜHRENDE FIRMA /
BUILDING CONTRACTOR
Gierer, Golds, Stöllnberger
BAUHERR / CLIENT
Anousha und Johannes Renner
ANSCHRIFT / ADDRESS
Bisamberggasse 18
A-2103 Langenzersdorf

ZU- UND UMBAU HAUS RENNER, LANGENZERSDORF

JAKOB FUCHS, LUKAS SCHUMACHER, ANDREA KONZETT

Im schmalen Garten eines bescheidenen Häuschens war eine räumlich etwas großzügigere Erweiterung zu planen. Das Konzept sah einen massiven Sockel vor, ein weitgehend verglastes Erdgeschoß und darüber, leicht nach außen verschoben aufgesetzt, ein mehrheitlich geschlossenes Obergeschoß. In der Materialisierung besteht der Sockel aus Sichtbeton. Er zieht sich an der Grenze zum Nachbarhaus hoch und bildet eine U-förmig schirmende Mauer. Ein zum Garten abnehmend trapezförmiger Grundriß sichert vom Eingang her den Blick auf den Garten. Um die volle Transparenz des Wohnraums zum Garten zu sichern, balanciert das Obergeschoß auf schlanken Stahlstützen. Eine Fensterwand läßt sich an der Stirnseite beiseite schieben, alle weiteren Glasflächen sind sprossenlos fix verglast. Das Obergeschoß steht räumlich frei, zur Betonwand bleibt ein Lichtstreifen offen. Dafür beschattet der Überstand die Glaswände. Mit einer fünfseitigen Beplankung aus Fichtensperrholz wird die Körperhaftigkeit des autonomen Aufbaus betont. Die klar herausgearbeitete Konzeption verzichtet auf ein demonstratives Zeigen der Konstruktion sowie auch der Art und Weise ihrer Herstellung. Damit wird, trotz des leichten Materials, Dauer, fast Ewigkeit suggeriert. W.Z.

This project involved the planning of a somewhat more generous extension to a modest house which stands in a narrow garden. The concept envisaged a massive base, an almost completely glazed ground floor and a largely closed upper floor shifted slightly outwards. The base, which is made of fair-faced concrete, rises along the boundary to the neighbouring house, forming a protective, U-shaped wall. The trapezoidal plan which tapers towards the garden provides a view of the garden from the entrance. To ensure the complete transparency of the living room on the garden side the upper floor is carried on slender steel columns. A window wall at the end of the building can be slid aside, all other areas of glazing are fixed and have no glazing bars. In spatial terms the upper floor is completely free. A strip of light remains open to the concrete wall. The projecting element shades the glass walls below. The spruce plywood cladding on five sides emphasises the mass of the autonomous extension. The clearly executed concept avoids a demonstrative display of the structural system or the way in which the building is made and this suggests a feeling of permanence, or perhaps of eternity. W.Z.

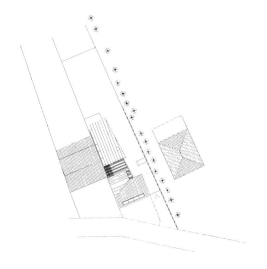

Lageplan / site plan, 1 : 1000

Umbau und Aufstockung Haus E., Raum Wiener Neustadt

Hochholdinger – Knauer

Das eingeschossige Sommerhaus sollte zur Erweiterung eine Aufstockung erhalten. Während der Bestand außen gedämmt und wieder verputzt wurde, erhielt das neue Obergeschoß eine Verkleidung aus flächigen Dreischicht-platten mit Lärchenholz, die von einem auskragenden Dach beschirmt werden. Entsprechend dem Bestand haben die Architekten im Erdgeschoß die Fenster als Loch in der Mauer belassen, im Obergeschoß hingegen als in der äußersten Schicht verglaste Öffnungen inter-pretiert. Das Innere entwickelt sich um die neu entstan-dene, bis in den Dachraum reichende Stiegenhalle, die im Obergeschoß durch eine umlaufende Galerie räumlich ausgeweitet wird. Eine durchbrochene Wandscheibe ver-mittelt in der Vertikalen. Ohne abzuschließen, teilt sie den Raum in Zonen; oben läßt sich mit einer Schiebewand ein Raum für Gäste abtrennen. Über die flächenmäßige Erweiterung hinaus wurde das brave Häuschen zu einem sorgfältig proportionierten Haus mit überraschender Innenraumkonzeption gestaltet.
W.Z.

Umbau und Aufstockung Haus E., Raum Wiener Neustadt
1994–95
Fotografie: Margherita Spiluttini

Statik, Konstrukteur / structural engineering
Helmuth Locher, Wien
Ausführende Firma / building contractor
Baumeister: Firma Plochberger, Wiener Neustadt
Zimmermann: Firma Spreitzgrabner, Persenbeug
Tischler: Firma Reithofer, Bad Fischau
Schlosser: Firma Filarowski, Wiener Neustadt
Bauherr / client
privat

Literatur / literary reference
- Architektur & Bauforum 186, 1997.

The intention was to extend a single-storey summer house by adding a floor. Whereas the existing building was insulated and then rendered again, the new upper level was clad with flat, three layered sandwich panels covered in larch which are protected by a projecting roof. As a response to the original building the architects left the windows at ground floor level as holes in the wall whereas on the upper floor the windows are interpreted as glazed openings in the external skin. The interior is developed around the new staircase which reaches into the roof space and, on the upper level, is extended spatially by a gallery. A penetrated wall slab which mediates in the vertical does not close off the space but divides it into zones, an area above for guests can be separated by a sliding wall. In the process of increasing the floor area, this solid little house has been transformed into a carefully proportioned building with a surprising interior concept.
W.Z.

 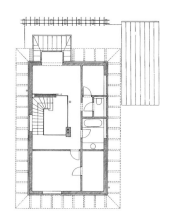

Erdgeschoß/ground level,
Obergeschoß/upper level,
1 : 333

Wohnhaus, Amstetten
1992–95
Fotografie: Margherita Spiluttini

STATIK, KONSTRUKTEUR /
STRUCTURAL ENGINEERING
Karlheinz Wagner, Wien
AUSFÜHRENDE FIRMA /
BUILDING CONTRACTOR
Baumeister: Firma Jungwirth,
Amstetten
Zimmerer: Firma Fahrenberger &
Harreither, Gresten
Tischlerei: Firma Rimpler, Amstetten
BAUHERR / CLIENT
Andrea Schneider
ANSCHRIFT / ADDRESS
Silberweisring 2
A-3300 Amstetten

LITERATUR / LITERARY REFERENCE
- Architektur & Bauforum 178, 1995.

WOHNHAUS, AMSTETTEN

MARTIN MITTERMAIR

Maßgebend für den Zubau einer zweiten Wohneinheit an das eingeschossige Haus mit steilem Satteldach und schlichter weißer Putzfassade von 1949 war das schmale, tiefe Grundstück, der dichte Obstbaumbestand, der erhalten bleiben sollte, und letztendlich die Intention des Architekten, das Nebeneinander von Alt und Neu nicht zu verschleiern, sondern zu thematisieren. Das zweigeschossige neue Haus mit Flachtonnendach ist mit dem alten Haus im Oberschoß durch einen schmalen Steg verbunden. Die schräg in die zurückweichende Gebäudefront gestellte Eingangskonstruktion aus weißen Holzlamellen bildet von der Straße her ein sichtbares Zeichen für den Neubau, der durch die rotbraun lasierte Sperrholzfassade mit den Farben der unmittelbaren Umgebung harmoniert und zugleich einen leichten Sichtschutz für den Garten bildet. Das quer zum Grundstück orientierte Erdgeschoß ist mit dem längsgerichteten Obergeschoß durch eine Galerie verbunden. Die Funktionen der Raumbereiche sind nach Wunsch der Bewohner veränderbar. Der Raum kann als einziges Volumen erfahrbar sein, offen und transparent, oder er ist durch die Schiebewände in intimere, private Räume teilbar. Wichtiges Element ist die Transparenz, innen durch die Flexibilität der Raumnutzung gegeben und nach außen durch großzügige Glasflächen, die nach allen Seiten den Blick in den Garten und auf die Bäume ermöglichen. Die verwendeten Materialien zeugen

von der Absicht, Innen und Außen korrespondieren zu lassen. Der lichte Charakter wird betont durch die weißen, raumumhüllenden Oberflächen. Der schwarze Schieferboden mit lebendiger Textur im Erdgeschoß und der Holzboden im Obergeschoß stellen die Verbindung zum Garten und zu den Bäumen her.
B.E.

A long, narrow site provided the location for the addition of a second dwelling unit to a single-storey house, dating from 1949, with a steeply pitched roof and simple, white rendered facade. The existing, densely planted orchard was to be preserved and the architect did not wish to conceal the juxta position of old and new but to make it a theme of his design. The two-storey new building, which has a shallow, barrel-vaulted roof is linked at first floor level to the old building by a narrow bridge. An entrance pavilion set at an angle to the front of the building is clad in white timber boarding and, seen from the road, forms a symbol of the new structure whose red-brown glazed plywood facade harmonises with the colours of its immediate environment. The entrance structure also serves to partially screen the garden. The ground floor, which is organised at right angles to the site, is connected with the first floor, oriented on the long axis, by a gallery. In re-

sponse to the requirements of the client the functions of the various spatial zones can be easily altered. The space can be experienced as an open, transparent single volume or can be separated into more intimate, private spaces by the use of sliding walls. Transparency is an important factor in this design. It results from the internal flexibility of the space and from generous areas of glazing that allow a view from all sides into the garden and on the trees. The materials selected reflect the aim to establish a relationship between indoors and outdoors. The light character of the building is emphasised by the white, space-shaping surfaces. The texture of the black slate floor on the ground level and the timber flooring on the upper level establish the connection to the garden and to the trees. B.E.

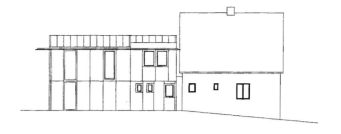

Schnitt/section, 1 : 333

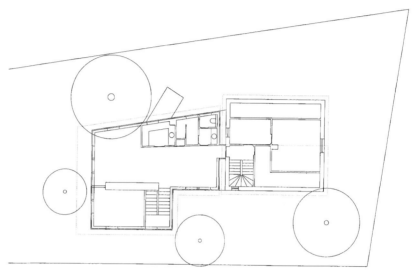

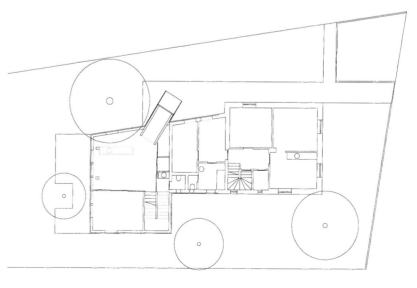

Grundrisse/plans, 1 : 333

Wohnhaus, Tullnerbach
1993–95
Fotografie: Rupert Steiner

STATIK, KONSTRUKTEUR /
STRUCTURAL ENGINEERING
Anton Harrer, Krems
AUSFÜHRENDE FIRMA /
BUILDING CONTRACTOR
Baufirma: H & M Schmidt
Zimmermann, Holzarbeiten:
Reiter + Steiner, Wolfsberg
ANSCHRIFT / ADDRESS
Lawieser Straße 35
A-3013 Tullnerbach–Lawies

LITERATUR / LITERARY REFERENCE
- NÖ gestalten 64, Juni 1996.

WOHNHAUS, TULLNERBACH

FRITZ WACLAWEK

Das zweigeschossige Haus ist von einer Einzelperson, aber auch individuell zu zweit bewohnbar. Es steht an einem nach Süden leicht abfallenden, seit den fünfziger Jahren sukzessive mit Einfamilienhäusern bebauten Hang. Bei der Suche nach der Grundrißfigur gebot der dichte Baumbestand entsprechende Rücksicht. Der Architekt fand die Lösung in einer dynamisch wirkenden, mit der Längsachse nach Süden gerichteten Lanzettform. Eine Querachse durchdringt den autonomen Baukörper vom Eingang her bis zur gartenseitigen Türe und führt weiter zu einem etwas älteren Glashaus. Im Hausinnern passiert sie den ebenerdigen Wohnraum und tangiert die zentral gelegene Vertikalerschließungszone. Zwei gerade, parallele Stiegenläufe umfangen einen Vertikalraum, der unten eine Sitznische enthält und oben von einem nordorientierten Oberlicht abgeschlossen wird. Der erste Treppenlauf führt aufs nordseitige Halbgeschoß mit einer kleinen offenen Wohnzone und einem Rückzugszimmer. Diagonale Sichtbeziehungen in die Tiefe der Räume in den beiden Hausteilen charakterisieren das Innere. Über den zweiten Treppenlauf gelangt man in das über dem Wohnzimmer gelegene Obergeschoß, wo der offene Teil eine Bibliothek enthält, an die ein Schlafzimmer mit Badnische anschließt. Diese beiden Hauptdecks orientieren sich mit Terrasse, Balkon und breiter Glasfront nach Süden. Im Sommer spenden sowohl Dach- als auch Balkon-

vorsprung Schatten. Die Glasfassade kappt den Gebäuderumpf, die Lanzettform setzt sich als Dachbalkenraster bis zur Spitze fort. Die vertikale Holzverschalung, die den festen Baukörper umfaßt, schützt die Wärmedämmung, hinter der sich die tragende massive Mauerschale verbirgt, die als Speichermasse dient. Sie wird von einigen ausgewogen asymmetrisch plazierten Fenstern durchbrochen. Die Dynamik des Hauses betonend, steigt das nahezu flache, grasbewachsene Dach entsprechend den halbgeschossig versetzten Wohnebenen leicht nach Süden an. Es wird keck überragt vom keilförmigen Aufsatz des Oberlichts, der südseitig eine Batterie Kollektoren trägt.
B.E., W.Z.

This two-storey house can be used by a single person or by two separate individuals. It stands on a gentle south-facing slope where, ever since the fifties, a succession of single-family houses has been built. The densely planted trees on the site had to be taken into account in the architect's search for a suitable plan form. He found the solution in a dynamic lancet shape, with a south-facing long axis. The cross axis penetrates the autonomous building from the entrance to a door on the garden side and continues to a slightly older glasshouse. Inside the house

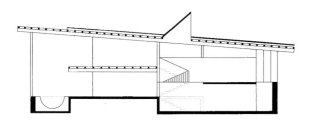

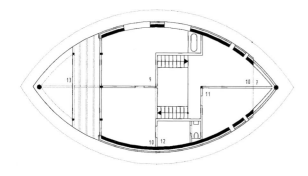

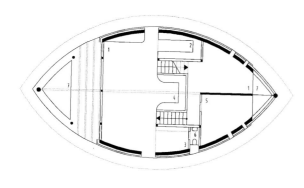

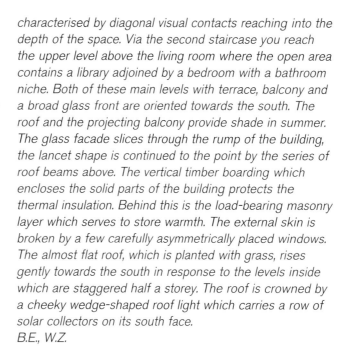

characterised by diagonal visual contacts reaching into the depth of the space. Via the second staircase you reach the upper level above the living room where the open area contains a library adjoined by a bedroom with a bathroom niche. Both of these main levels with terrace, balcony and a broad glass front are oriented towards the south. The roof and the projecting balcony provide shade in summer. The glass facade slices through the rump of the building, the lancet shape is continued to the point by the series of roof beams above. The vertical timber boarding which encloses the solid parts of the building protects the thermal insulation. Behind this is the load-bearing masonry layer which serves to store warmth. The external skin is broken by a few carefully asymmetrically placed windows. The almost flat roof, which is planted with grass, rises gently towards the south in response to the levels inside which are staggered half a storey. The roof is crowned by a cheeky wedge-shaped roof light which carries a row of solar collectors on its south face.
B.E., W.Z.

*Schnitt/section,
Grundrisse/plans,
1 : 333*

this axis passes the living room on the ground floor, brushing tangentially the centrally positioned vertical circulation area. Two parallel staircases enclose a vertical space which below contains a seating niche and at the top is terminated by a north-facing roof light. The first flight of stairs leads to the half level on the north side which has a small open living area and a more intimate space to withdraw to. The interior in both parts of the house is

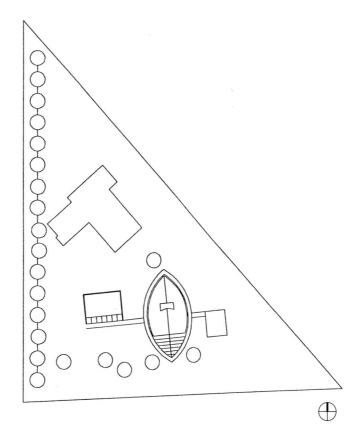

Lageplan/site plan, 1 : 1000

Einfamilienhaus Stockinger,
Klosterneuburg–Kierling
1992–96
Fotografie: Rupert Steiner

MITARBEITER / ASSISTANTS
Erwin Steiner, Waltraud Maier
STATIK, KONSTRUKTEUR /
STRUCTURAL ENGINEERING
Helmuth Locher, Wien
AUSFÜHRENDE FIRMA /
BUILDING CONTRACTOR
Baufirma: Baumeister Satler GmbH,
Wien
Schlosser: Firma Metallbau Renner
GmbH, Langenlois
Steinmetz: Firma Alois Harmtodt
GmbH, Feldbach
BAUHERR / CLIENT
Klaudia und Josef Stockinger
ANSCHRIFT / ADDRESS
Adalbert Stifter-Gasse 31-33 /
Kernstockgasse 12
A-3400 Klosterneuburg–Kierling

EINFAMILIENHAUS, KLOSTERNEUBURG–KIERLING

WALTER STELZHAMMER

Der relativ steile, locker mit Laubbäumen und Fichten bestandene Hang wird von zwei parallelen Stützmauern terrassiert. Die Zufahrt erfolgt von der oberen Ebene. Ein L-förmiges Bauvolumen ist vorn in die Kante der mittleren Terrasse eingeschnitten, so daß dahinter ein schmaler Gartenwohnhof mit gedecktem Sitzplatz entsteht. Während der lange Gebäudeschenkel hangparallel verläuft, vermittelt der kurze rechtwinklig dazu zum Hang und zum Zufahrtsträßchen. Das Obergeschoß ragt als geschlossener weißer Quader aus dem Terrain heraus; bergseitig nur von Haustür und Garagentor durchbrochen, weist es

talseitig ein um die Ecke gezogenes Bandfenster auf. Das mittlere Geschoß dient als Hauptwohnbereich. Unter dem Garagenvorplatz ist die Küche angeordnet, bezogen auf den nach Westen orientierten Sitzplatz; davor schließt das Eßzimmer an, vom großen, um ein halbes Geschoß höheren Wohnraum durch das Stiegenhaus und einen kurzen Treppenlauf getrennt. Dieses Geschoß ist rundherum offen gestaltet. Die tragenden und rahmenartig aussteifenden Stützen sind schwarz verkleidet und treten gegenüber der weiß dematerialisierten Mauer des Obergeschoßvolumens zurück. Das unterste Geschoß enthält die Schlafräume und einen Sanitär- und Saunabereich. Auch hier ist die Längsseite mehrheitlich verglast, die Stützen und die seitlich geschlossenen Mauerflügel sind dunkel gehalten. Die mit dem Obergeschoßvolumen korrespondierende weiße Brüstung ergänzt dieses zu einem Gesamtkörper, der auf der Kante der mittleren Terrasse zu balancieren scheint. Das Sockelgeschoß ist nicht als solches ausgebildet, sondern wirkt eher wie eine verglaste Sala terrena, die in den davorliegenden Garten übergeht. Mit Detailpräzision und bauhandwerklicher Sorgfalt ist einerseits die abstrakte geometrisch-architektonische Struktur realisiert. In diese eingelagert sind andererseits die charakteristischen, zueinander in unterschiedlicher Weise in Beziehung gesetzten Räume, die als generell gefaßte Nutzungszonen über die architektonische Über-

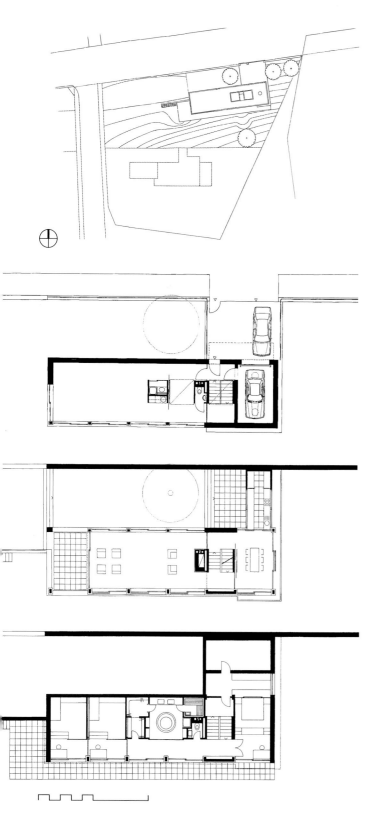

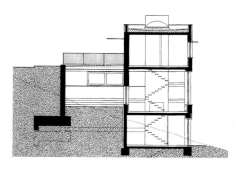

höhung Bedeutungszuwachs erlangen. Die nicht unpathetische Strenge erinnert in Konsequenz und qualitativer Ausstrahlung an die edlen Villenbauten der rationalen Vertreter des weißen Funktionalismus in den zwanziger und dreißiger Jahren.
W.Z.

Schnitt/section, 1 : 333
Lageplan/site plan, 1 : 1000
Grundrisse/plans, 1 : 333

The relatively steep slope with scattered spruce and deciduous trees is terraced by two retaining walls. The approach is from the upper level. An L-shaped volume is sliced into the edge of the middle terrace so that a small garden court with a covered seating area could be made behind. Whereas the long leg of the building is parallel to the slope, the shorter leg at right angles mediates to both the slope and the narrow approach road. The upper floor is a white block projecting from the terrain. On the uphill side it is penetrated only by the entrance door and garage gateway but on the side facing downhill it has a horizontal window running round a corner. The middle level is the main living area. The kitchen is positioned below the garage forecourt and relates to a west-facing seating area, the dining area in front is separated from the large living room, which is half a store higher, by the staircase and a short flight of stairs. This level is completely openly planned, the load bearing supports which are braced so as to form a framework are clad in black and recede against the dematerialised white painted volume of the upper storey. The lowest floor contains the bedrooms and a zone with sanitary facilities and a sauna. Here too the long side is almost completely glazed, the supports and the wall slabs which are closed at the sides are dark in colour. The white parapet relates to the volume of the upper level making it a complete element which appears to balance on the edge of the middle terrace. The plinth level of the house is not detailed as such but is more like a glazed sala terrena which provides a transition to the garden in front. Precise detailing and careful craftsmanship ensured a successful realisation of the abstract geometric architectural concept. However the characteristic spaces which relate to each other in different ways are inserted in this composition in such a way that the significance of these general functional zones is increased by the architectural emphasis. The consistency and particular quality of this severe approach is reminiscent of those noble villas built in the twenties and thirties by the rational Functionalists.
W.Z.

Standard Solar III, Kritzendorf
1995–97
Fotografie: Erwin Reichmann

Statik, Konstrukteur /
structural engineering
Ernst Illetschko
Ausführende Firma /
building contractor
Der Blaue Baum, Hartberg
Gande, Pöllau

Literatur / literary reference
- Zschokke, Walter; Die Presse /
Spectrum, 17. Mai 1997.
- Walden, Gert; Der Standard,
22. Mai 1997.
- Dworschak, Gunda;
Niedrigenergiehäuser im Detail;
München 6, 1997.
- Kühn, Christian; Architektur &
Bauforum 4, 1997.

Standard Solar III, Kritzendorf

Gerhard Steixner

Bei diesem Haus handelt es sich um eine weiterentwickelte Variante des Standard-Solar-Typus, den Gerhard Steixner mit Georg Driendl 1990 geschaffen hat. Es steht relativ weit oben auf einem locker mit Bäumen bestandenen Hang, der nach Süden zu einem bewaldeten Tal abfällt. Ein Gartenweg führt an der oberen Grundstückskante entlang und nordseitig über einen kurzen Steg zum Eingang. Das Gebäude besteht aus zwei Hauptteilen: einerseits aus einem massiv gebauten breiten Rücken, der die Nordseite deckt und die Stiege sowie Serviceräume enthält; andererseits aus dem luftigen, leichtgebauten Wohnteil, der unter einem ausladenden, flachen Dachschirm geborgen ist. Das Gebäude ist als passives Solarhaus konzipiert: Durch ein großes, schräggestelltes Dachfenster strahlt die Sonne auf die Nordwand hinter dem Stiegenhaus, die als Kollektor und Speicher wirkt. Eine Verkleidung aus dunklen Porphyrplatten deckt in freiem Muster den Stahlbetonkern. Der Fußboden des Wohnraums aus schwarzen Schieferplatten bildet die zweite Kollektorfläche, die im Winter von der tiefstehenden Sonne angestrahlt, im Sommer aber vom auskragenden Dach beschattet wird. Der offene Charakter des Hauses mit dem weitgehend verglasten Hauptteil und dem an drei Seiten vorgelagerten Mantel

aus gedeckten Außenwohnflächen zeugt von moderner Wohnauffassung. Ein Frühstücksbalkon im Osten und ein Sitzplatz im Westen erlauben ein differenziertes und intensives Außenwohnen. Zu dem hohen Wohnraum ist der niedrigere Wohnküchenbereich offen, darüber ist das Schlafzimmer angeordnet, vom Luftraum über der Wohnzone nur durch eine Glasscheibe getrennt. Alle großen Glasflächen sind fix montiert; zum Hinausgehen und Lüften dienen türgroße Fensterflügel. Im Untergeschoß, das hangseitig frei steht, befinden sich ein weiteres Zimmer und zwei Kabinette. Als besonderer Raum befindet sich an der Nordwestecke ein Atelier mit Ruhegalerie. Zwei gegeneinander gestellte Raumwinkel aus Stahlbeton lassen nach Süden und nach Osten je eine schmal-hohe Fensteröffnung frei, durch die das Streiflicht die Glätte der schalungsrohen Wände zum Leben erweckt.
W.Z.

This house is a further variant on the Standard Solar-Type which Gerhard Steixner developed along with Georg Driendl in 1990. It stands relatively far up a slope thinly planted with trees which leads down to a wooded valley. A garden path runs along the upper site boundary and, at

forced concrete panels placed diagonally opposite each other leave between them high, narrow window openings facing south and east through which sloping light enters bringing the smooth, untreated concrete walls to life. W.Z.

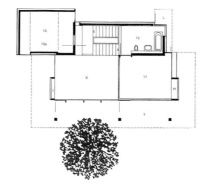

the north side brings you, via a short footbridge, to the entrance. The building consists of two principal elements, firstly a broad massively built back element which extends across the northern side and contains the staircase and service rooms, the second element is an airy living area in light-weight construction which is sheltered by a flat, projecting roof canopy. The building is designed as a passive solar energy house. The sun shines through a large sloping roof light onto the north wall behind the staircase which functions as a collector and energy storage block. A cladding of dark porphyry slabs, arranged in a random pattern covers the concrete core. The living room flooring, black slate slabs, is the second collector. In winter it is reached by the rays of the low winter sun but in summer is shaded by the projecting roof. The open nature of the house which is, for the most part, glazed and cloaked on three sides by covered outdoor areas illustrates a contemporary approach to living. A breakfast balcony to the east and a seating area to the west enable the residents to experience the outdoors intensively and in differentiated ways. The lower kitchen/dining area is open to the high living room, the bedroom above is separated from the void of the living area merely by a pane of glass. All the large areas of glazing are fixed, door height window casements provide access to the outside and ventilation. On the lower level, which further down the slope stands free of the ground, there is a further bedroom and two smaller rooms. On the north-west corner there is a special space, an atelier with a gallery as a place to rest in. Two L-shaped rein-

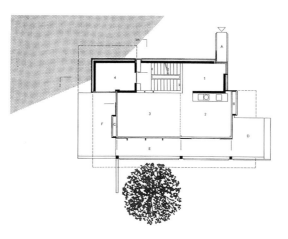

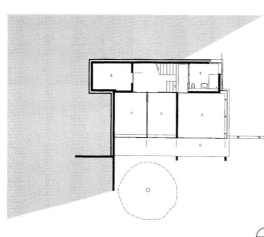

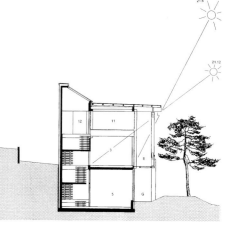

Schnitt/section, Grundrisse/plans,
1 : 333

Haus B., Sooß
Einfamilienhaus mit Tischlerei
und Tanzstudio
1990–97
Fotografie: Rupert Steiner

STATIK / STRUCTURAL ENGINEERING
Karlheinz Wagner, Wien
AUSFÜHRENDE FIRMA /
BUILDING CONTRACTOR
Selbstbau
BAUHERR / CLIENT
Familie Brendinger
ANSCHRIFT / ADDRESS
Am Schönberg 18
A-2500 Sooß

LITERATUR / LITERARY REFERENCE
- Kühn, Christian; Die Presse /
Spectrum, 17. Oktober 1992.

EINFAMILIENHAUS MIT TISCHLEREI, SOOSS

GEORG W. REINBERG UND MARTHA ENRIQUEZ-REINBERG

Das am Dorfrand, nahe den Weinbergen gelegene Mehrfunktionenhaus verfügt über einen prächtigen Ausblick auf das Wiener Becken. Das Konzept des linear organisierten Gebäudes nützt die leichte Hanglage mit einem in der Mitte befindlichen halbgeschossigen Versatz. Im Untergeschoß ist vorn eine kleine Tischlerwerkstatt eingerichtet, hier wurden die meisten Arbeiten für das weitgehend in Selbstbau errichtete Haus vorbereitet. Darüber liegt der Wohnteil, an dessen Südostecke ein Wintergartenturm dazugestellt wurde. Zum vorbeiführenden Sträßchen öffnet sich mit drei Holztoren ein großer Wirtschaftsraum, der mit vier Fenstertüren zur Westseite als Ausschank dienen kann, denn der Weinbau gehört zum Alltag der Bauherrenfamilie. Ein entsprechender Keller liegt direkt darunter. Im Dachraum über der Schank

wurde ein kleiner Saal für Bewegung und Tanz geschaffen. Das Haus versammelt damit unter seinem langen Satteldach mehrere Funktionen, wie dies für den ländlichen Bereich in gewissem Sinn schon immer üblich war, in dieser Zusammensetzung aber etwas Neues darstellt. Es kommen hier private Initiative, handwerkliche und landwirtschaftliche Tätigkeit sowie ein im weitesten Sinn kulturelles Unterfangen, der Tanz als gemeinschaftliche Aktivität einer Gruppe, und natürlich die Wohnnutzung zusammen. Ähnlich wie ein «Stadthaus» Geschäfte, Büros und Wohnungen in Funktionsmischung beherbergt, könnte dieses «Dorfhaus» Anzeichen einer im Zuge der Informationsgesellschaft einsetzenden spezifischen Urbanisierung des ländlichen Raumes sein. Wir stoßen hier auf ein städtisches Kulturverständnis, das verbunden ist mit ländlichen Traditionen. Das ausgeprägte unternehmerische Element und der Lebenswille mag sich beispielsweise in der Weiterführung des Weinbaus und in der Tischlerwerkstatt manifestieren. Damit ist das Haus Ausdruck einer dezentralen, von der Basis ausgehenden Entwicklung. Sein sparsamer architektonischer Ausdruck steht durchaus in der Tradition bäuerlicher oder handwerklicher Nutzbauten. Eine künstlich heimattümelnde Gestaltung wurde vermieden, dafür haben ökologische Erkenntnisse nach Maßgabe der Möglichkeiten Aufnahme gefunden.
W.Z.

This multi-functional building located at the edge of the village, close to the vineyards enjoys an excellent view across the Vienna Basin. The building, which is organised linearly, exploits the gentle slope with a half-storey change in level at the centre. On the lower level there is a small joiner's workshop where most of the work for this house, which was by and large self-built, was prepared. The living accommodation directly above has a winter garden tower at the south-east corner. A large outhouse opens through three timber doorways onto a narrow road running past. Four windows on the west side enable this space to be used to sell and serve wine, as wine production is part of the client's life. The cellar is directly below. The roof space above contains a small hall for movement and dance. The house combines a variety of functions under its long pitched roof in a manner traditional in rural areas – but this particular combination represents something new. Private initiative, handicraft, agricultural activities and, in the broadest sense of the word, cultural activities (dance as a group activity) and, of course, the domestic function

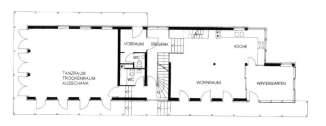

Schnitt/section, Grundrisse/plans, 1 : 333

are all combined here. Just as a "town building" contains businesses, offices and residential accommodation this "village house" could be seen as an example of a specific urbanisation tendency in rural areas which is a result of the information society. We are confronted here with an urban cultural vision combined with rural traditions. The entrepreneurial element and specific intentions are manifested in the continuation of the wine growing business and in the joiner's workshop. This house is an expression of a de-centralised development starting from a local basis. Its economic architectural expression lies within the tradition of farm buildings or local craft work-shops. An artificial, rustic design was avoided but eco-logical principles were, as far as possible, taken into con-sideration.
W.Z.

Einfamilienhaus W.,
Klosterneuburg–Weidling
1995–97
Fotografie: Rupert Steiner

MITARBEITER / ASSISTANTS
Jon Prix, Baumeister
Widy (Bauaufsicht)
STATIK, KONSTRUKTEUR /
STRUCTURAL ENGINEERING
Peter Schedl
AUSFÜHRENDE FIRMA /
BUILDING CONTRACTOR
Baumeister Kordyka
ANSCHRIFT / ADDRESS
Elisabethgasse 49
A-3400 Klosterneuburg–Weidling

EINFAMILIENHAUS W., KLOSTERNEUBURG-WEIDLING

DIETER WALLMANN, CLAUS RADLER

Der nach Norden geneigte Hang ließ den Entwerfern wenig Möglichkeiten. Im Süden hält der ansteigende Mischwald die Sonne ab, nach Westen steigt das kleine Seitental an und läuft in der Höhe aus. Nur nach Osten bietet sich Sonnenschein und Aussicht an. Das Konzept legt daher den Wohnteil ins oberste Geschoß, um ihn aus dem Hang herauszuheben. Die Kinderzimmer befinden sich darunter in einer Art Sockelgeschoß. Für Garage und Keller dient ein kleines Untergeschoß. Die Großform gliedert sich in die zwei aufeinander gestapelte Volumen: das massive Sockelgeschoß, ein gedrungener Quader, trägt einen leichter wirkenden, mit gelber Stülpschalung versehenen, länglichen Körper, der sich unter einem flachen Pultdach nach Osten öffnet. Die Trennung in zwei Gebäudeteile interpretiert die spezifische Lage: während der Sockelbaukörper mit Laubengang und regelmäßiger Fensterzeile sich dem Eingang gleichsam als Empfangsgeste zuwendet, ist das Obergeschoß um 90 Grad gedreht, es öffnet sich zur Sonne und zu den privaten Wohnterrassen im Osten. Nach Norden springt der obere Baukörper, die Autonomie betonend, leicht über den unteren vor und beschirmt eine schmale, stegartige Terrasse über der Garageneinfahrt. Als Übergang verbindet sie zugleich die unteren beiden Teile des Gartens. Die Kinderzimmer blicken nach Osten und Nordosten. Dazwischen spannt sich eine großzügige Diele, die als Alltagswohnraum dient; hier steht auch der Fernseher. Dieser Raum setzt sich nach hinten in die Tiefe des Baukörpers fort und bildet Entree und Erschließungsfläche für die übrigen Räume dieses Geschosses. Der von der Garage über eine innere Stiege aufsteigende Zugangsweg durchschneidet die Halle und setzt sich in einer abgewinkelten Treppe fort, die in den darüberliegenden Wohnraum führt, der die Hälfte des Obergeschosses einnimmt. An der Ostseite schließt auf dem Dach des Sockelbaukörpers eine breite Terrasse an, die bis zum frühen Nachmittag Sonne erhält. Die harte Sommersonne wird vom Dachschirm abgehalten. Die andere Hälfte des Obergeschosses enthält die Küche, das Elternzimmer und zugehörige Nebenräume.

Ein spielerischer Steg leitet über den Treppenzugang direkt vom Wohnraum zur Küche hinüber und verknüpft die beiden Obergeschoßteile.
W.Z.

The north-facing slope allowed the designers few opportunities. Towards the south a mixed wood blocks the sun, to the west the small side valley rises to peter out above. The only view is to the east and this is sole direction from which sunshine reaches the site. The concept therefore envisaged the living area at first floor level in order to free it from the slope. The children's bedrooms are below in a kind of plinth level. A small basement area contains the garage and a cellar. The major form is separated into two volumes stacked one above the other. The massive plinth, a weighty block, carries a lighter seeming,

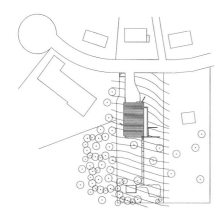

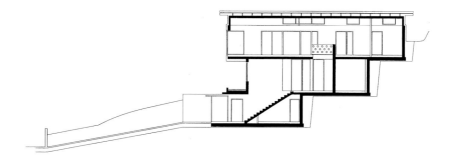

long element clad in overlapping timber boarding which
opens to the east beneath a gently sloping mono-pitched
roof. The separation into two parts represents a specific
interpretation of the site. Whereas the base element with
its arcades and row of regular windows turns towards the
entrance making a kind of welcoming gesture, the upper
level is swivelled through 90 degrees, it opens to the sun
and to the private terraces in the east. To the north the
upper floor extends slightly beyond the base, emphasising
its autonomy and screening a narrow bridge-like terrace
above the garage entrance. This transitional element also
links the two lower levels of the garden. The children's
bedrooms face east and north-east. Between them is a
generously dimensioned hall which serves as an everyday
living room for the family (this is, incidentally where the
television stands). This space extends to the rear into the
depth of the building and serves as entrance area and
circulation space for the other rooms on this floor. The
approach route which ascends from the garage via an
internal staircase, cuts through the hall and is continued
by a right-angled staircase leading to the living room
above which takes up half of the upper storey. To the
east is a wide terrace on the roof of the plinth element
which receives sunlight until early afternoon. The projecting roof screens it from the strong summer sun. The
other half of the upper storey contains the kitchen, the
parents' bedroom and the associated service spaces.
A playful bridge above the stairs leads directly from the
living room to the kitchen, connecting the two parts of
the upper floor.
W.Z.

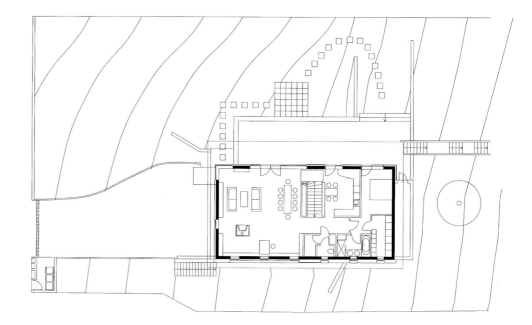

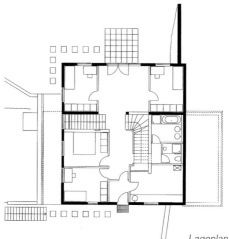

Lageplan/site plan, 1 : 2000

Schnitt/section, Grundrisse/plans, 1 : 333

Ziegelwerk, Hennersdorf
1986–87
Fotografie: Sepp Frank
Luftaufnahme freigegeben vom BMfLV
mit GZ 13088/184-1.6/97

MITARBEITER / ASSISTANT
Wolfgang Naderer
STATIK, KONSTRUKTEUR /
STRUCTURAL ENGINEERING
Rudolf Langer
AUSFÜHRENDE FIRMA /
BUILDING CONTRACTOR
Baufirma Julius Eberhardt
Fertigteile Lang und Menhofer
BAUHERR / CLIENT
Wienerberger Baustoffindustrie AG,
Wien
ANSCHRIFT / ADDRESS
Hauptstraße 4
A-2332 Hennersdorf

LITERATUR / LITERARY REFERENCE
- Christoph, Horst; Die Arbeitswelt auf
dem Prüfstand, Trend 3/1990.

ZIEGELWERK, HENNERSDORF

SEPP FRANK

Die gestalterische Zuwendung an das Äußere von Betriebsgebäuden war in der Nachkriegszeit zur Ausnahme geworden, und der simple Bauwirtschaftsfunktionalismus konnte sich im Bereich des Industriebaus länger halten als in anderen Sparten. Es bedurfte eines betriebsorganisatorisch versierten Architekten wie dies Sepp Frank ist, der zugleich mit der inneren Struktur die Frage des äußeren Erscheinungsbildes anzusprechen vermochte. Auf den Industriebau trifft das Prinzip der Bekleidung in hohem Maß zu, da die großen Hallen, meist in Stahl- oder Betonskelettbauweise errichtet, in der Regel eine vorgehängte Fassade erhalten. Die innere Organisation muß oft schon nach wenigen Jahren aus produktionstechnischen oder -ökonomischen Gründen umstrukturiert werden, ohne daß die Hülle eine Veränderung erfährt, wie sich dies an Fabriksgebäuden aus dem 19. und frühen 20. Jahrhundert, die als Aushängeschild des Betriebs dienten, zeigen läßt. Diese Haltung wurde spätestens in den sechziger Jahren selten: Industriehallen wurden wie Verbrauchsmaterial errichtet. Die Ziegelwerke Hennersdorf sind daher ein frühes und zugleich geglücktes Beispiel für die Wiederaufnahme einer für die Architektur wichtigen Tradition. Die Wahl von Ziegeln in verschiedenen Farben bezieht sich auf die im Betrieb erzeugten Produkte. Ihre Vermauerung an Ort und Stelle in einem textil wirkenden Muster steht in der Tradition der auf Gottfried Semper zurückgehenden Bekleidungstheorie,

die in Wien von Otto Wagner weitergetragen wurde. Mit exakt proportionierten und positionierten Öffnungen erhält die Fassade ihre Grundstruktur. Die aus einzeln eingesetzten Ziegeln gebildeten hellen und dunklen Linien und Rasterflecken evozieren geschickt Mehrschichtigkeit und Tiefe. Damit gelingt es, dem Bauwerk nicht bloß Aufmerksamkeit zu verschaffen, sondern die angelegte Identität mit den betrieblichen Inhalten zu verknüpfen. Obwohl derartige Muster auch im Historismus zur Anwendung kamen, handelt es sich hierbei nicht um einen Rückgriff. Die subtile Mehrschichtigkeit und zugleich Mehrdeutigkeit gehört eindeutig zum ausgehenden 20. Jahrhundert.
W.Z.

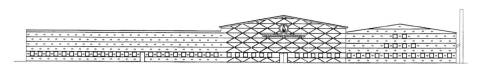

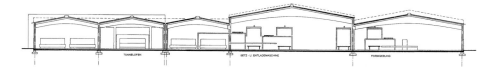

In the period after the Second World War design attention was rarely paid to the exterior of industrial buildings and simple building industry functionalism survived longer in this than in other areas of building activity. An architect such as Sepp Frank, well versed in the problems of industrial organisational problems, who could combine the internal structure with the question of the external appearance was needed. The principle of cladding applies particularly to industrial building as large production halls, generally built in steel or concrete frame systems, often receive a curtain facade. The internal organisation must, for reasons of production technology or economy, often be adapted after only a few years without changing the external shell. Many factory buildings from the 19th and early 20th century, often the display shield of the company, illustrate this fact. Industrial halls were erected as consumer commodities. The Hennersdorf brickworks is an early, successful example of the re-establishment of a tradition which is of considerable importance for architecture. The choice of bricks in different colours refers, naturally, to the product manufactured here. The way they are laid in a textile-like pattern is in the tradition of the clothing theory dating back to Gottfried Semper which was further developed in Vienna by Otto Wagner. Exactly proportioned and positioned openings provide the basic structure of the facade. The light and dark lines and patterns produced by individually placed bricks cleverly suggest depth and a number of layers. The architect has not merely succeeded in creating a building which attracts attention but has linked the structure's particular identity to its industrial function. Although patterns of this kind were used in the Historicist period this building does not represent an imitation, the subtle, multi-layered quality and the multivalence reveal that it belongs, quite clearly, to the late 20th century.
W.Z.

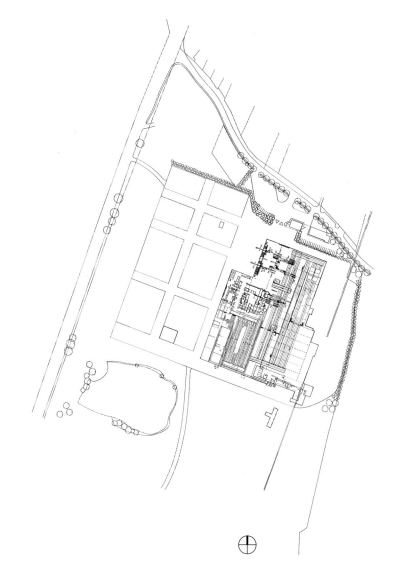

Lageplan/site plan, 1 : 5000

Preßhaus und Weinkeller, Inzersdorf
ob der Traisen
1989
Fotografie: Margherita Spiluttini

MITARBEITER / ASSISTANT
Regine Brustbauer
STATIK, KONSTRUKTEUR /
STRUCTURAL ENGINEERING
Baufirma Blüml, Statzendorf
AUSFÜHRENDE FIRMA /
BUILDING CONTRACTOR
Baufirma Blüml, Statzendorf
Schlosserei Graf, Inzersdorf
ob der Traisen
BAUHERR / CLIENT
Ludwig Neumayer
ANSCHRIFT / ADDRESS
Kellergasse
A-3131 Inzersdorf ob der Traisen

PRESSHAUS UND WEINKELLER, INZERSDORF OB DER TRAISEN

KONRAD SCHERMANN

Der landwirtschaftliche Gebrauch der entlang einer Kellergasse konzentrierten Nutzbauten ist ein pragmatisch zweckbezogener. So dienen die besser unterhaltenen Bauten außer als Keller auch als temporäre Schankstätten, als Werkzeug-, Geräte- und Wagenschuppen und neuerdings als Garage. Je nach Bedarf wird abgerissen, umgebaut und dazugebaut, meist im Selbstbau oder durch einen örtlichen Baumeister. Als daher die beiden Brüder die gesamte elterliche Landwirtschaft konsequent auf Qualitätsweinbau umstellten, bedeutete dies auch für den Bau des Preßhauses einen Paradigmenwechsel. Dem neuen Betriebsablauf entsprechend werden die Trauben von oben durch das grüne Kellerdach eingebracht, der Maischebehälter steht auf einem Stahlgitterrost unter der niedrigen Vierteltonne. Darunter befindet sich die Presse. Von der Straße ist das Gebäude leicht zurückgesetzt, damit mehr Manövrierfläche entsteht. Nach hinten unter der Erde setzt der Weinkeller an, der durch einen Gang mit dem älteren Nachbarbauwerk verbunden wurde. Große Tore erlauben die Einfahrt mit Traktor und Wagen bis in den Keller. Für die veränderten Erfordernisse wurde der klassische Bautyp weiterentwickelt. Sichtbeton und Aluminiumschindeln ersetzen Ziegel und Putz, Metalltore das Holz. Doch auch in der neuen Konzeption ist das Bauwerk eindeutig als Preßhaus zu erkennen. Über den betrieblichen Nutzen hinaus zeugt es von der Vitalität einer neuen Produzentengeneration.
W.Z.

The rural use of the buildings concentrated along a Kellergasse (a road lined with wine cellars) reveals a pragmatic, functional approach. Those buildings in a better state of preservation are also used, provisionally, to serve wine or as sheds in which to store tools, machinery and carts and, most recently, as a garage. Buildings are demolished, altered or extended as necessary, mostly in a self-build process or by a local building contractor.

When the two brothers entirely changed the focus of a family business to centre on quality wines this also meant a change of paradigm for the winepress house. As a result of the new production process the grapes are now delivered from above onto the planted roof of the cellar, the mash container stands on a stainless steel grid under the low, quarter barrel vault. The winepress is below. The building is recessed slightly from the street to allow more room for manoeuvre. The wine cellar is attached at the rear, below ground level, and was connected by a corridor with the older, neighbouring building. Large gateways allow a tractor and trailer to drive into the cellar building. This project represents a further development of a classic building type in response to new requirements. Fair-faced concrete and aluminium shingles have replaced brick and plaster, metal gateways have been substituted for timber. But, even in the guise of this new concept, the building remains clearly identifiable as a winepress house. In addition to meeting its functional requirements it is an illustration of the vitality of a new generation of wine growers.
W.Z.

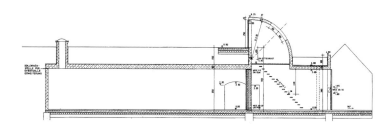

*Schnitt/section,
Grundriß/plan,
1 : 333*

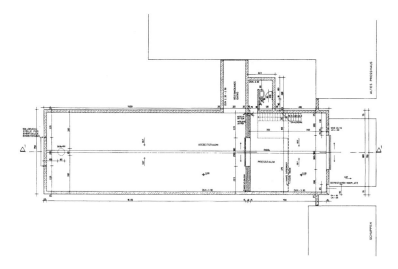

Straßenmeisterei und
technische Dienste, St. Pölten–West
1988–91
Fotografie: Margherita Spiluttini

MITARBEITER / ASSISTANTS
Astrid Toifl, Michael Weiss
STATIK, KONSTRUKTEUR /
STRUCTURAL ENGINEERING
Helmut Zieritz, St. Pölten
Josef Jorda, St. Pölten
AUSFÜHRENDE FIRMA /
BUILDING CONTRACTOR
ARGE Porr-Neue Reformbau-
Traunfellner, St. Pölten
BAUHERR / CLIENT
VIA-Grundstücksverwertungs GesmbH
vertreten durch NÖPLAN, St. Pölten
ANSCHRIFT / ADDRESS
Linzerstraße 106
A-3100 St. Pölten

STRASSENMEISTEREI UND TECHNISCHE DIENSTE, ST. PÖLTEN–WEST

FRANZ GSCHWANTNER

Die ausgedehnte Anlage erstreckt sich an einem sanft abfallenden Hang nördlich der nach Westen führenden Bundestraße 1. In der Nähe der Hügelkuppe wird die topographische Lage für Gebäude genützt, die von zwei Geschoßebenen her zugänglich sind. Das Gesamt-konzept ordnet die verschiedenen Gebäude in einer großen Kreisform, der ein Quadrat eingeschrieben ist. Neben der regionalen Straßenmeisterei, den Abteilungen der Landesverwaltung für Straßenbau, für Güterwege-bau, für Transportwesen sowie für Kraftfahrzeugprüfung, Dienstwagenbetrieb und Reparatur befinden sich hier das zentrale Bekleidungslager der niederösterreichischen Straßenverwaltung, ein Rechenzentrum sowie einige Dienstwohnungen. Für die einzelnen Funktionsgruppen wurden verschiedene Gebäude und Gebäudekomplexe vorgesehen. Durch die unterschiedlichen Anforderungen gewinnen die einzelnen Anlageteile einen individuellen Ausdruck; es entsteht eine vielgestaltige Agglomeration, an der jedoch die Idee der Großform weiterhin abzulesen ist. Der Verwaltungsteil liegt in einem kreissegmentförmi-gen Trakt oben an der Bundesstraße. Im vorgelagerten Sockelgeschoß befindet sich das Bekleidungslager. Werkstätten, Magazine und die Hackschnitzelheizung für die gesamte Anlage, in der Abfallhölzer aus Grünstreifen usw. genutzt werden, schließen östlich davon an. Auf dem auslaufenden Hang verteilen sich die verschiedenen Hallen für die Straßendienstfahrzeuge. An der Nordost-ecke fällt ein Holzbau mit pyramidenförmigem Dach auf: die Streuguthalle, deren Inhalt stark korrosiv wirkt, wes-halb eine vorgespannte Holzkonstruktion die passende Antwort bildet. Im westlichen Abschnitt liegt die Kraftfahr-zeug-Prüfhalle, an die ein bogenförmiger Bürotrakt an-schließt. Alle Mauerteile sind zimtrot verputzt, dazu kon-trastieren die verzinkten Metallteile und die hellen und dunklen Zementsteine des Sockelgeschosses. Das Konzept der Baumpflanzung orientiert sich am großen Kreis. Dabei fanden zahlreiche Bäume und Büsche aus dem aufgelassenen Kleingartengebiet des späteren Regierungsviertels Verwendung. Für die Parkplätze wur-den Steine mit Rasenfugen verlegt und Vorkehrungen für

eine intensive Begrünung der Rankgerüste getroffen. Da-mit gelingt es, Gebäude und Asphaltflächen in die Land-schaft zu integrieren.
W.Z.

This extensive complex stretches along a gentle slope north of the national roadway No. 1 which leads to the west. Close to the top of the hill the topographical position was exploited for buildings that are accessible on two levels. The general concept placed the buildings in a large circle in which a square is inscribed. In addition to the regional road maintenance compound, the departments of the regional administration responsible for road building, construction of freight transport routes, transport and road worthiness examinations, service vehicle maintenance and repairs, the central clothing stores of the Lower Austrian road network administration, a statistics centre and official apartments are located here. Different buildings and groups of buildings were planned for the various functional groupings. The variety of requirements ensures that each of the elements has its own individual expression. A composite agglomeration developed in which the dominant form is still legible. The administration is in a wing shaped like a segment of a circle beside the roadway. The plinth level in front contains the clothing stores. Workshops, stores and a heating plant for the entire complex fuelled with wood from roadside green strips is attached on the east side. The various sheds for the road maintenance vehicles are placed at the bottom of the slope. A timber building, the grit storage hall, with a pyramid-shaped roof placed at the north-east corner attracts your attention. Its contents are highly corrosive which explains the pre-tensioned timber construction. The hall where vehicles are tested for their road worthiness is in the western section of the site, a curved office wing is attached to it. All masonry elements are rendered in cinnamon red which contrasts with the zinc cladding and the light and dark cement blocks forming the base. The concept behind the tree planting reflects the major form of the circle, numerous

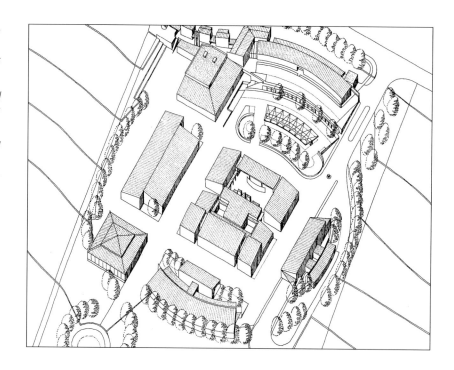

trees and bushes from the allotments which once occupied the site of the government buildings were used here. Paving stones with grass joints between them were employed for the surface of the car park and preparations were made for the growth of extensive greenery on the trellis frames which will lead to a successful integration of the building and the asphalt surfaces.
W.Z.

Autohaus Mazda-Lietz, Waidhofen
an der Ybbs
1990–92
Fotografie: Margherita Spiluttini

MITARBEITER / ASSISTANTS
Gotthard Eiböck, Alain Tisserand,
Gerhard Schaller
STATIK, KONSTRUKTEUR /
STRUCTURAL ENGINEERING
Helmuth Locher, Gerhard Wagner
AUSFÜHRENDE FIRMA /
BUILDING CONTRACTOR
Firma Wolfgang Deseyve
BAUHERR / CLIENT
Heinrich und Christian Lietz
ANSCHRIFT / ADDRESS
Ybbsitzer Straße 107
A-3340 Waidhofen an der Ybbs

LITERATUR / LITERARY REFERENCE
- Steiner, Dietmar; Piranesi, Nr. 1/I.
Ljubljana 1992.
- Steiner, Dietmar; Chramosta, Walter
M.; Architektur & Bauforum 152, 1992.
- Moneo, Jose Rafael; Chramosta,
Walter M.; Rozanc, Marjan; Kozelj,
Janez; Vodopivec, Ales; Boris
Podrecca. Architecture. Katalog
anläßlich der Ausstellung in Madrid
1992. (Ed.) Obalne Galerije, Piran
1992.
- Zugmann, Gerald; architecture in the
box. architectural photography
1980–1995, Wien/New York 1995.
- Österreich - Architektur im 20.
Jahrhundert. DAM Frankfurt am Main.
Architektur Zentrum Wien.
München/New York 1995.
- Dimster, Frank; Die neue österreichi-
sche Architektur, Stuttgart 1995.
- Zschokke, Walter. Boris Podrecca.
Arbeiten/Works 1980–1995.
Basel/Boston/Berlin 1996.

AUTOHAUS MAZDA-LIETZ, WAIDHOFEN AN DER YBBS

BORIS PODRECCA

Südlich von Waidhofen reihen sich im grünen Talgrund, der parallel von Bundesstraße und Bahngeleise durch-schnitten wird, einige Industrie- und Gewerbebetriebe. Den oberen Abschluß bildet die Autowerkstätte Mazda-Lietz, deren Gebäudeteile statisch und dynamisch inein-andergreifen. Eine klassisch-quaderförmige, wellblechver-kleidete Hülle für die Werkstatt und das Magazin über-nimmt dabei den statischen Part: Sie dient der Wartung und Pflege von Automobilen. Der dynamisch bewegt wir-kende Kopfteil, wo zeichenhafte Hüllenfragmente Verkauf und Modellausstellung schirmen, wird vom Schwung einer geschuppten gläsernen Wand dominiert. Die Glas-elemente reihen sich zu einem Viertelkreis, den ein aufge-ständerter Fahrbahnabschnitt akzentuiert. Die vielfältige Palette aktueller Automodelle wird in diesem Raum auf-gefächert ausgestellt. Durch das Gemenge von Formen und Farben dringt von außen, von der Rückseite her, ein kräftiger Bewegungsimpuls: Ein Rampenkeil bricht als massives Element aus der Ebene und dringt in den glä-sernen Viertelzylinder vor, wo die Fahrspur auf das aufge-stelzte, sichelförmig wegstrebende Brückenfragment stößt. Die gerade Fortsetzung mündet in ein schallge-schütztes Besprechungszimmer, das hinter bombierten Scheiben kabinenartig über dem Verkaufsbereich thront. Die von der Rampe eingeleitete Dynamik setzt sich nun mit stärkerer Amplitude in horizontaler wie vertikaler Ebene fort. Die Bewegung schwingt sich hoch und kulminiert in dem breit aufgestelzten Flugdach, das nach Norden über das Tal hinunter zu blicken scheint und den Eingangsbereich und die Außenexposition schirmt. In der Horizontalebene stößt das Brückenfragment überkopf durch die Glaswand, ragt kühn über den Zugang vor und trägt wie auf einer ausgestreckten Handfläche das jeweils neueste Automodell als Blickfang. Im Detail-bereich erinnert Podrecca da und dort in spielerischer, doch nie direkter Weise an die Automobilkultur und die hohe Zeit von Stromlinienform und Chrom der dreißiger und fünfziger Jahre.
W.Z.

To the south of Waidhofen several industrial and business premises are situated on the floor of a green valley traversed by the parallel lines of the national roadway and the train tracks. The Mazda-Lietz motor-car workshop forms the upper termination, its elements intersecting both statically and dynamically. A classic block-like shell, clad in corrugated metal and housing the workshop and storehouse, is the static element where cars are serviced and maintained. The dynamic head of the building, in which shell fragments serve to screen the sales area and showrooms, is dominated by the curve of a glazed wall. The glass element describes a quarter circle, its outline

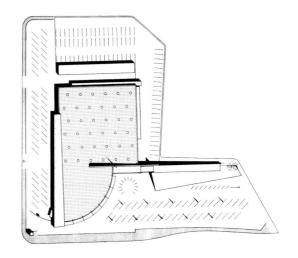

emphasised by a section of motorway supported on piers. The extensive range of current car models is spread out, fan-like, in this space. From outside, at the rear of the building, a powerful impulse bursts through the mix of shapes and colours. A wedge-like ramp, a massive element which breaks out of the horizontal, penetrates the glazed quarter cylinder and meets the curve of the sickle-shaped bridge fragment, carried on piers. The direct continuation of this penetrating movement terminates in a sound-insulated meeting room, which is a kind of cabin lined with curved panels that forms a dominant element in the sales area. The dynamism introduced by the ramp is then continued more intensely, both horizontally and vertically. The movement swings upwards culminating in a broad, strutted roof canopy which seems to gaze northwards over the valley below and which serves to protect the entrance area and external display area. On the horizontal plane the bridge fragment penetrates the glass wall and projects boldly over the entrance. It is like an outstretched hand carrying the latest car model as an eye-catcher. In his detailing Podrecca makes references, here and there, in a playful and always indirect way to automobile culture and, in particular, to the chrome and stream-lined era of the thirties and fifties.

W.Z.

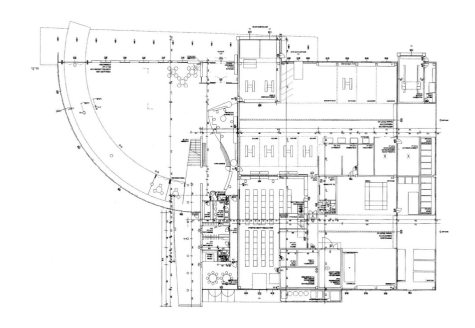

Schnitt/section,
Grundriß/plan, 1 : 667

Bürogebäude als Anbau an
Betriebshalle, Böheimkirchen
1990–93
Fotografie: Margherita Spiluttini

STATIK, KONSTRUKTEUR /
STRUCTURAL ENGINEERING
Peter Gaupmann, St. Pölten
AUSFÜHRENDE FIRMA /
BUILDING CONTRACTOR
Firma Eberhard, St. Pölten
BAUHERR / CLIENT
Möbelbau Hochgerner GesmbH &
Co KG
ANSCHRIFT / ADDRESS
Furth 17
A-3071 Böheimkirchen

BÜROGEBÄUDE ALS ANBAU AN BETRIEBSHALLE, BÖHEIMKIRCHEN

REINHARD GALLISTER

Der mittlere Tischlereibetrieb besteht aus mehreren, im Lauf der Zeit entstandenen Hallen und Werkstattgebäuden. An der Südostecke, nahe der Straße und dem Betriebsparkplatz, wurde das neue zweigeschossige Bürohaus errichtet. Zur Straße zeigt es eine einfache, in den Details jedoch äußerst exakt behandelte Bürofassade mit durchlaufenden Fenstern, zarten Pfosten und fein gerippten Brüstungen. Zum Parkplatz entwickelt sich eine architektonische Empfangsgeste, indem der verglaste Kubus etwas unter das flach auskragende Dach eingezogen wurde. Eine schlanke Rundstütze an der Nordostecke steckt den Minimalportikus ab. Als architektonisches Gegengewicht stößt auf der anderen Seite ein leicht bombierter, weiß verputzter Körper durch die Leichtbaufassade hindurch, der mit seiner Krümmung zum Eingang verweist. Das minimalistische Prinzip mit Stütze und Vordach verleiht dem kleinen Bauwerk angemessene Eleganz. Erstmalige Kunden werden rasch merken, in welchem Teil der Anlage das Büro zu finden ist. Ohne viel Aufhebens gewann der Betrieb mit dem schmucken Bauwerk ein selbstverständliches Aushängeschild.
W.Z.

This medium-sized joiner's workshop consists of a number of halls and workshops built over the course of the years. The new two-storey office building was erected at the south-east corner, close to the street and the private car park. Towards the street it has a simple and yet extremely precisely detailed office facade with continuous windows, slender uprights and finely ribbed parapets. On the car park side it makes a welcoming architectural gesture by placing the glazed cube under a flat, projecting roof. A slender round column at the north-east corner defines a portico of minimum dimensions. On the other side a slightly curved, white rendered element forms an architectural counterpiece which penetrates the light construction facade and indicates the entrance with its curvature. The minimalist principle of using column and canopy gives the small building an appropriate elegance. New customers will quickly discover where the offices are located. Without much fuss the company gained a completely natural sign board in the form of this attractive building.
W.Z.

RHEINZINK BÜRO- UND LAGERGEBÄUDE, HERZOGENBURG

RICHARD ZEITLHUBER, WOLFGANG PFOSER

Mit dem Bau und der Gestaltung dieses Betriebsobjekts sollte ein Merkzeichen geschaffen und zugleich das von der Firma vertriebene Bedachungsmaterial gezeigt werden. Das gegenüber dem Büroteil um vielleicht zehn Mal größere Volumen der Lagerhalle ist durch ein horizontales Streifenmuster in Weiß und Blau gegenüber anderen Gewerbebauten hervorgehoben. Der relativ kleine Büroteil, der an einer Ecke in die Halle eingeschnitten ist, macht mit kräftiger Gestik auf sich aufmerksam: eine konkave, mit Zinkblech verkleidete Schildwand muß durchschritten werden. Dem stegartigen Zugang antwortet ein vorspringendes Dach, das weniger als Witterungsschutz, denn als Eingangssignal dient. Hinter dem Wandschirm baucht sich die Seitenfassade vor den Büros. Schlanke Stützen tragen das ausladende Dach. Sie erzeugen eine Raumschicht vor der Fassade, woraus sich ein spannungsvoller Gegensatz zur Glätte der konkaven Blechwand ergibt. Im sparsam gehaltenen Inneren wird die zentrale Stiegenhalle durch Oberlichter erhellt. Sie dient als kleines Foyer bei Veranstaltungen im obergeschossigen Seminarraum. Der expressiv bewegte Neubau wirkt in der Gewerbezone wie ein Fasan im Hühnerhof, so daß ihm jedenfalls Aufmerksamkeit zuteil wird.
W.Z.

The intention was that the construction and design of this building should function as a symbol while also displaying the roofing material distributed by this company. The warehouse is about ten times the size of the office area and is distinguished from the surrounding industrial buildings by a horizontal pattern of blue and white stripes. The relatively small office element, which is inserted into a corner of the warehouse, attracts your attention with a dramatic gesture: to enter the building you must penetrate a concave, zinc-clad wall panel. A projecting roof responds to the bridge-like access route, its primary function is to indicate the entrance rather than to provide protection from the weather. The roof is supported by slender columns which create a spatial layer in front of the facade and produce an interesting contrast to the smoothness of the concave, metal-clad wall. The central staircase hall in the economically designed interior is lit by roof lights. It serves as a small foyer for events in the upstairs seminar room. In this industrial area such an expressively animated new building seems somewhat like a pheasant in a chicken coop, but is, in any case certain of attracting attention.
W.Z.

Rheinzink Büro- und Lagergebäude, Herzogenburg
1990–91
Fotografie: Martin Schiebel,
© Rheinzink GmbH

BAUHERR / CLIENT
CA-Leasing GesmbH, Wien
ANSCHRIFT / ADDRESS
Industriestraße 23
A-3130 Herzogenburg

LITERATUR / LITERARY REFERENCE
- Architektur aktuell 156, 1993.

Betriebsgebäude der Ideal Waagen-
und Maschinenbau GesmbH,
Leopoldsdorf
1992–93
Fotografie: Rupert Steiner

STATIK, KONSTRUKTEUR /
STRUCTURAL ENGINEERING
Karlheinz Wagner, Wien
AUSFÜHRENDE FIRMA /
BUILDING CONTRACTOR
Stahlbau: Industrie und
Werksvertretung
Dach: Zeman & Co
Fassade: Schmidhofer – Ferroglas
BAUHERR / CLIENT
Ideal Waagen- und Maschinenbau
GesmbH
ANSCHRIFT / ADDRESS
Arbeitergasse 32–34
A-2333 Leopoldsdorf

LITERATUR / LITERARY REFERENCE
- Architektur für die Arbeitswelt, Basel
1995.

BETRIEBSGEBÄUDE DER IDEAL WAAGEN- UND MASCHINENBAU, LEOPOLDSDORF

SCHWARZ UND SCHWARZ, KARIN SCHWARZ-VIECHTBAUER UND KARL-HEINZ SCHWARZ

Auf der längsrechteckigen Parzelle wurden zwei mit Tonnendach versehene, lange Baukörper plaziert, die Produktions- und Lagerhallen sowie die Verwaltung enthalten. Der kürzere liegt parallel zur einen Grundstücksgrenze und öffnet sein stirnseitiges Tor zur vorbeiführenden Straße. Der längere Baukörper teilt die verbleibende Grundstücksfläche diagonal in einen nach vorne geöffneten Empfangsbereich und einen rückwärtigen Teil mit den Parkplätzen. Der schräg zur Erschließungsstraße gerichtete Gebäudekopf ist gestalterisch aufgewertet durch eine bis zur Traufe reichende Verglasung. Aus der zweigeschossigen Eingangshalle führt eine Treppe zu den im Obergeschoß gelegenen Büros. Die karge Ästhetik und die Wände aus großformatigen Ziegelsteinen erinnern an den Zweck als normales Betriebsgebäude. Dennoch wurden die Details engagiert entwickelt und entsprechend exakt ausgeführt. Sie stehen für die Präzision der im feinmechanischen Betrieb erzeugten Produkte. Auch dieses Betriebsgebäude zeichnet sich durch seine spezifische Identität aus. Erreicht wurde sie durch eine kluge, raumbildende Anordung auf dem Grundstück und die sorgfältige bauliche Ausführung. Auf zusätzliche gestalterische Applikationen konnte verzichtet werden.
W.Z.

Two long, barrel vaulted elements placed on a long rectangular site house the warehouse, production area and offices of this company. The shorter block is parallel to one of the site boundaries, the doorway at the gable end faces directly onto the road leading by. The longer of the two elements divides the remainder of the site diagonally into an external reception area that is open towards the front and an area behind containing the car park. The gable end of the block placed at an angle to the access road is enhanced by glazing extending to eaves level. A staircase leads from the double-height entrance hall to the offices on the upper floor. The bare aesthetic and the walls made of large format blockwork are a reminder that this structure is a normal industrial building. Nevertheless the details were carefully thought out and precisely executed. They symbolise the precision of the products manufactured in this fine mechanics company. This building has its own specific identity resulting from the intelligent positioning of the elements on the site and the careful detailing which made it possible to dispense with any additional design features.
W.Z.

BETRIEBSOBJEKT PAWERONSCHITZ, HERZOGENBURG

RICHARD ZEITLHUBER

Betriebsobjekt Paweronschitz,
Herzogenburg
1991–93
Fotografie: Thomas Wingelmayr

STATIK, KONSTRUKTEUR /
STRUCTURAL ENGINEERING
Helmut Zieritz, St. Pölten
BAUHERR / CLIENT
Paweronschitz GmbH, Herzogenburg
ANSCHRIFT / ADDRESS
Wiener Straße 74 B
A-3130 Herzogenburg

LITERATUR / LITERARY REFERENCE
- architektur, Oktober 1994.

Das mittelgroße Installationsunternehmen ließ am neuen Standort Administration, Planung, Verkauf, Lager- und Präsentationsräume zusammenfassen. Zwei locker durch einen Zwischengang gekoppelte Gebäudetrakte: Die große Lagerhalle und ein zweigeschossiger Büroteil definieren über Eck gestellt den Verladehof. Während die Halle in Stahlskelettbauweise mit Trapezblechfassade und flachem Tonnendach ausgeführt wurde, erhielt der Stahlbetonskelettbau für die Büros ein mehrheitlich in Glas aufgelöstes Erdgeschoß, wo sich die Präsentationsräume befinden. Die darüberliegenden Büros deckt eine Fassade aus gewelltem Blech. Die bewußt augenfällige Gestaltung versucht, unterstützt durch Leuchtschriftzüge, das Bürogebäude als signifikantes Werbeobjekt für die Firma zu nützen. An seinem Kopf wird dies mit einer auf die Straßenführung bezogenen Rundung und dem abgesetzten Dach angestrebt. Das zugespitzte Ende an der anderen Seite wird in dreieckförmige Lamellen aufgelöst, die den runden Kamin fassen. Als Träger für den Schriftzug dient die vorstehende, auf die Struktur reduzierte Ecke der Dachkonstruktion. Damit erreicht der Bau für vorbeifahrende Automobilisten aus beiden Richtungen zeichenhafte Wirkung.
W.Z.

*A medium-sized plumbing business erected a new building to house the company's offices, planning and sales departments, warehouse and showrooms. Two elements are loosely connected by a linking corridor. The large warehouse and a two-storey office block placed at an angle define the loading yard. The steel-framed hall has a trapezoid metal facade and a shallow barrel vault, whereas the ground floor of the steel-framed office building, which contains the showrooms, is almost entirely glazed. The offices on the floor above have a corrugated metal facade. This deliberately striking design aims at exploiting the building as a kind of advertising for the company, an aim underlined by the company's neon sign. The curved end of the building, which relates to the road nearby, and the detached roof line also reflect the design concept. The pointed end at the other side of the building is composed of a triangular frame made of louvers that encloses a round chimney flue. The company sign here is carried by a projecting edge of the roof construction, reduced to its primary structural members. For motorists driving by in either direction the entire building functions as a sign.
W.Z.*

EVN Bezirksleitung Scheibbs
1992–94
Fotografie: Margherita Spiluttini

MITARBEITER / ASSISTANT
Martin Palmrich
STATIK, KONSTRUKTEUR /
STRUCTURAL ENGINEERING
Josef Robl, Leobendorf
AUSFÜHRENDE FIRMA /
BUILDING CONTRACTOR
Firma Hausbau GmbH
BAUHERR / CLIENT
EVN Energie-Versorgung
Niederösterreich AG,
Maria Enzersdorf am Gebirge
ANSCHRIFT / ADDRESS
Punzenauweg 6
A-3270 Scheibbs

EVN Bezirksleitung Gmünd
1992–94
Fotografie: Margherita Spiluttini

MITARBEITER / ASSISTANT
Martin Palmrich
STATIK, KONSTRUKTEUR /
STRUCTURAL ENGINEERING
Josef Robl, Leobendorf
AUSFÜHRENDE FIRMA /
BUILDING CONTRACTOR
Firma Hausbau GmbH
BAUHERR / CLIENT
EVN Energie-Versorgung
Niederösterreich AG,
Maria Enzersdorf am Gebirge
ANSCHRIFT / ADDRESS
Albrechtserstraße 7
A-3950 Gmünd

LITERATUR / LITERARY REFERENCE
- Zschokke, Walter; Die Presse /
Spectrum, 3. Dezember 1994.

EVN BEZIRKSLEITUNGEN

PAUL KATZBERGER

Ende der achtziger Jahre erfolgte eine Umstrukturierung in der niederösterreichischen Energieversorgung: Strom-, Gas- und Fernwärmeverteilung wurden zusammengelegt und von einem neuformierten Unternehmen, der EVN, übernommen. Für Kundendienste und die baulich-technische Betreuung der Leitungsnetze und Anschlußknoten wurden entsprechend der neuen Betriebsstruktur im ganzen Land Bezirksleitstellen vorgesehen, die in kurzer Zeit zu errichten waren. Das Konzept des Architekten sah eine hinsichtlich Lage und Ausführung flexible Typenlösung vor. Ausgehend von einer Trennung in zwei Ebenen und der obergeschossigen Grundrißstruktur mit zwei parallelen Erschließungsgängen und Querverbindungen, außenliegenden Büros und innenliegenden Sanitär-, Besprechungs- und Archivräumen wurden für Bauplätze in Amstetten, Bruck an der Leitha, Edlitz, Gmünd, Neunkirchen, Pottenstein, Scheibbs und Zwettl u. a. angemessene Konkretisierungen entwickelt. Dabei wurde die Ausführung soweit generalisiert, daß bestimmte Halbfabrikate festgelegt waren. Dennoch konnten regionale und lokale Klein- und Mittelbetriebe sich bewerben. Die einzelnen Bauten sind nun in ihrem Ausdruck verwandt, aber nicht identisch. Selbstverständlich flossen die Erfahrungen von den ersten fertiggestellten Bezirksleitungen bei den nächsten ein. Gewicht wurde neben der betriebstechnischen Optimierung auf die Gestaltung eines freundlichen Informations- und Beratungsdienstes gelegt. Gleichbleibend ist die Trennung in Sockel- und Obergeschoß, wobei unten – vom Werkhof her mit Lager- und Garagengebäuden zugänglich – Garderoben, Sanitär- und Aufenthaltsräume für die Montagetrupps, oben dagegen Büros für die Planung und den Verkauf angeordnet sind. Je nach topographischer und siedlungsbaulicher Lage präsentieren sich die Gebäude als langgezogene oder gedrungene, flachgedeckte und blechverschalte Quader auf zurückgesetzem Ortsbetonsockel oder als gegliederte Volumen mit massivem Sockelgeschoß, metallverkleidetem Oberbau und schiefergedecktem Zeltdach. Über nordorientierte Oberlichtaufsätze werden die Binnenbereiche mit Licht versorgt. Der formale Rückbezug auf die sechziger Jahre basiert auf dem Studium vernünftiger Grundrißtypologien von Bürogebäuden dieser Zeit. Auf der Basis ausführlicher Studien damaliger Arbeiten wurden sie für die komplexen Nutzungsansprüche einer Bezirksleitung adaptiert und heutigen energetischen Anforderungen entsprechend ausgeführt. Damit gelingt es, eine Selbstverständlichkeit im Ausdruck zu erzielen, wie sie der weniger sprunghaften Entwicklung in ländlichen Gegenden entspricht. In bautechnischer Hinsicht wird die gegenüber den sechziger Jahren verbesserte Industrialisierung des Bauens genützt. Während damals zahlreiche Architekten Bausysteme entwickelten, die zwar für eine Massenproduktion gedacht, aber einzeln gefertigt werden mußten, kann heute mit marktgängigen Fassaden- und Trennwandsystemen oder Betonelementen kostengünstiger geplant und gebaut werden. Der architektonische Ausdruck entsteht als Produkt bewußten Arbeitens mit diesen Systemen. Daraus entsteht die spezifische Ambivalenz dieser Bauten: Sie wirken neu und zugleich vertraut.
W.Z.

At the end of the eighties the energy supply system in Lower Austria was restructured; electricity, gas supplies and district heating distribution were combined and taken over by a newly formed body, the EVN (Lower Austrian

EVN Bezirksleitung Amstetten
1992–96
Fotografie: Margherita Spiluttini

MITARBEITER / ASSISTANT
Martin Palmrich
STATIK, KONSTRUKTEUR /
STRUCTURAL ENGINEERING
Josef Robl, Leobendorf
AUSFÜHRENDE FIRMA /
BUILDING CONTRACTOR
Firma Schaufler, Ybbsitz
BAUHERR / CLIENT
EVN Energie-Versorgung
Niederösterreich AG,
Maria Enzersdorf am Gebirge
ANSCHRIFT / ADDRESS
Waldhofnerstraße 102
A-3300 Amstetten

EVN Bezirksleitung Neunkirchen
1992–93
Fotografie: Margherita Spiluttini

MITARBEITER / ASSISTANT
Martin Palmrich
STATIK, KONSTRUKTEUR /
STRUCTURAL ENGINEERING
Josef Robl, Leobendorf
AUSFÜHRENDE FIRMA /
BUILDING CONTRACTOR
Firma Schuster GmbH
BAUHERR / CLIENT
EVN Energie-Versorgung
Niederösterreich AG,
Maria Enzersdorf am Gebirge
ANSCHRIFT / ADDRESS
Am Triester Spitz 16
A-2620 Neunkirchen

EVN Bezirkleitungen:
Scheibbs (S. 178), Gmünd, Zwettl,
Amstetten, Edlitz, Neunkirchen, Zwettl
(v. li. n. re.)

Energy Distribution Board). As a consequence of this new structuring, district offices throughout the state were planned to cater for customer service and the maintenance of the network and service points. These offices had to be built quickly. The architect's concept envisaged a building type which would be flexible as regards different sites and systems of construction. The starting point was a separation into two levels, an upper floor with two cross-linked, parallel access corridors, the offices placed on the outside and sanitary facilities, conference rooms and archives positioned internally. Concrete plans were developed for sites in Amstetten, Bruck an der Leitha, Edlitz, Gmünd, Neunkirchen, Pottenstein, Scheibbs and Zwettl. The constructional system was standardised to such an extent that a number of elements could be pre-fabricated, but nevertheless regional and local small and medium-sized construction firms could apply for the contracts. The appearance of the buildings is related but never identical. Naturally the experience gained in the first district offices to be completed was applied to subsequent projects. Alongside an optimised operational system emphasis was laid on creating a user-friendly information and advisory service. The separation into base and upper level was preserved on the lower level, accessible from the works yard with the warehouses and garages, cloakrooms, sanitary facilities and lounges for the groups of fitters were planned, whereas offices for the sales and planning staff were placed on the upper

floor. Depending on the particular topographical situation and the proximity of housing developments the buildings are either long or compact flat roofed, metal-clad blocks on a recessed reinforced concrete base or articulated volumes with a massive base, metal-clad upper floor and a slate covered, pyramid roof. North-facing roof lights provide daylight for the internal areas. The formal reference to the sixties is based on a study of intelligent floor plans dating from this period. On the basis of extensive studies of buildings from this time these plan types were adapted to suit the complex requirements of a district head office and built to accommodate current demands. The design succeeds in achieving a natural expressiveness appropriate to the less dramatic pace of development in rural areas. As regards construction the developments which have taken place in the industrialisation of the building process since the sixties were fully utilised. Whereas at that time numerous architects developed their own systems of pre-fabricated building which were intended for mass production but had to be fabricated individually, today it is more economical to plan and build using facade and separating wall systems or concrete elements which are readily available on the market. The architectural expression is then a product of the intelligent use of such systems. This serves to explain the specific ambivalence of these buildings which are, at one and the same time, new and yet familiar.
W.Z.

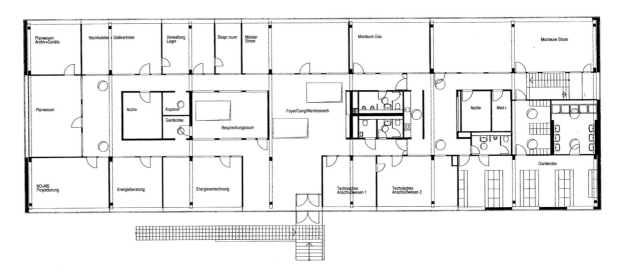

Grundriß/plan, 1 : 333:
EVN Bezirksleitung Scheibbs

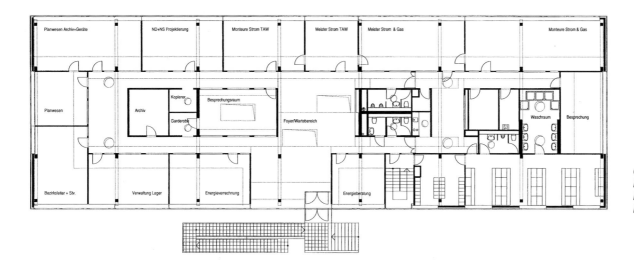

Grundrisse / plans, 1 : 333:
EVN Bezirksleitung Zwettl,
EVN Bezirksleitung Amstetten,
EVN Bezirksleitung Edlitz

Schömerhaus, Klosterneuburg
1985–87
Fotografie: Margherita Spiluttini

MITARBEITER / ASSISTANTS
Margarethe Cufer, Otmar Hasler,
Sabina Hubacher, Guido Welzl,
Bauleitung: Sepp Müller (Gerhard
Kogert, Andreas Heinrich)
STATIK, KONSTRUKTEUR /
STRUCTURAL ENGINEERING
Fritz Mencik
AUSFÜHRENDE FIRMA /
BUILDING CONTRACTOR
Porr AG
BAUHERR / CLIENT
Firma Schömer, Karlheinz Essl
ANSCHRIFT / ADDRESS
Aufeldstraße 17–23
A-3400 Klosterneuburg

LITERATUR / LITERARY REFERENCE
- UmBau 9, Dezember 1985.
- Casabella 523, April 1986.
- Domus 694, Mai 1988.
- Bauwelt 19, Mai 1988.
- Baumeister 6, Juni 1988.
- The Architectural Review 1102,
Dezember 1988.
- Architecture d' Aujourd'hui 264,
September 1989.
- Kapfinger, Otto; Kneissl, Franz E.;
Dichte Packung / Architektur aus
Wien, Salzburg 1989.
- Tabor, J.; Haslinger, R.; Architektur
und Industrie, Wien 1991.
- Zukowsky, J.; Wardropper, J.; Austrian
Architecture and Design, Beyond
Tradition in the 1990s, The Art
Institute of Chicago, 1991.
- Waechter-Böhm, Liesbeth (Hrsg);
Heinz Tesar; Wien 1995.

SCHÖMERHAUS, KLOSTERNEUBURG

HEINZ TESAR

Das repräsentative, vornehm wirkende Bürogebäude
steht donauseits von Straße und Bahnlinie fast wie ein
erratischer Block in einem städtebaulich unklar definierten Gebiet, wo Gewerbebauten und Lagerplätze abwechseln. Der zurückhaltend betonte Eingang erscheint
als ein vorhangartiges Aufziehen oder Herausbiegen der
Außenmauer, dem vermittelnd ein Glaspavillon vorangestellt ist. So wie diese Form in der Zeit ungewohnt wirkt,
erstaunt auch das nach oben progressiv dünner werdende Muster des Löffelputzes. Die sanft insistierende Bewegung der Wand und das dematerialisierende Muster

in der Bekleidung der unteren beiden Geschosse sind
architektonisch rar gewordene Maßnahmen intensiv-poe-
tischer Wirkung. Das Gebäudeinnere ist um einen hohen
elliptischen Binnenraum herum organisiert, dessen Dach,
perforiert durch einen Oberlichterkranz, von vier starken
runden Stahlbetonstützen getragen wird. Sie markieren
die Ecken eines großen Quadrats, das der Ellipse eingeschrieben ist. Die Überlagerung der geometrischen Formen ist wegen der optischen Täuschungswirkung des
elliptischen Raumes ohne Grundriß nur schwer zu durch-
schauen. Eine aus der Mittelhalle aufsteigende Pracht-
stiege erschließt mit zwei gegenläufigen Entwicklungen
sämtliche Geschosse. Die Lifte befinden sich funktional,
aber etwas weniger prominent, an den seitlichen
Ellipsenscheiteln. Die außenliegenden Büros reihen sich
an das großzügige Gangsystem. Halle, Galerien, Gänge
und teilweise auch die Büros dienen als Stell- und
Hängeflächen für die Sammlung zeitgenössischer österreichischer Kunst des Bauherrn sowie für wechselnde
Ausstellungen zu demselben Thema. Die edel gestaltete
Fassade, die weihevolle Stimmung in der Halle und die
großzügigen Büroräumlichkeiten erzeugen gemeinsam
Besonderheit. Sie knüpft einerseits an der gediegenen
Pracht des Wiener Ringstraßen-Historismus an. Andererseits ist das Gebäude als Manifestation für privates kultu-
relles Engagement zu verstehen.
W.Z.

This impressive, restrained building stands on the Danube side of the roadway and train tracks almost like an erratic block in an area imprecisely defined in urban terms where industrial buildings alternate with store yards. At the quietly emphasised entrance the external wall seems to be curved outwards or raised like a curtain. A glass pavilion is placed as an intermediary in front of the entrance. Today this form seems just as unfamiliar as the pattern of the rendered wall surface, made with the back of a spoon, which upwards becomes progressively less dense. The gently insistent movement of the wall and the surface pattern of the two lower storeys, which tends to dematerialise the building, are architectural measures, nowadays rare, which have an intense poetic effect. The interior of the building is organised around a lofty elliptical internal space. The roof slab is perforated by a ring of roof lights

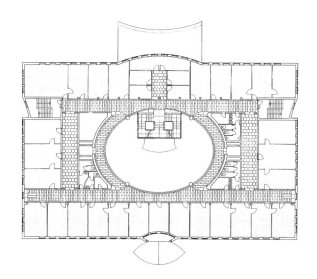

and carried by four powerful circular columns. These mark the corners of a large square inscribed in the ellipse. As a result of the optical effect created by the elliptical space this layering of geometric forms is difficult to perceive without the aid of a floor plan. A ceremonial stairway rising from the central hall with two double flight staircases provides access to all levels. The lifts are placed, functionally enough but less prominently, at either end of the long axis of the ellipse. The outward facing offices are arranged along a generous corridor system. Hall, galleries, corridors and (in part) the offices serve as exhibition and hanging space for the client's collection of contemporary Austrian art and for diverse art shows on this theme. The nobly designed facade, the solemn, elevated atmosphere in the hall and the generously dimensioned offices combine to produce something special. In one sense there is a reference to the dignified grandeur of Vienna's Ringstrasse Historicism but this building can also be seen as a manifestation of private cultural involvement.
W.Z.

Grundriß/plan, 1 : 667

Lageplan/site plan

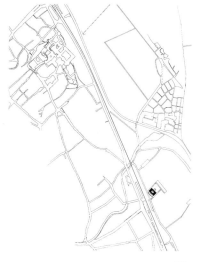

Bene Bürohaus und Produktionshalle,
Waidhofen an der Ybbs
1985–88
Fotografie: Margherita Spiluttini

MITARBEITER / ASSISTANT
Dietmar Lenz
STATIK, KONSTRUKTEUR /
STRUCTURAL ENGINEERING
Christo Grigorow
AUSFÜHRENDE FIRMA /
BUILDING CONTRACTOR
Baumeister Wedl
BAUHERR / CLIENT
Bene Büromöbel KG
ANSCHRIFT / ADDRESS
Schwarzwiesenstraße 3
A-3340 Waidhofen an der Ybbs

LITERATUR / LITERARY REFERENCE
- Morteo, Enrico; Domus 3/91.
- Werk, Bauen + Wohnen 10/89.
- Steiner, Dietmar; Bauwelt 13, 1989.
- Ortner & Ortner Baukunst, Katalog
des OÖ Landesmuseums, Linz 1993.

BENE BÜROHAUS UND PRODUKTIONSHALLE, WAIDHOFEN AN DER YBBS

ORTNER & ORTNER

Im breiten Talgrund südlich der Stadt Waidhofen dehnt sich ein Gewerbegebiet, auf dem die Firma Bene-Büromöbel eine große Fläche belegt. Parallel zur Straße entwickelt sich die lange Fabrikationshalle, deren Fassadengestaltung mit Maßstab und Proportionen so geschickt spielt, daß die wahren Größenverhältnisse erst im Vergleich mit Bezugselementen wie Menschen oder Autos hervortreten. Von drei projektierten Bürotrakten wurde neben der Halle vorerst der Mittelteil errichtet. Er besteht aus einem Längstrakt als Basis und dem mittleren von drei fingerartig vorstoßenden Stichtrakten. Zur vorbeiführenden Landstraße weist er eine kühne, bugartige Rundung auf, welche die Blicke der Vorbeifahrenden auf sich zieht. Auch hier ist ein verwirrendes Spiel mit Geschossen und Fassadenproportionen feststellbar: sind es nun drei oder fünf Büroebenen? In die kräftige Ordnung des vorgelagerten, auf die Geschosse bezogenen Betongitters sind etwas schlankere Kämpfer eingesetzt, und die Attika wird von einer Pergola überhöht, die diademartig die stärkste Krümmung betont. Mit knapp zwei Dritteln der Geschoßhöhe trägt sie zur optischen Verwirrung bei – es sind drei Geschosse. Der feine Rasen des Vorfelds läßt die Bauten monumentaler wirken und sichert ihnen Prägnanz. An der Rückseite des Bürobaus schließt das Fragment des Längstrakts an. Hier erfolgt der Zugang. Aus der karg instrumentierten Fassade tritt ein Treppen-

aufgang einladend auf den Parkplatz heraus. Das Innere des Gebäudes ist nicht nur als Verwaltung von Betrieb und Produktion organisiert, sondern dient als Versuchslabor im Maßstab 1:1 für neue gestalterische Strategien im Bürobereich, denn nur, wenn hart an klug vorausgeschauten Bedürfnissen entlang geplant wird, besteht die Chance auf wachsende Verkaufszahlen. Mit der sorgfältigen Pflege des äußeren Erscheinungsbildes ihrer Betriebsbauten leistet die Firma Bene über die individuelle Werbung hinaus wichtige architekturkulturelle Entwicklungsarbeit. Das architektonische Konzept, das geschickt mit den Faktoren Monumentalität und optischer Verfremdung agiert, wirkt verständnisbildend im Interesse des zeitgenössischen Architekturschaffens.
W.Z.

The Bene furniture company building occupies a large site in an area of industrial and commercial buildings extending across a broad valley floor, south of Waidhofen. The long production building runs parallel to the road. The design of its facade is a sophisticated game played with scale and proportion which is so subtle that the actual dimensions become apparent only when people or cars are seen against the backdrop of the building. For the present only the central wing of three originally planned

office tracts was erected. It consists of a long element forming a base and the central member of three finger-like, projecting wings. It presents a bold curve, like the prow of a ship, to the national roadway nearby that serves to attract the attention of passing motorists. Here too the designers played a puzzling game with storey heights and facade proportions. Does the building have three or five office floors? The horizontals in the powerfully rhythmic concrete grille placed in front of the building, which relates to the floor levels inside, are somewhat more slender than the verticals and the roof parapet is crowned by a pergola which, like a diadem, emphasises the curvature at its sharpest point. As it is almost two thirds the height of a storey this element contributes to the visual puzzle – it has three floors. The smooth lawn in front makes the building seem more monumental and assures it a certain presence. The fragment of the longitudinal wing is attached to the rear of the office building which is where the entrance is located. A staircase projecting from the restrained facade leads to the car park. The interior is not organised exclusively around the administration of sales and production but is also a kind of full scale experimental laboratory for new design strategies in the area of office furniture. To ensure the possibility of sales growth design must relate directly to intelligently anticipated requirements. For Bene the careful attention to the external appearance of the company building is more than an advertising strategy, it is also an indication of important development work in the field of architecture. The architectural concept, which employs monumentality and visual alienation in a sophisticated manner, serves to develop public understanding of contemporary architecture.

W.Z.

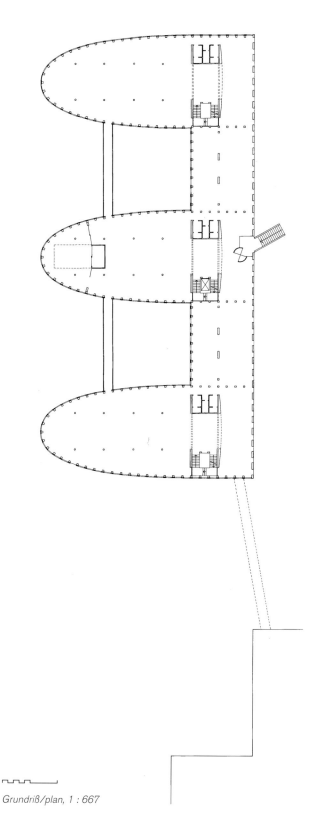

Grundriß/plan, 1 : 667

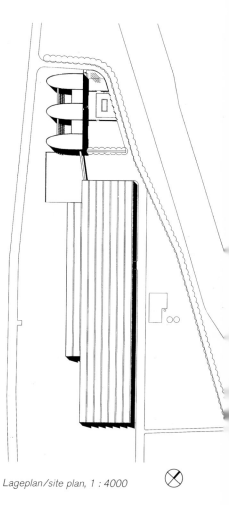

Lageplan/site plan, 1 : 4000

EVN Forum, Maria Enzersdorf
1990–93
Fotografie: © EVN

MITARBEITER / ASSISTANT
Gerhard Fassel
STATIK, KONSTRUKTEUR /
STRUCTURAL ENGINEERING
Wolfdietrich Ziesel, Wien
AUSFÜHRENDE FIRMA /
BUILDING CONTRACTOR
ARGE Universale Neue Reform
BAUHERR / CLIENT
EVN
ANSCHRIFT / ADDRESS
Johann-Steinböck-Straße 1
A-2344 Maria Enzersdorf

LITERATUR / LITERARY REFERENCE
- Zukowsky, John; Austrian
Architecture and Design, 6/1991.
- Perspektiven 9/10, 1993.
- Gustav Peichl, A Viennese Architect,
1993.
- Planen–Bauen–Wohnen, 148.
- Architecture today, 10/1994.
- Gustav Peichl, Neue Projekte; Basel,
Berlin, Boston 1996.

EVN FORUM, MARIA ENZERSDORF

GUSTAV PEICHL

Zum bestehenden Verwaltungsgebäude aus den sechziger Jahren, schon damals von Gustav Peichl entworfen, war ein Erweiterungsbau für ein Kommunikationszentrum mit Mehrzwecksaal, Vortragsräumen und Sitzungszimmern sowie zusätzlichen Büroflächen und Nebenräumen zu errichten. Der Neubau ist an der Stirnseite des langen Altbautrakts über einen kurzen, mittig verlaufenden Gang an die bestehende Eingangshalle angedockt. Beginnend mit den Nebenräumen und normalgroßen Büros entwickelt sich das Gebäude in Fortsetzung des Mittelgangs von den kleinen zu den großen Räumen. Dieser Progression folgt auch der Baukörper, der sich trompetenartig weitet. Den breiten Kopf füllt ein aus dem Untergeschoß aufsteigendes, gestuftes Auditorium aus. Darüber, im Obergeschoß, liegen zwei große Sitzungs- oder Seminarräume. Die Zwischenzone besetzt ein

hallenartiges Eingangsfoyer, das über einen separaten Zugang vom Vorplatz her betreten wird. Eine luftige Treppe in einem weiträumig-rechteckigen, von Rundstützen gesäumten Ausschnitt leitet ins Untergeschoß hinunter, von wo das Auditorium zugänglich ist. Über ein Zenitallicht und einen kreisförmigen Deckendurchbruch fällt Tageslicht auf die Treppe und breitet sich bis in das untere Foyer aus. Obwohl dieser in der Großform eingebunden ist, gewinnt der Zubau mit dem Foyerraum eine Mitte. Mit dem Lift sowie über eine Treppe im Obergeschoß kann man auf die begrünte Dachterrasse gelangen, wo die Körper der Ausstiege und der verschiedenen Oberlichte eine Architekturlandschaft bilden. Die primär axialsymmetrische Einform des Gebäudes enthält unterschiedlich große Räume und vielfältige Nutzungen, die dem klaren Volumen funktional sinnvoll eingeschrieben sind. Die innere Heterogenität drückt sich hingegen in den differenzierten Öffnungen aus, welche in die Natursteinverkleidung der Fassade eingeschnitten wurden: große Fenstertüren für die Eingangshalle, einfache Reihung bei den Büros oder ein rundes Auge vor der gemütlichen Sitzecke im Foyer. Dasselbe gilt für den Viertelzylinder des Windfangs und das Halbrund der Fluchtstiege. Mit diesen «Störungen» der exakten Symmetrie auf einer kleineren Maßstabsebene gewinnt das

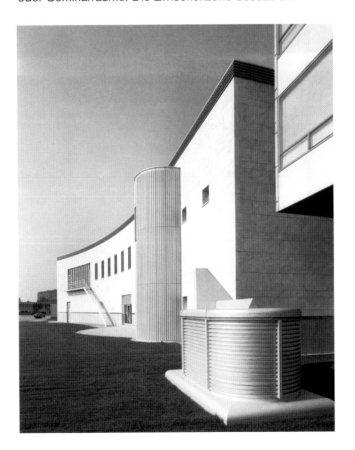

Gebäude Leben. Da und dort erhält es auch einen verschmitzt anthropomorphen Anflug, der sich aber mit der Forderung der klassischen Moderne deckt, die Öffnungen an jene Stelle zu setzen, wo sie von innen her sinnvoll oder erforderlich sind. Am EVN-Forum führt Gustav Peichl vor, wie ein Annexbauwerk an den eine Generation älteren Bau angeschlossen werden kann, obwohl es in der gestalterischen Sprache seiner derzeitigen Schaffensperiode gehalten ist. Der Altbau wird in seiner autonomen Wirkung weder beeinträchtigt, noch biedert sich der Neubau an den Bestand an. Dem verwendeten Prinzip des Andockens eignet etwas prinzipiell Geräthaftes an: verschiedene Komponenten werden nach Bedarf zusammengestellt, wie man es von Bauten der Industrie oder von Infrastrukturanlagen der Energieversorgung her kennt. Auf dieser strukturellen Basis gelang es, die beiden ungleichzeitigen Architektursprachen wirksam zu integrieren.

W.Z.

This project involved the building of an extension to house a communications centre, multi-purpose hall, lecture and conference rooms plus additional office and ancillary spaces, onto an existing administration building dating from the sixties – also designed by Gustav Peichl. A short central corridor docks the new building to the short side of the long existing building. The new building starts with service spaces and normal sized offices, as the central corridor extends the spaces increase in size. The outline of the building also follows this progression, widening like a trumpet. A stepped auditorium rising from the lower level fills the mouth of the instrument. Above, on the upper level, are two major conference or seminar rooms. A hall-like entrance foyer occupies the intermediate space which is reached via a separate access from the forecourt. An airy staircase in a broad rectangular void lined by circular columns leads down to the lower level from where you enter the auditorium. High-level glazing and a circular opening in the ceiling slab provide daylight for the staircase and the lower foyer. Although this foyer is part of the major form it also provides the extension with a centre.

Access to the planted roof terrace is via a lift or a stairs on the upper level. On this terrace the structures housing the exits onto the roof combine with the roof lights to create an architectural landscape. The form of the building, which is essentially organised along an axis of symmetry, contains spaces of different sizes and a multitude of functions which are sensibly and functionally inscribed in the clear volume. The internal heterogeneity is expressed in the different openings cut in the stone cladding of the facades: large French doors for the entrance hall, a simple additive system of openings for the offices or a round eye in front of the cosy seating area in the foyer. The same applies to the quarter cylinder of the draught lobby and the semi-circular escape stairs. These "interruptions" (on a smaller scale) to the exact symmetry enrich the building. Here and there it even exhibits amusing anthropomorphic tendencies which, however, also comply with the demand of classic modernism that openings should be placed exactly where, internally, they are necessary or seem sensible. In the EVN forum Gustav Peichl demonstrates how an annexe which uses the formal language of its own time can be attached to a building a generation older. The older building is not negatively affected nor does the new building attempt to match politely the existing structure. The principal employed of simply docking the new building has something machine-like about it, components are placed together as required, a system familiar from industrial buildings or from the infra-structure of energy supply complexes. On this structural basis Peichl succeeded in effectively combining two architectural languages dating from different periods. W.Z.

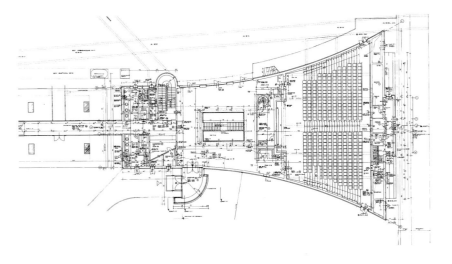

Grundriß Erdgeschoß/
plan ground floor, 1 : 667

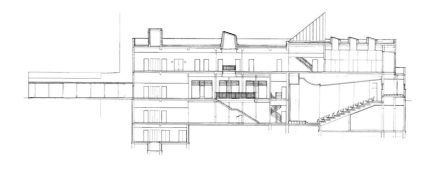

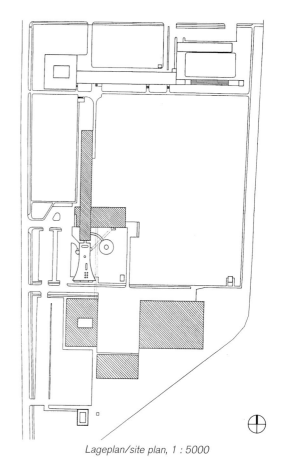

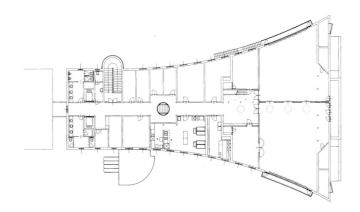

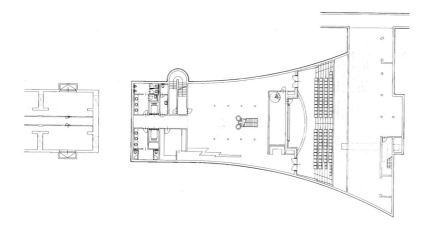

Österreichisches Forschungszentrum
Seibersdorf, Bürobau für
Systemforschung, Seibersdorf
1991–95
Fotografie: Gerald Zugmann (1),
Hélène Binet (2)

MITARBEITER / ASSISTANTS
Franz Sam (Projektarchitekt), Hopfner,
Hornung, Kappus, Myndl, Pillhofer,
Spieß, Stojek, Péan, Postl
STATIK, KONSTRUKTEUR /
STRUCTURAL ENGINEERING
Waagner-Biró, Wien (Stahlbau und
Statik Stahlbau)
Vasko und Partner, Wien (Statik Beton)
AUSFÜHRENDE FIRMA /
BUILDING CONTRACTOR
Lang & Menhofer, Baden (Baumeister)
BAUHERR / CLIENT
Österreichisches Forschungszentrum
Seibersdorf, Dr. Fröhlich
ANSCHRIFT / ADDRESS
A-2444 Seibersdorf an der Leitha

LITERATUR / LITERARY REFERENCE
- Kandeler-Fritsch, Martina;
Architektur & Bauforum 177/1995.
- Ulama, Margit; Architektur aktuell
185/1995.
- abi / architektur und bau.
Installation Herbst / Winter 1995/96.
- Sischka, J.; Stahlbau Rundschau
85/1995.
- Purtscher, Vera; Perspektiven
Sonderausgabe, 1A Special 1996.
- Baumeister 2/1996.
- Stahlbau Rundschau 86/1996.
- Kugel, Claudia; The Architectural
Review 1190, März/1996.

BÜROBAU FÜR SYSTEMFORSCHUNG, SEIBERSDORF

COOP HIMMELB(L)AU – WOLF D. PRIX, HELMUT SWICZINSKY & PARTNER

Die Gebäude für das Österreichische Forschungsinstitut bei Seibersdorf stammen aus den späten fünfziger Jahren. Klassische Moderne in Sichtziegelmauerwerk verleiht der in Campus-Typologie errichteten Anlage amerikanischen Touch, handwerkliche Ausführung und entsprechende Alterung führen zu eigenartigen Ungleichzeitigkeiten. In diesem Kontext bildet der in der Achse des Eingangsbauwerks mitten im Gelände neu errichtete Forschungspavillon ein architektonisches Rufzeichen. Die Planer interpretieren Innovationsfreude und Multidisziplinarität der Forschungstätigkeit mit einem vielgestaltigen Bauwerk, das die interne Erschließungsstraße überbrückt und trotz relativ geringer Größe eine zentrale Stellung in der Gesamtanlage beansprucht. Während

das Erdgeschoß in Fortsetzung einer bestehenden Halle als multimedialer Vortragsraum ausgebildet ist, lagern die zu einem längsprismatischen Körper zusammengefaßten beiden Obergeschosse quer dazu auf einer Schar individuell ausgebildeter Stützelemente aus Stahlbeton. Zwischen dem Bestand und dem geringfügig aus der orthogonalen Richtung verschwenkten Neubau entsteht ein im Grundriß keilförmiger Raum, der den Zugang, die Vertikalerschließung und Nebenräume enthält. Zwei über beide Geschosse reichende Fachwerke bilden die Tragstruktur, in der die beliebig in Bürozellen und Lofts unterteilbaren Forschungsräumlichkeiten eingeschrieben sind. Die vertikale Teilung in Brandabschnitte erlaubt offene Raumbeziehungen zwischen den Geschossen, während die beiden an den Stirnseiten erforderlichen Fluchttreppen bildwirksam in den Umraum ausgreifen. Vor der Südostfassade sind unregelmäßig geteilte Tafeln aus Gitterrosten montiert, die der Beschattung dienen. Dahinter zieht sich eine schmale Raumschicht mit den Fluchtstegen, die zugleich als Freiräume dienen, vor der ganzen Fassade hin. Die bewußt angestrebte Ästhetik des Vielfältigen, des Provisorisch-Unfertigen, des Mechanisch-Technischen, auch der Bricollage, erinnert an die Anmutung des «lunar excursion modul» der Mond-

entdecker. Obwohl angedockt an die alte Halle und im Kontext der Anlage exakt situiert, wirkt das Bauwerk geräthaft wie eine Raumschiffkomponente, die nach weicher Landung, vorläufig stabilisiert, als Forschungsstation dient, aber nach einem Wechsel als Verbrauchsmaterial am Ort belassen würde.
W.Z.

The buildings of the Austrian research centre near Seibersdorf date from the late fifties. Classical Modernism in the form of fair-faced brickwork gives the campus typology employed here a slight American touch, the actual execution and the ageing process lead to a certain peculiar, uncontemporary quality. In this context the new research pavilion, which is placed on the axis of the entrance building in the centre of the site, is an architectural exclamation mark. The designers interpreted the innovative and multi-disciplinary aspects of research work in a multivalent building which bridges an internal access road and which, despite its relatively modest height, occupies a central position in the complex. Whereas the ground floor is planned as a multi media lecture room forming a continuation of an existing hall, the two upper levels are combined to form a long, prismatic block resting at right angles on a series of individually shaped reinforced concrete struts. A wedge-shaped space which thus developed between the existing building and the new building is swivelled slightly. This space contains the access, vertical circulation and ancillary rooms. Two trusses extending over two levels forms the load-bearing structure within which the research spaces are inscribed in the form of office cells or lofts. The vertical separation into fire compartments creates an open spatial relationship between the levels whereas the two escape staircases required at the ends of the building create a striking image in the surroundings. Irregularly subdivided mesh panels in front of the south facade provide shade, behind them lies a narrow layer of space running the length of the facade which contains escape catwalks that double as open areas. The aesthetic which deals quite deliberately with variety, the provisional or incomplete, mechanical and technical qualities is a collage that reminds you of the "lunar excursion model". Although it is docked to the old hall and is precisely placed in the complex this building is reminiscent of a component of a space ship which, following a soft landing, is temporarily stabilised and now serves as a research station but which, in the event of a change, could easily be left behind as waste material.
W.Z.

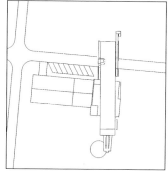

Lageplan/site plan, 1 : 2000

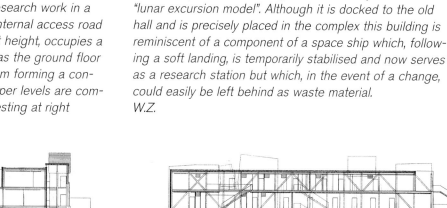

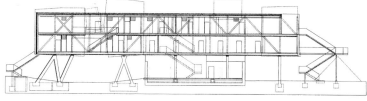

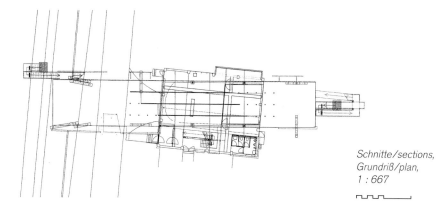

Schnitte/sections,
Grundriß/plan,
1 : 667

Rechtsanwaltskanzlei und Wohnung,
Neulengbach
Kanzlei 1992–95
Fotografie: Margherita Spiluttini

BAUHERR / CLIENT
Ernst und Gertraud Gramm
ANSCHRIFT / ADDRESS
Am Kirchenplatz
A-3040 Neulengbach

LITERATUR / LITERARY REFERENCE
- HDA-Dokumente zur Architektur, iV.
- Leeb, Franziska; Der Standard, 27.
Juli 1996.

RECHTSANWALTSKANZLEI UND WOHNUNG, NEULENGBACH

ALEXANDER RUNSER, CHRISTA PRANTL

In einem von dem Architektenpaar nicht zu verantworten-
den, zentrumsnahen Neubau hatte der Bauherr noch vor
Fertigstellung eine Fläche von zusammen drei
Kleinwohnungen erworben, um darin seine Kanzlei einzu-
richten. Durch Abfangen zweier Tragwände wurde ein
größerer zusammenhängender Raum geschaffen, an den
auf zwei Seiten separate Räume anschließen. Eine
Mittelzone, die nicht dem dauernden Aufenthalt dient,
wird durch einen Bodenbelag aus bruchrohem schwarz-
em Schiefer von der parkettbelegten Zone der
Dauerarbeitsplätze geschieden. Mit einer Schiebewand
aus blauem Glas läßt sich eine akustische Trennung vor-
nehmen. Ein raffiniertes Farbkonzept berücksichtigt, daß
die wenigen eingesetzten Farbtöne im wechselnden Licht
verschieden wirken. Die nach Bedarf differenzierte
Beleuchtung basiert auf Arbeiten und Entwürfen von
Bartenbach und Johannes Uhl. Ziel war eine blend- und
reflexionsfreie Ausleuchtung der Arbeitsplätze und geringere Leuchtdichte im Umfeld. Für die Möblierung wurde
klassisch moderner Standard gewählt: das System USM-
Haller und Sessel von Charles Eames.
W.Z.

*In a new building close to the town centre (not designed
by the architects) the client acquired three small apartments to use as his office, before the building was completed. By removing two load-bearing walls a large space
was created which is flanked on two sides by separate
rooms. A central zone not permanently used is floored
with unpolished black slate and is thus distinguished from
the permanent work areas with their parquet flooring. A
sliding wall made of blue glass can provide acoustic separation. The subtle colour scheme ensures that the few
shades employed have different effects, depending on the
light conditions. The artificial lighting, which is a response
to specific requirements, is based on a design by
Bartenbach and Johannes Uhl. The objective was to light
the workspaces adequately while avoiding glare or reflections and to provide less intense lighting in the perimeter
spaces. For the furnishings classic modern items were
selected: the USM Haller system and Charles Eames
chairs.
W.Z.*

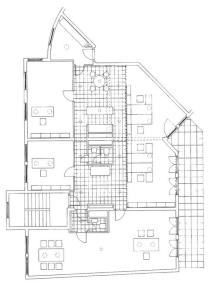

Grundriß/plan, 1 : 333

MADERNA-HAUS; BÜRO-, WOHN- UND GESCHÄFTSHAUS, ST. PÖLTEN

ADOLPH HERBERT KELZ

Maderna-Haus; Büro-, Wohn- und
Geschäftshaus, St. Pölten
1992–96
Fotografie: Margherita Spiluttini

MITARBEITER / ASSISTANTS
Andreas Scheidler, Dieter Wissounig
STATIK, KONSTRUKTEUR /
STRUCTURAL ENGINEERING
Manfred Petschnigg, Graz
AUSFÜHRENDE FIRMA /
BUILDING CONTRACTOR
Jäger Bau, Renner, Pasteiner
BAUHERR / CLIENT
Alfons Maderna, Wien
ANSCHRIFT / ADDRESS
Josefstraße 46a
A-3100 St. Pölten

Das lange Gebäude liegt ein paar Querstraßen südlich des historischen Zentrums von St. Pölten und definiert den Straßenraum im Bereich einer parkartigen Auflockerung des Blockrasters, in deren Mitte die Josefskirche steht. Während die Josefstraße nach Süden eine den Straßenraum stark definierende Begleitbebauung aufweist, steht an der Kreuzung gegenüber der Stirnseite des Maderna-Hauses etwas zurückgesetzt ein hohes Wohnhaus, das als Unterbruch wirkt. Die erkennbare Unstetigkeit im Vorstadtgefüge wird durch das lange, liegende und das hohe, stehende Volumen neu interpretiert und positiv betont. Bei dem langen Gebäude handelt es sich um den weitgehenden Umbau eines ehemaligen Kinos und späteren Supermarkts. Zur begleitenden Straße wurde die Fassade vollkommen geglättet und mit einer flachen, dünn scheinenden Außenhaut versehen. Das Hauptstiegenhaus, das etwa bei zwei Fünftel der Länge in eine große Ausnehmung des Baukörpers hineingestellt wurde, ist über einen daneben befindlichen Einzug im Gebäudevolumen zu betreten.

Zur Straße schirmt eine Glaswand Lärm und Staub ab. Während an der Längsseite der Volumencharakter durch die hermetische Oberfläche und die Ausnehmung für das Stiegenhaus betont wird, tritt an der Stirnseite die Hülle des Bauwerks als freigesetzte Kante in Erscheinung, die das Umhüllte deutlich sichtbar umfaßt. Das weiche Innere der Obergeschosse wird durch einen eingesetzten Lamellenvorhang geschützt. Im Erdgeschoß empfängt das stirnseitig angeordnete Ladenlokal die Kunden mit einem parabelförmig eingezogenen Eingang. In den Obergeschossen sind die Nutzflächen loftartig organisiert. Eine definitive Festlegung, ob sie als Büros, Ateliers oder Wohnungen dienen sollen, wurde nicht getroffen. Nur die Sanitärräume stehen fest, die übrige Einteilung kann vom Nutzer bestimmt werden. Der sehr rigid und amerikanisch-pragmatisch wirkenden äußeren Form steht ein flexibles potentielles Innenleben gegenüber, dessen hallenartige Räume die Phantasie anzuregen vermögen.
W.Z.

staircase, placed in a large scoop two fifths
of the way along the length of the building, is via a
neighbouring incision into the volume of the building.
Towards the street a glass wall provides protection from
noise and dust. Whereas on the long side the volume is
emphasised by the hermetic surface and the hollow made
for the stairs, at the end the shell of the building emerges
as a liberated edge, clearly revealing what is contained.
The soft innards of the upper floors are shielded by a
curtain of louvers. On the ground floor the shop placed at
the end of the building receives customers with a para-
bola-shaped entrance recess. On the upper levels the
floor areas are organised like lofts. A definite decision
whether they are to be used as offices, ateliers or apartments was not made. The sanitary facilities are the only
fixed element. The subsequent subdivision of the space
can be determined by the user. The extremely rigid and
pragmatically American external form is contrasted with a
flexible interior life in which the hall-like spaces will serve
to stimulate the fantasy.
W.Z.

This long building lies a few streets to the south of the
historic centre of St. Pölten. It defines the street in an
area where the block grid breaks up to form a park-like
development at the centre of which stands St. Joseph's
Church. Whereas towards the south Josefstrasse is lined
by a row of buildings which emphatically defines the street,
at the crossing opposite the end of the Maderna building
a somewhat recessed high apartment building functions
as an interruption. This recognisable inconsistency in the
suburban structure is re-interpreted and positively emphasised by the long horizontal and the high vertical volumes.
The long building represents a major reconstruction of a
former cinema which later became a supermarket. On the
street side the facade was smoothened and given a flat
and apparently thin external skin. Access to the main

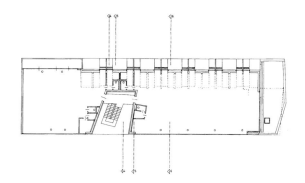

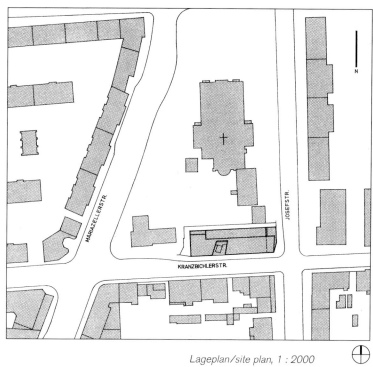

Lageplan/site plan, 1 : 2000

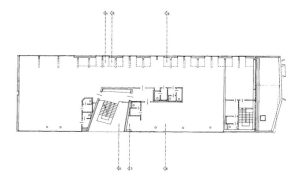

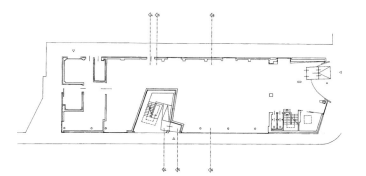

Schnitte/sections,
Grundrisse/plans,
1 : 667

Landhausviertel, St. Pölten
1989–97
Fotografie: Walter Zschokke

MITARBEITER / ASSISTANTS
Franz Janz, Martin Tröthan, Walter
Matzka
STATIK, KONSTRUKTEUR /
STRUCTURAL ENGINEERING
Anton Harrer, Krems
Reinhard Klestil, Wien
Helmut Zieritz, St. Pölten
AUSFÜHRENDE FIRMA /
BUILDING CONTRACTOR
ARGE Baumeister (mehrere Firmen)
BAUHERR / CLIENT
NÖ Verwaltungszentrum
Verwertungs GmbH St. Pölten
ANSCHRIFT / ADDRESS
Neue Herrengasse
A-3100 St. Pölten

LITERATUR / LITERARY REFERENCE
- Baumeister 12/1996.
- dB deutsche Bauzeitung 12/1996.

LANDHAUSVIERTEL, ST. PÖLTEN

ERNST HOFFMANN

Das aus einem Wettbewerb hervorgegangene städtebauliche Konzept legte ein neues Quartier entlang der Traisen fest, das auf diesen offenen Landschaftsraum bezogen ist. Eine zum Flußlauf parallele Ordnung von Straßenräumen und Baukörperketten wird ungefähr in der Mitte unterbrochen, wo die Platzkombination Landtags- und Landhausplatz vom aufgestelzten Landhaus überbrückt wird. Das Gebäude für den Landtag steht als einziges im Flußraum vor der langen Traisenfront und bildet den Endpunkt einer zweiten Achse. Der hohe Querflügel des Landhauses stoppt den flußparallelen Zug und leitet über zu den Bauten des Kulturbezirks. Diese Entwicklung bildet, neben der Wiener Straße, der alten Ostwestdurchfahrt durch die Stadt, eine zweite Anbindung an das historische Zentrum. Bezogen auf den Landhausplatz ragt der Klangturm von der Querachse etwas abgerückt in den Himmel. Als vertikales Element bildet er ein weithin sichtbares Zeichen für den neuen Stadtteil. Orthogonal zu den weiträumigen Straßenzügen verlaufen in regelmäßigen Abständen gassenartige Verbindungswege und sichern die Durchlässigkeit von der Stadt bis zur Traisenpromenade. Die modulartige Ordnung der Bürotrakte wird an städtebaulich spezifischen Stellen verändert. Im Norden münden die zwei Zeilen des «Landhausboulevards» in einem hohen Flugdach über dem Traisenplatz, der an der Bundesstraße liegt. Der Kopf der

dritten Zeile ist gerundet; damit wird die stadträumliche Position am Ende der Zeile und die Stellung zum Platz interpretiert. Vergleichsweise ähnlich ist der Kopf der östlichsten Zeile zum Landtagsplatz ausgebildet. Mit einer monumentalen Ordnung für Erdgeschoß und Mezzanin und einer großen Fensterwand wird dem Landtagsgebäude städtebaulich Reverenz erwiesen. Der nach den Prinzipien von Typologie und Morphologie organisierte Gesamtkomplex des Quartiers bildet eine sinnvolle strukturelle Ordnung für jene auf mittlere Sicht zwangsläufig erfolgenden kleinen Veränderungen an den diversen Bauwerken. Ebenso wird sich der Grenzbereich zum historischen Stadtkern in den kommenden Jahrzehnten im Verhältnis zu den neuen Setzungen in eine städtebaulich vermittelnde Zone wandeln.
W.Z.

The urban concept, which is the product of a competition, established a new quarter along the River Traisen that relates to the open landscape there. A series of streets and chains of buildings parallel to the river is interrupted, approximately in the middle, where the combination of Landtagsplatz and Landhausplatz is bridged by the Landtag (Federal State Parliament) building carried on piers. The Landtag building is the only structure which projects from the long front along the Traisen and forms

the endpoint of a second axis. The high transverse wing of the Landhaus stops the movement parallel to the river and leads towards the buildings in the cultural district. Along with Wienerstrasse, the old east-west route through the town, this development forms a second link to the historic centre. The Klangturm (literally sound tower) which is related to Landhausplatz rises upwards, shifted slightly from the transverse axis. This vertical element is a symbol of the new city district which is visible from far away. Passageways run, at regular intervals, at right angles to the broad streets and assure a permeability which connects the city with the Traisen promenade. The modular order of the office wings is modified at strategic urban points. To the north the two rows forming the "Landhausboulevard" terminate in a high canopy above Traisenplatz. which lies on the national roadway. The end of the third aisle is rounded off, as an interpretation of its urban position at the end of the row and the approach to the square. The end of the eastern row towards Landtagsplatz is somewhat similar. The urban significance of the Landtag building is indicated by the use of a monumental order for ground floor and mezzanine. The entire complex, which is organised according to typological and morphological principles, forms a meaningful structural order for those inevitable alterations to the various buildings which will take place in the intermediate future. Similarly, in the decades to come, the area bordering the historic urban core will transform into an urban mediator relating to the new structures.
W.Z.

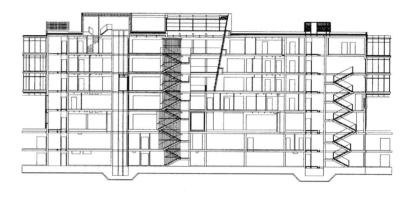

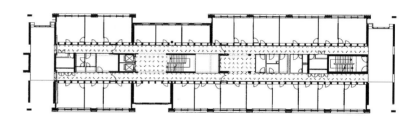

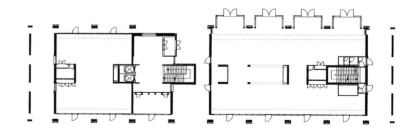

Schnitt/section,
Grundrisse/plans,
1 : 667

Suitenhotel der Viersternekategorie,
42 Suiten, Halle mit Rezeption, Bar,
Restaurant, Seminarraum; Ebreichsdorf
1990–93
Fotografie: Rupert Steiner

MITARBEITER / ASSISTANTS
Inneneinrichtung: Franziska Helmreich,
Renata Rischka
STATIK, KONSTRUKTEUR /
STRUCTURAL ENGINEERING
Bert Lutz
AUSFÜHRENDE FIRMA /
BUILDING CONTRACTOR
Baumeister: Wagner Bau, Wien
BAUHERR / CLIENT
Domino Suites Hotelbetriebs-
gesellschaft mbH & Co KG Richard
Drasche Wartinberg
ANSCHRIFT / ADDRESS
Dominostraße 1
A-2483 Ebreichsdorf

LITERATUR / LITERARY REFERENCE
- Der Standard, 11. Juni 1993.
- Architektur & Bauforum 160, 1993.
- Die Presse / Spectrum,
31. Dezember 1993.
- AIT 6/94.

HOTEL DOMINO EBREICHSDORF
WALTER IFSITS, HANNO GANAHL, WERNER LARCH

In der weiten Ebene des südlichen Wiener Beckens suchte der Bauherr und Betreiber des nahen Golfplatzes nach einer zeitgemäßen Interpretation für ein Hotel, das auch in den Zimmern einen angenehmen längeren oder wiederholten Aufenthalt versprechen sollte. Für die Gäste wurden daher unterschiedlich große Suiten entwickelt, in denen die Räume oder Raumzonen für den Aufenthalt am Tag von jenem für die Nacht getrennt sind. Von der verkehrsmäßigen Lage drängt sich eine Anreise mit dem Auto auf, weshalb die Parkplätze wie bei einem Motel unter dem vorkragenden Obergeschoß den einzelnen Suiten zugeordnet sind. Der langgezogene zweiteilige Appartementtrakt erstreckt sich parallel zu einem alten, regelmäßig mit Bäumen bestandenen Mühlgang, der seit Jahrzehnten die Landschaft teilt, während der kurze Kopftrakt mit Haupteingang, Rezeption, Foyer, Restaurant, Seminarräumen und Bar dazu rechtwinklig steht, so daß er den Längstrakt abschließt. Mit der Querstellung wird der Längstrakt an Ort und Stelle festgehalten und die Beliebigkeit seiner Position entlang des Mühlgangs durchbrochen. Die insgesamt 42 Suiten sind von einem langen internen Gang her erschlossen, der in der Mitte einmal von einer Querung des langen Gebäuderiegels unterbrochen wird. Die Organisation der Suiten auf eineinhalb Geschossen schafft die nötige Großzügigkeit für einen gemütlichen Aufenthalt. Unterschiedliche Einrichtungsvarianten sorgen bei regelmäßigen Gästen für Neugier oder Identifikation. Die erdgeschossigen Junior-Suiten verfügen über direkten Anschluß an den davor

anschließenden Grünraum, während die maisonetteartigen Suiten im Obergeschoß eine vorgelagerte Terrasse aufweisen. Der weitausladende Dachschirm beschattet die hohen Glaswände der Wohnbereiche, er verleiht dem Bauwerk aber zugleich eine festliche Gesamtnote, wie dies bei einer Tribüne oder einem Festzelt der Fall ist. Damit wird die emotionslose Reihung der Suiten intelligent und elegant überspielt. Dieselbe architektonische Figur wurde in noch stärkerem Maß für den Speisesaal angewendet, der eine größere Raumhöhe aufweist und in seiner Art sommerlich unbeschwert wirkt. Den Architekten gelang mit der anspruchsvollen Bearbeitung des klassischen Motel-Typs eine hoffnungsvolle Neuformulierung für den in den vergangenen Jahrzehnten vernachlässigten Bereich zeitgenössischer Tourismusarchitektur.
W.Z.

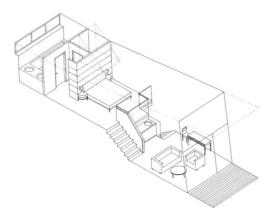

*Axonometrie eines Appartements/
axonometric of an apartment*

In the broad plain of the southern Vienna Basin the client who also runs a nearby golf course searched for a contemporary interpretation of the hotel. The intention was that the rooms should offer pleasant surroundings for a longer stay or a return visit. On this basis suites of different sizes were developed in which the rooms or zones for day and night are separated. The location of this hotel suggests that most guests arrive by car, the car parking places were therefore situated under the projecting upper level, directly in front of the suites, just as in a motel. The long two-part apartment wing extends parallel to an old mill stream which is lined at regular intervals by trees and has, for generations, divided the landscape. The short end

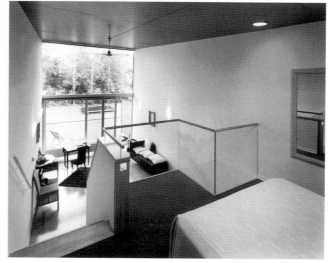

element containing reception, foyer, restaurant, seminar rooms and bar is placed at right angles and thus forms a termination to the apartment wing. This solution serves to anchor the bedroom wing in the site and thus clarify the arbitrary nature of its location along the mill stream. The 42 suites are reached via a long internal corridor which is interrupted halfway along its length by a break in the building. The planning of the suites on one and a half levels creates the spatial generosity necessary for a pleasant stay. Variations in the furnishings provoke the curiosity of regular guests or encourage a sense of identification. The junior suites at ground floor level open directly to the green space in front whereas the maisonette like suites

on the upper level are provided with a terrace. The projecting roof shades the glass walls of the living area and also lends the building a festive note, somewhat like a sports stand or a festival tent. This measure balances the cool, additive arrangement of the suites in an intelligent and elegant manner. The same architectural figure is employed in a more intense way in the dining room which is higher and has a summery lightness. A thorough reworking of the classical motel type enabled the architects to produce a new formulation in the area of contemporary tourist architecture, an area which, in recent decades, has been largely ignored.
W.Z.

Schnitt Servicetrakt/section service wing,
Schnitt Appartementtrakt/section apartment wing,
1 : 667

Lageplan/site plan, 1 : 5000

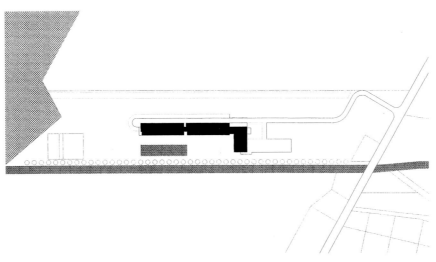

Erdgeschoß/ground level, 1 : 667

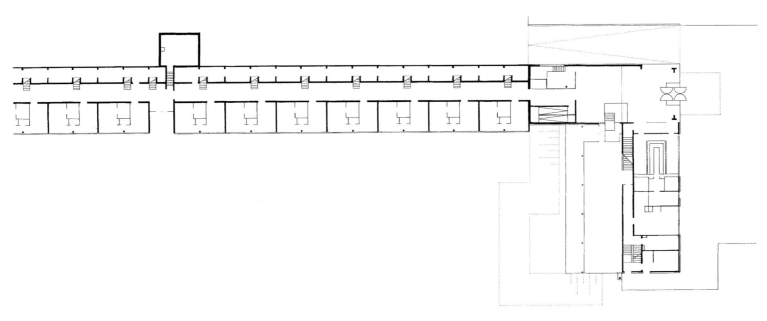

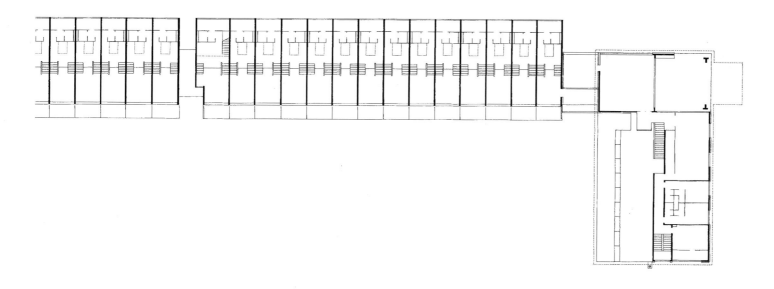

Obergeschoß/upper level, 1 : 667

Zwischengeschoß/split level, 1 : 667

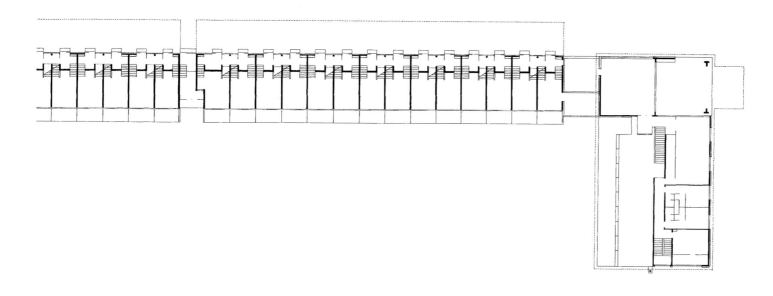

Café Bar Hendrik, Krems
1994–95
Fotografie: Margherita Spiluttini (1),
Franz Sam (2)

MITARBEITER / ASSISTANTS
Karin Sam, Robert Stojek, Stefan
Szigetvary
AUSFÜHRENDE FIRMA /
building contractor
Baumeister Buhl, Tischlerei Rehor,
Glaserei Schober, Schlosserei Danner,
Heiztechnik Firma Sev, Lüftung Schmid
BAUHERR / CLIENT
Gerrit und Arend Timmerman
ANSCHRIFT / ADDRESS
Margaretenstraße 10
A-3500 Krems

LITERATUR / LITERARY REFERENCE
- Architektur & Bauforum 8/9, 1996.

CAFÉ BAR HENDRIK, KREMS

FRANZ SAM

Nahe dem Hohen Markt, dem ältesten Teil der Kremser Altstadt, öffnet sich linker Hand, vor einem in die Gasse hineinspringenden Gebäude, ein verglastes Eingangsportal, das Einblick in ein Gastlokal bietet. Ein zurückhaltender Schriftzug über der Türe weist darauf hin, daß sich hinter den Scheiben das «Hendrik», eine Café-Bar befindet. Über wenige Stufen gelangt man in einen langen, röhrenförmigen Raum, dessen gewölbte Deckentonne seitlich bis zum Boden reicht. Die archaische Raumform läßt eine neugierige Erwartungshaltung aufkommen, wenn man hört, daß vermutlich genau in diesem Raum vor Jahrhunderten der «Kremser Pfennig» geschlagen wurde. Die rohen Bretter der Gewölbeschalung haben im Kalkmörtel der Decke ihre Negativform hinterlassen. Fragmentarisch sind gewisse Segmente mit weißem und rotem Verputz bedeckt; an diesen Stellen war die Gewölbeuntersicht beschädigt; nur hier wurden neue Oberflächen angebracht, mit einfachen Mitteln: aus wasserfesten Schaltafeln und verzinkten Stahlrohrgestellen wurde die Einrichtung hinter der Theke gestaltet. Für die Tischplatten der Bartheke und der

Stehtischchen, die in ihrer Art an hochgezüchtete Schulbänke erinnern, dient dagegen massives Edelholz. Die fragmentarische Einrichtung in der Art einer Assemblage wirkt in einer zweckmäßigen Art vorläufig, aber keineswegs provisorisch, eher scheinen die Einbauten auf das notwendige Minimum reduziert und auf spätere Ergänzung ausgelegt zu sein. Trotz der mehrschichtigen Einbauten im Gewölbe wird die fundamentale Kraft des langen Einraumes nicht beeinträchtigt. Der Dialog über Jahrhunderte zwischen den Materialien und Oberflächen wertet ihn auf. An manchen Abenden stehen die Gäste oft dichter als in einer vollen U-Bahn; das Gemenge aus Farben, Stoffen, Stimmungen, räumlichen Elementen und viel Zigarettenrauch wird beruhigend überwölbt vom Kontinuum der langen Tonne. Franz Sam hat zehn Jahre als Projektarchitekt für Coop Himmelblau gearbeitet und weiß, wie die Ingredienzen zu einem Architektur-Cocktail zu mischen sind. Mit dieser Café-Bar hat er nicht etwa nur einen Abglanz der Lokale aus der Metropole geschaffen, das «Hendrik» ist originär, es ist die Sache selbst.
W.Z.

Close to Hoher Markt, the oldest part of Krems, to the left and before a building projecting into the street space, a glazed portal offers you a view inside a premises. Discreet lettering above the door indicates that the café-bar "Hendrik" is located behind this glass pane. Crossing several steps you enter a long tube-like space in which, at the sides, the barrel vault reaches to the floor. This archaic spatial form arouses your curiosity, all the more so when you learn that, centuries ago, the "Kremser Pfennig" (Krems Penny) was probably coined in this room. The untreated boarding of the form-work for the vault has left its impression in the lime mortar of the ceiling. Certain segments are fragmentarily covered with white or red plaster, at these points the underside of the vault had been damaged, it was only here that a new surface was applied. The fittings behind the bar were made of the simplest of materials: water-resistant shuttering panels and galvanised steel tubing, whereas high quality hardwood was used for the counter top to the bar and the tables to stand at

(reminiscent of elavated school benches). The fragmentary nature of the fittings and the way they are put together appears functional and reduced but in no way provisional, the fittings seem reduced to an absolute minimum and give the impression that they are equipped to take later additions. Despite the layers of insertions in the vaulted room the fundamental strength of the space is not compromised. The dialogue between materials and surfaces spanning the centuries serves to enhance it. On evenings when the guests are packed together more tightly than in an underground train, the long barrel vault calmly presides over the mix of colours, materials, moods, spatial elements and a lot of cigarette smoke. Franz Sam worked for ten years as a project architect with Coop Himmelblau and knows how to mix a good architectural cocktail. This café-bar is not merely an echo of the urban scene, "Hendrik" is original, is itself the issue.
W.Z.

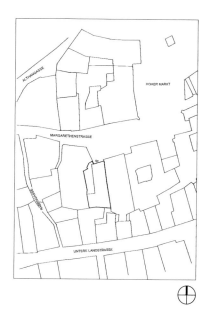

Lageplan/site plan, 1 : 2000

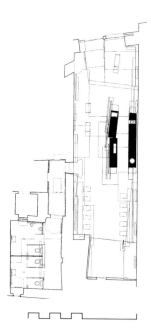

Grundriß/plan, 1 : 333

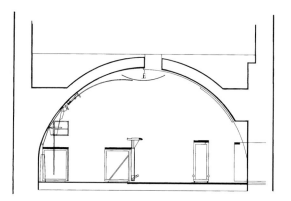

Schnitt/section, 1 : 100

Hotel Klinglhuber, Krems
1994–96
Fotografie: Margherita Spiluttini

MITARBEITER / ASSISTANTS
Stella Kontou, Boris Braunschmid
STATIK, KONSTRUKTEUR /
STRUCTURAL ENGINEERING
Werner Retter, Krems
AUSFÜHRENDE FIRMA /
BUILDING CONTRACTOR
Firma Schubrig GesmbH, Krems
BAUHERR / CLIENT
Familie Franz Klinglhuber
ANSCHRIFT / ADDRESS
Wiener Straße 12
A-3500 Krems

LITERATUR / LITERARY REFERENCE
-1996, Staatspreis für «Architektur und
Tourismus».

HOTEL KLINGLHUBER, KREMS

ALOIS NEURURER, ELENA THEODORU-NEURURER

Der Neubau für das Hotel Klinglhuber liegt nahe beim Stammhaus in der östlich des Kremsflüßchens gelegenen Vorstadt, die eine mittelalterlich geprägte Struktur mit geschlossener Bauweise aufweist. Vor der Südfront weitet sich die Straße zu einem kleinen Platz, so daß diese städtebaulich mehr Gewicht erhält. Das dreigeschossige Bauwerk mit zurückgesetztem Dachgeschoß verfügt über einen großzügigen Eingangsbereich: vorn weitet sich die breitgelagerte Halle mit der Rezeption in der Mitte und einer Bar zur Linken, im Hintergrund schließt der um drei Stufen erhöhte Frühstücksbereich an, der durch einen Oberlichtstreifen direkt hinter der Rezeption und über eine Glaswand zum Hof Morgenlicht erhält. Ein großer Konferenzraum, der um einen mittelgroßen Seminarraum erweiterbar ist, sowie ein Sitzungszimmer füllen rechter Hand den Gebäudesockel, der von einer markanten Natursteinverkleidung akzentuiert wird. Da der Winkel an der freistehenden Gebäudeecke in den Obergeschossen etwas weniger als 90 Grad aufweist, sind die Zimmer, der Fassadenflucht folgend, entsprechend zurückgestaf-

felt. Im Hotelgang dahinter, der in der Breite abnimmt, bleibt dafür vor dem Lift etwas mehr Manövrierfläche. Die Fenster verharren dagegen in der orthogonalen Ordnung, so daß eine Doppelreihe von zwei mal sieben Erkerfenstern die Fassade belebt. Um den daraus resultierenden Zug nach links etwas zu bremsen, weist die letzte Fensterachse keine Erkerfenster auf. Im zurückspringenden, von unten kaum wahrnehmbaren Dachgeschoß befinden sich weitere Hotelzimmer und eine Wohnung. Die Zimmer sind mit einfachen Möbeln aus hellem Birkenholz ausgestattet, ein kecker Sessel mit einseitiger Armlehne aus dem Sortiment der in Etsdorf, nördlich von Krems, domizilierten Firma Wittmann rundet die Einrichtung ab. Ein kastenartiger Holzteil birgt die raumsparende Schiebetüre, durch die man ins Bad gelangt, von dem die Toilette separiert ist. Zwei schmale Glasstreifen in der räumlichen Hülle des Badezimmers lassen Tageslicht eindringen, so daß der kleine Raum weniger eng wirkt. Die Aus- und Durchblicksmöglichkeiten werten ihn zusätzlich auf. Die Rückseite des Seitentrakts, an den später einmal

The new hotel Klinglhuber is close to the original hotel building in an old suburb which is mediaeval in plan and densely built, to the east of the little river Krems. In front of the south facade the street widens to form a small square, giving this side of the building more urban weight. The three-storey building with recessed roof level has a generous entrance area: at the front is the broad hall with the reception in the middle and a bar on the left, the breakfast areas lies three steps higher at the rear and receives morning light through a roof light directly behind the reception and from a glass wall onto the courtyard. A large conference room, which can be expanded by including a medium size seminar room, and a meeting room fill the right hand side of the building plinth which is accentuated by a striking natural stone cladding. As the angle made by the free standing corner of the building is, on the upper levels, somewhat less than 90 degrees the bedrooms, which follow the line of the facade, are staggered. The hotel corridor behind therefore tapers, leaving more space to manoeuvre around the lift. The windows, how-

die zweite Bauetappe angeschlossen werden soll, ist dahingehend gestaltet worden, daß das Provisorium nicht geschlossen und unfreundlich wirkt. Mit Fenstertüren beim Gang und dem verglasten Dachgeschoß über dem Stiegenhaus wurde erreicht, daß der Zwischenstand ebenfalls ein achtbares Gesicht aufweist.

Das mit mehreren Preisen ausgezeichnete Bauwerk ist nicht im ersten Anlauf entstanden. Vorangegangen war ein Streit um einen ungeschickt romantisierenden Erstentwurf, den der Gestaltungsbeirat und der Baudirektor abgelehnt hatten. Das in der Folge neu vorgeschlagene Architektenpaar Neururer–Theodoru, das in Tirol bereits einschlägige Erfolge zu verzeichnen hatte, erarbeitete aber nicht nur architektonisch, sondern auch betrieblich ein wesentlich verbessertes Projekt, das, als Stadthotel ausgelegt, die Befürfnisse der alteingesessenen Kremser Hoteliersfamilie bestens erfüllt.

W.Z.

ever, maintain the orthogonal order, resulting in two rows of seven bay windows which animate the facade. In order to balance the resulting leftward pull the last axis does not have a bay window. The recessed roof level, which is hardly noticeable from below, contains further hotel rooms and an apartment. The rooms are fitted with simple furniture made of light birch, a rather pert chair with an arm on one side only from the Wittmann company in Etsdorf, north of Krems, completes the range. A boxlike wooden element contains the space-saving sliding door to the bathroom which is separated from the lavatory. Two narrow strips of glass in the shell of the bathroom allow daylight to enter making the small room seem less cramped. The views out and through the space also serve to enhance it. The rear of the side wing onto which a second phase will later be attached is designed in such a way that its provisional status does not make it seem closed or unfriendly. French windows to the corridor and the glazed roof level above the stair well ensure that this intermediary state still conveys a particular character. This building, which has won several awards, is not the product of the first design for this project. It was preceded by a dispute about an unhappy romantic initial design which both the design advisory council and the local director of building operations had rejected. The pair of architects, Neururer–Theodoru, who were subsequently suggested for the commission had already been successful in precisely this area of building in Tyrol. Not only is their project architecturally superior, it also functions considerably better. It is designed as a town hotel and admirably fulfils the requirements of the established family of hotel owners.
W.Z.

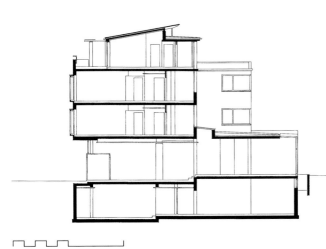

Schnitt/section, 1 : 333

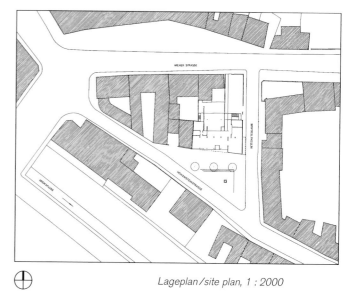

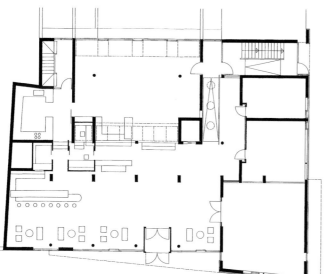

Lageplan / site plan, 1 : 2000

Grundrisse / plans, 1 : 333
Dachgeschoß / top floor,
1. und 2. Obergeschoß /
first and second upper floor,
Erdgeschoß / ground floor

Kloster Pernegg, Horn
1991–97
Fotografie: Margherita Spiluttini

MITARBEITER / ASSISTANTS
Peter Matzalik, Bernhard Beyer,
Wilhelm Ohrfandl
STATIK, KONSTRUKTEUR /
STRUCTURAL ENGINEERING
Werner Retter, Krems
GARTENARCHITEKTIN /
LANDSCAPE GARDENER
Brigitte Mang, Wien
AUSFÜHRENDE FIRMA /
BUILDING CONTRACTOR
Graf Bau GesmbH, Horn
BAUHERR / CLIENT
Kunst- und Bildungszentrum Stift
Geras GmbH,
Prälat Joachim Angerer, Geras
ANSCHRIFT / ADDRESS
A-3753 Pernegg 1

LITERATUR / LITERARY REFERENCE
- Denkmalpflege in Niederösterreich,
Band 17; Beispiele aus der
Denkmalpflege von 1986 bis 1996,
Dokumentation zur Wanderausstellung.

KLOSTER PERNEGG, HORN

MONIKA PUTZ

Das Kloster Pernegg liegt auf einer Anhöhe im nördlichen Waldviertel, einige Kilometer von Horn entfernt. Der Neubau für das Gästehaus ist als langgezogener, zweihüftiger Baukörper mit Mittelgang an die nordwestliche Ringmauer angelehnt. Ein bestehendes Ökonomiegebäude mit gewölbtem Souterrain und ein halbschaliger Mauerturm wurden in das Konzept einbezogen. Der Eingang erfolgt vom äußeren Hof der Gesamtanlage. Die Stirnseite des Gästehauses wirkt eher unscheinbar. Als flach eingeschobenes Volumen ist es mit zimtroter Farbe vom Bestand abgesetzt. Das langgestreckte Bauwerk folgt dem nach hinten leicht abfallenden Gelände und ist zweimal um ein halbes Geschoß abgestuft. Die räumliche Entwicklung läßt sich in dem langen, durch Glasoberlichte erhellten Gang nachvollziehen. Ein großes Entrée bietet einen um drei Stufen erhöhten Überblick auf den zur Halle erweiterten Korridor, von dem her die auf der Außenseite zweigeschossig übereinander angeordneten Gästezimmer zugänglich sind. Der gewölbte Altbau läßt mit seinen zur Halle offenen Fenstern ein wenig Basaratmosphäre aufkommen; er enthält ein Frühstücks- und Pausencafé. Nach hinten setzt sich der Gang in der Breite abnehmend fort, von den Treppen in gleiche Abschnitte gegliedert. Die von dem konkreten Maler Oskar Putz bestimmte Farbgebung unterstützt den zenitalen Lichteinfall. Den Abschluß des Ganges bildet ein verglastes Stiegenhaus, das auf eine schmale Scharte in der Ringmauer bezogen ist. Funktional handelt es sich dabei um ein Nebentor, das beispielsweise zu einem Spaziergang in die nähere Umgebung einlädt. Ein weiterer, mit Neubauten ergänzter Flügel der ausgedehnten Anlage wird für die Altenpflege verwendet. Die rationale Architektursprache der Neubauten kontrastiert geschickt mit den Rudimenten älterer Gebäudestrukturen. Von weitem betrachtet scheinen die massenbetonenden Baukörper der Neubauten trotz der Farbgebung zu dem vom Mauerring gebildeten Sockel der Gesamtanlage zu gehören. Ihre flachen Dächer unterstützen diese Abstufung. Mit den steilen Ziegeldächern bleibt die Aufgabe der Hügelbekrönung weiterhin bei den Altbauten, die von der Klosterkirche überragt werden.
W.Z.

The monastery of Pernegg lies on an elevated site in the northern Waldviertel (a wooded area in the north of Lower Austria), a few kilometres outside Horn. The new building for guests, a long, double-loaded structure with a central corridor, is attached to the north-western ring wall. An existing out-house with a vaulted lower level and a semi-circular tower was incorporated in the concept. The entrance is from the outer courtyard of the complex. The end wall of the guest building is undramatic. It is a flat, inserted volume distinguished from the existing buildings by its cinnamon red colour. The long building follows the gentle slope of the site and twice steps down half a level. This spatial development can be traced in the long corridor lit by roof lights. A large entrance area, raised three steps, offers a view of the corridor which here expands to become a hall from which the two floors of guest rooms can be reached. The vaulted old building with windows open to the hall evokes something of the atmosphere of a bazaar. It contains a café used for breakfast and during breaks. Towards the rear the corridor narrows and is divided into sections of equal length by the staircases. The colour scheme chosen by the artist Oskar Putz emphasises the light entering from above. A glazed staircase terminates the corridor and forms a narrow fissure in the ring wall. In terms of function this is a side entrance which invites you to take a walk in the wild surroundings. A further wing of the extensive complex,

also extended by new buildings, is used for the care of the elderly. The rational architecture of the new buildings contrasts effectively with the rudiments of the older structures. Seen from a distance the massive elements of the new buildings appear, despite their colouring, to belong to the plinth of the complex formed by the ring wall. The flat roofs emphasise this articulation. The old buildings with their steeply pitched roofs remain in command of the hill and are dominated by the monastery church.
W.Z.

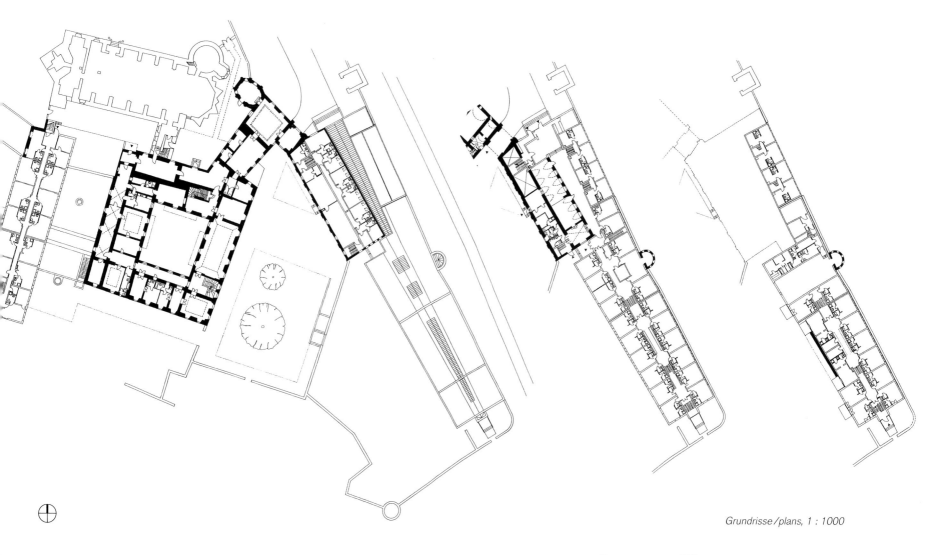

Grundrisse/plans, 1 : 1000

Schuhhaus Wunderl, Sollenau
1988
Fotografie: Anna Blau

STATIK, KONSTRUKTEUR /
STRUCTURAL ENGINEERING
Oskar Graf, Wien
AUSFÜHRENDE FIRMA /
BUILDING CONTRACTOR
Baumeister Othmar Pruckner,
Sollenau
BAUHERR / CLIENT
Franz Wunderl
ANSCHRIFT / ADDRESS
Wiener Neustädter Straße 49
A-2601 Sollenau

LITERATUR / LITERARY REFERENCE
- The best shops, Ediciones Atrium
S.A., Barcelona, 1990.

SCHUHHAUS WUNDERL, SOLLENAU

HANS PETER PETRI

Der Neubau liegt zwischen einem eingeschossigen und einem zweigeschossigen Haus. Die lange Straßenfront nimmt im Erscheinungsbild Charakter und Dynamik der Durchfahrtsstraße auf. Mit Sensibilität und Leichtigkeit reagiert die Gestaltung der Fassade auf die angrenzenden Häuserfronten, ohne sich unterzuordnen. Links nimmt die Front die Höhe der Dachrinne des Nachbarhauses auf, rechts korrespondiert das Garagentor mit den Schaufenstern der Erdgeschoßzone. Die Oberkante des Blendträgers vor der Fassade führt die Linie der Brüstungshöhe des rechten Gebäudes weiter. Die geschlossene Putzfassade links, die im Blendträger weitergeführt wird, vereint sich mit dem schlichten dreistufigen Zugang zu einem Rahmen für die zart in Stahl gefaßten Glasfelder. Der Putzrahmen steigert die Wirkung der Auslage, in der die Ware in breiter Front dargeboten wird. Nur die notwendigste Stahlkonstruktion wurde hier verwendet, um größtmögliche Transparenz zu erreichen. Die Betonplatten, die außen auf den Stufen und dem Geschäftsvorplatz verlegt sind, ziehen sich in den Verkaufsraum und holen den Interessierten nach. Im hinteren Drittel des Ladens befindet sich ein nieriges Podest mit Holzboden.

Vorne am Schaufenster werden schlichte Präsentationshilfen verwendet. An der hinteren Wand zieht sich über die gesamte Länge des Erdgeschoßverkaufsraumes ein Quader, auf dem Schuhe und Taschen gezeigt werden und der wieder mit Betonplatten verkleidet ist. Das dynamische Motiv der Straßenbewegung setzt sich von draußen nach drinnen fort: die Stufen, der Blendträger, das Podest, der Präsentations- und der Sitzquader an der Rückwand. Rechts im Raum steht ein schlichter Verkaufstisch, der die notwendige Fläche für die Abwicklung der Verkaufstätigkeit bietet. Die abgehängte Decke, die ortogonal gegen die vorgegebene Richtung läuft, betont die Raumtiefe. Links und rechts im offenen Raum sind Podestgeschosse, über die sich der Dachraum öffnet und die über großflächige Dachfenster belichtet werden. Mit einem Minimum an Elementen, perfekt gestalteten Details und edlen Materialien bietet der Raum in seiner angenehmen Kargheit eine ansprechende Atmosphäre, die einlädt, einfach zu schauen und zu verweilen, und in der ohne Ablenkung eine Wahl getroffen werden kann.
B.E.

This new building lies between a single-storey and a two-storey building. The appearance of the long street front responds to the character and dynamics of the thoroughfare. The facade design responds sensitively and with lightness to the neighbouring buildings without in anyway subordinating itself. On the left the facade continues the level of the gutter of the neighbouring building, on the right the garage door corresponds to the shop windows at ground floor level. The upper edge of the screen beam placed in front of the facade continues the parapet level of the building on the right. The solid, rendered ground floor facade on the left, which is continued by the beam, combines with the simple approach to the shop via three steps to form a frame for areas of glazing held in slender steel profiles. This rendered frame amplifies the effect of the shop window in which the goods are extensively displayed. A steel frame of minimum dimensions is employed in order to achieve maximum transparency. The concrete slabs laid on the steps and in the area in front of the building extend into the sales area – drawing interested potential customers with them. In the rear third of the shop there is a low podium with wooden flooring. Simple presentation methods are employed in the shop window at the front. A block along the rear wall extends across the entire length of the ground floor sales area. Shoes and bags are placed on this block, which is also covered with concrete slabs. The dynamic motif of movement on the street is continued from outside to inside by means of the steps, beam, podium, display and seating block along the rear wall. To the left and right in the open space there are podium levels above which the roof space opens and which are lit by large roof lights. The employment of a minimum number of elements combined with perfect detailing and noble materials creates a pleasantly bare space and an elegant atmosphere which invites you to look and linger and in which you can make your choice undisturbed.
B.E.

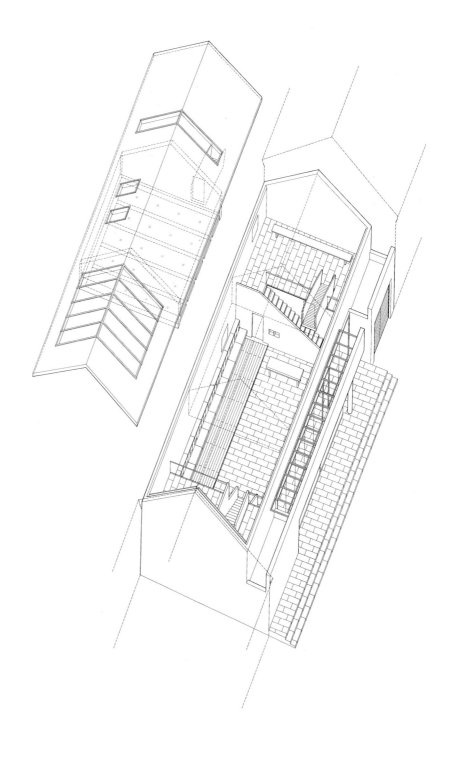

Frisiersalon «Ihr Friseur», Horn
1991
Fotografie: Franz Sam

AUSFÜHRENDE FIRMA /
BUILDING CONTRACTOR
Ferro Betonit, Glaserei Schober,
Tischlerei Rehor
BAUHERR / CLIENT
Gabriele Habersberger
ANSCHRIFT / ADDRESS
Piaristengasse
A-3580 Horn

LITERATUR / LITERARY REFERENCE
- Architektur aktuell 162, 1993

FRISIERSALON «IHR FRISEUR», HORN

FRANZ SAM

Die Vorgabe war ein schmales barockes Tonnengewölbe einer ehemaligen Wagenschmiede, das über den Innenhof einer Geschäftspassage erreichbar ist. Die längsseitige Belichtung und die räumliche Situation machten eine optimale Platzausnutzung unter größtmöglicher Flexibilität notwendig. Neben fünf Arbeitsplätzen mußten die Garderobe, der Empfang, eine Farbküche, der Abstell- und der Sanitärraum untergebracht werden. Diese Nebenräume werden durch freistehende, von der Decke abgehängte Zwischenwände gebildet. An der einen, mit Spiegeln versehenen Längsseite sind drei Wasch- und Trockenplätze installiert, die zur Raummitte gedreht werden können. Dort befinden sich zwei weitere, bewegliche Arbeitsplätze vor auf Laufschienen verschiebbaren Glaswänden. Bei Nichtgebrauch werden letztere in einer «Parkposition» abgestellt. Die Verwendung von venezianischen Spiegeln sichert auch bei Inanspruchnahme dieser Arbeitsplätze ein angenehmes Raumgefühl trotz der dicht gepackten Nutzung. Die glatten, glänzenden Oberflächen des Mobiliars fügen sich zur Transparenz aus Spiegeln und Glas.
B.E.

The architect was confronted with the narrow baroque barrel vault of a former coach builder's premises, which is reached via the internal courtyard of a shopping arcade. The lighting from one of the long sides and the particular spatial situation meant that optimum use of space and the greatest possible degree of flexibility were essential. Along with five work stations a cloakroom, reception area, dye preparation space and storage and sanitary facilities *had to be accommodated. These service spaces are defined by free-standing partition walls suspended from the ceiling. Three bays for washing and drying hair are positioned on one of the long sides of the room which is fitted with mirrors, these work stations can be turned to face the centre of the room. There are two further moveable work areas positioned in front of sliding glass walls mounted on tracks, which, when they are not required, can be slid into the "parking position". Even when these work areas are in operation the use of Venetian mirrors ensures a pleasant spatial feeling, despite the densely packed functions. The smooth, shiny surfaces of the fittings harmonise well with the transparent feeling conveyed by the mirrors and glass.*
B.E.

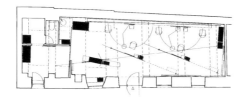

Grundriß/plan, 1 : 333

SUPERMARKT MERKUR, DEUTSCH WAGRAM
THE OFFICE (BÜRGLER, BÖHM, PETROVIC)

Supermarkt Merkur, Deutsch Wagram
1993–94
Fotografie: Rupert Steiner

ENTWURF
Wolfgang Bürgler, Georg Petrovic
MITARBEITER / ASSISTANT
Andreas Haiderer
Sculpture and landscape
architecture: Irena Rosc, Wien
STATIK, KONSTRUKTEUR /
STRUCTURAL ENGINEERING
Norbert Schmiedehausen, Wien
AUSFÜHRENDE FIRMA /
BUILDING CONTRACTOR
Firma Porr AG
BAUHERR / CLIENT
Merkur Warenhandels AG
ANSCHRIFT / ADDRESS
Angerner Bundesstraße
A-2232 Deutsch Wagram

LITERATUR / LITERARY REFERENCE
- Der Standard, 14. April 1994.
- Die Presse, 21. Mai 1994.

Die weite Ebene des Marchfelds wird von geraden Straßen durchschnitten, welche die meist lockeren Siedlungsgebiete verbinden. Wie in den USA ist das Automobil in diesen Gebieten zur Wahrung der individuellen Mobilität unverzichtbar. Die Lage eines Supermarkts außerhalb des Dorfes wird durch leichte Zugänglichkeit und ausreichende Parkierungsflächen bedingt. Im Umfeld der meist gesichtslosen Gewerbegebiete spielt die architektonische Zeichenhaftigkeit des Gebäudes eine zentrale Rolle. Dabei wurde nicht mit Stilmerkmalen gearbeitet, wie dies von dem benachbarten Fast-Food Restaurant vorgeführt wird. Vielmehr ist das gesamte Bauwerk unverwechselbares Zeichen seiner selbst. Bewußt wird der Supermarkt zur «landmark» gemacht. Eine künstlerische Intervention von Irena Rosc dominiert das Vorfeld: Die über-

große weiße Einkaufstasche aus Polyester bestätigt vorbeifahrenden Automobilisten, daß sie sich exakt hier und nur hier befinden. Sie erzeugt absolute Identität. Hinter dem Parkfeld dehnt sich dann die maßstabslose Fassade der riesigen Einkaufshalle. Außen ist sie mit gewelltem Aluminiumblech verkleidet, dessen gleißende Reflexionen sowohl bei Sonnenschein als auch abends im Kunstlicht eine leuchtende Aura erzeugen. Jede Ansicht ist nur von wenigen abgezählten Elementen durchbrochen: Zur Straße hin sind dies ein riesiger Screen mit dem minimal verfremdeten Firmenschriftzug sowie zwei schräg herausstehende Kuben, die an Großbildschirme erinnern, hinter denen sich im Inneren Servicestationen verbergen. Die semantische Reduktion und die heroische Ganzheit der Aluminiumhülle, die keine weiteren konstruktiven Elemente preisgibt oder Hinweise auf handwerkliche Herstellung zuläßt, sind bewußte Maßnahmen, dem Bauwerk zweifelsfreie Eindeutigkeit zu verleihen. Noch klarer kommt dies bei der seitlich liegenden Eingangsfassade zum Ausdruck: nur eine einzige lange Öffnung durchschneidet die metallene Schale. Es entsteht eine Vorhalle, die, weil sie eben absolut ist, eine fast saugende Wirkung ausübt. Das Innere ist nach betriebsökonomischen und verkaufspsychologischen Prinzipien hochflexibel organisiert, die äußere Hülle jedoch erreicht mit ihrer ultimativen Absolutheit die Qualität eines dauerhaften Wertes, der zur Wahrung der Identität nicht mehr verändert werden sollte.
W.Z.

The broad plain of the Marchfeld is traversed by straight roads which connect mostly scattered housing developments. As in the USA, in these areas the automobile is indispensable for individual mobility. The location of a supermarket outside of town is determined by easy accessibility and sufficient parking space. In the mostly faceless commercial districts, a building's conspicuous architectural features play a central role. However, stylistic characteristics such as those used by the neighbouring fast-food restaurant were not employed here. Instead, the entire structure is itself an unmistakable sign. The supermarket is deliberately made into a landmark. An artistic intervention by Irena Rosc dominates the forecourt: a white, oversized shopping bag made of polyester confirms to the people driving by that they are exactly here and only here. It produces absolute identity. The facade of the giant shopping mall which has no scale extends behind the parking lot. It is externally clad in corrugated aluminium sheeting, whose gleaming reflection produces a shining aura in sunshine as well as by artificial light. Each elevation is interrupted by only a few elements: towards the road, a

giant screen with the minimally alienated company logo as well as two jutting, slanting cubes reminiscent of big screens which conceal service stations inside. The semantic reduction and heroic integrity of the aluminium shell, which reveals no other structural element nor the slightest indication of handcraft, are deliberate steps aimed at giving the building absolute clarity. This is expressed even more clearly in the side entrance facade where only one solitary opening slices through the metal shell. An entrance area is created, which, because it is absolute, almost sucks you inside. The interior is very flexibly organised based on retail and sales psychology principles. The absolute nature of the external shell, however, attains a quality of permanence, which, in order to safeguard its identity, should not be altered.
W.Z.

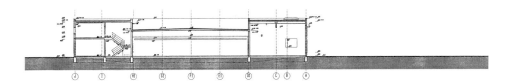

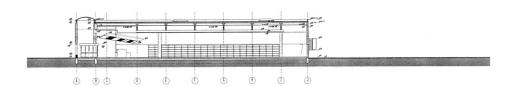

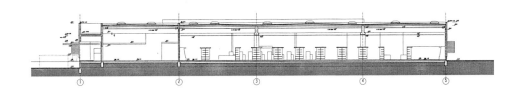

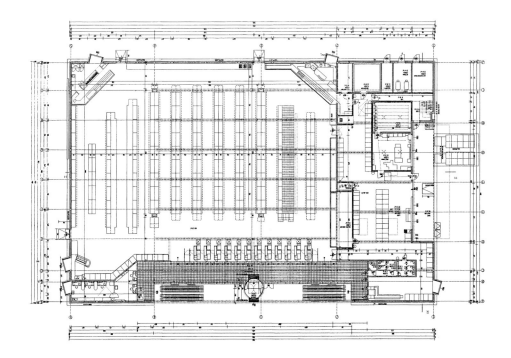

Julius Raab-Brücke, St. Pölten
1990–93
Fotografie: Margherita Spiluttini

MITARBEITER / ASSISTANT
Manfred Stürtzer
STATIK, TRAGWERKSPLANER /
STRUCTURAL ENGINEERING
Willibald Zemler, Herwig Reider
AUSFÜHRENDE FIRMA /
BUILDING CONTRACTOR
Arge Neue Reformbau, Porr,
Traunfellner
BAUHERR / CLIENT
Amt der NÖ Landesregierung,
Abteilung B/2-D Brückenbau
ANSCHRIFT / ADDRESS
Wiener Straße B1a
A-3100 St. Pölten

LITERATUR / LITERARY REFERENCE
- Wettbewerbe 103/104.

JULIUS RAAB-BRÜCKE, ST. PÖLTEN

ALFONS OBERHOFER, PETER WOHLFAHRTSSTÄTTER

Von der Schnellstraße Richtung Krems erfolgt die Hauptzufahrt zum neuen Regierungsviertel einige hundert Meter südlich der alten Bundesstraße. Die neue Brücke über die Traisen bildet eine städtebauliche Zäsur am südlichen Kopf des neuen Stadtteils. Mit dieser «landmark» wird der Regierungsbezirk im Flußraum der Traisen eindeutig festgemacht. Der verwendete Typ einer Bogenbrücke mit abgehängter Fahrbahn weist 71 Meter Spannweite auf. Das Tragwerk ist von weitem zu sehen und entwickelt über die Lage der Brückenstelle im Stadtgrundriß hinaus auch in den verschiedenen Ansichten Signalwirkung. Die kräftigen Widerlagerbauwerke enthalten zusätzlich die gewendelten Abgänge zu den Treppelwegen. Dies vernetzt das Bauwerk funktional mit der Flußrichtung. Die Gestaltung betont die große Linie des Tragwerks; dabei läßt sich die beabsichtigte portalartige Wirkung in Fahrbahnrichtung erkennen. Sie ist kalkuliert, aber nicht überzeichnet. In der Ansicht von der unteren Brücke für die Bundesstraße oder vom Steg beim Landtagsgebäude wird der obere Abschluß des Regierungsbezirks mit eleganter Geste markiert. Auf der Detailebene fallen die sorgfältig gestalteten Leuchten auf, die sich, am Beginn und am Ende der Leitplanken zum Schutz der Hängestäbe, stromlinienförmig in das Fahrzeuge abweisende Betonprofil einschmiegen.
W.Z.

bridge with suspended carriageway and has a span of 71 metres. The structure can be seen from far away and, as a result of its position in the urban plan, functions as a signal when seen from various viewpoints. The powerful abutments also contain spiral staircases leading to the riverside paths. These link the structure with the flow of the river. The design emphasises the primary outlines of the structure. It is impossible to overlook the deliberate gateway-like effect which the structure makes in the direction of the carriageway. Although this effect was consciously planned it is not exaggerated. When viewed from the bridge carrying the national roadway or from the footbridge at the Landtag building the upper termination of the government district is marked with an elegant gesture. In terms of detailing the carefully designed light fittings are particularly noticeable. They are streamlined into concrete profiles which serve to deflect traffic at the beginning and end of the guard rails protecting the suspension cables.
W.Z.

The principal vehicular access to the new government district is from the rapid route towards Krems, which lies a few metres to the south of the old national roadway. The new bridge over the Traisen forms an urban caesura at the southern end of the new city district. This landmark clearly anchors the government district in the space along the river. The type employed here is that of an arched

BAHNSTEIGDACH, AMSTETTEN

ALBERT WIMMER

IM RAHMEN DES CD-TEAMS WALLNER–WIMMER–ZECHNER & ZECHNER

Bahnsteigdach, Amstetten
1991–96
Fotografie: Margherita Spiluttini

MITARBEITER / ASSISTANTS
Hans Kastenhuber, Michael Frischauf
STATIK, KONSTRUKTEUR /
STRUCTURAL ENGINEERING
Ingenieurteam Ziesel-Graf
AUSFÜHRENDE FIRMA /
BUILDING CONTRACTOR
VOEST-MCE
BAUHERR / CLIENT
ÖBB
ANSCHRIFT / ADDRESS
Bahnhof Amstetten
A-3300 Amstetten

LITERATUR / LITERARY REFERENCE
- Modul Bahnsteigdach, Hrsg. Albert
Wimmer, Wolfdietrich Ziesel, Wien,
August 1991.
- Stahlbau Info 2, Juni 1993.
- Unsere Bahn 9/94.

Im Zuge der Neubestimmung des Corporate Design für die Österreichischen Bundesbahnen wurde auch die Frage nach neuen Bahnsteigdächern aufgeworfen. Auf die in Amstetten errichteten prototypischen Dächer sollen zirka drei Dutzend weitere folgen. Die Anforderungen sind vielfältig: Die Tragelemente sollen den Verkehr auf dem Bahnsteig nicht beeinträchtigen; aber auch Schnee- und Windlasten und die dynamischen Kraftangriffe schnell vorüberfahrender Züge waren zu beachten. Die doppelstielige Konstruktion ist entsprechend anpassungsfähig. Sie weitet sich über Treppenabgängen und kann an gekrümmte und spitz zusammenlaufende Bahnsteige adaptiert werden. An die abgeköpften Doppelstützen aus Profilstahlrohren wird in Längsrichtung je ein räumlicher Fachwerkträger angelagert. In der Mitte bleibt ein Streifen transparent. In Querrichtung stoßen flach V-förmige Dachträger durch das Gitterwerk. Die obere Dachhaut besteht aus Trapezblech, die Unterseite ist glatt veschalt und deckt die Kabelführung ab. Der gestuft hierarchische Aufbau des Daches wird im Sinn einer «construction parlante» auch für Laien verstehbar. Ihre fast demonstrativ-didaktische Sinnhaftigkeit läßt sich von wartenden Reisenden nach kurzer Beobachtung entschlüsseln.
W.Z.

*In the course of establishing a new corporate design concept for the ÖBB (Austrian Federal Railways) the question of new platform roofs also arose. The prototype roofs erected in Amstetten are to be followed by around three dozen further such canopies. The requirements were numerous and varied: the load-bearing elements should not obstruct movement on the platform but snow and wind loads and the dynamic forces exerted by rapid trains passing through also had to be taken into account. This double post construction is, accordingly, flexible. It extends over the staircases leading down from the platform and can be adapted to suit curving or tapering platforms. Two lattice girders span in the long direction, one is fixed to each of the offset twin uprights, made of hollow steel profiles. A strip in the middle remains transparent. In the transverse direction V-shaped roof beams penetrate the girders. The external skin of the roof is made of trapezoid metal sheeting, the underside is of smooth shuttering which conceals the cables inside. The graduated, hierarchical nature of the roof structure is a "construction parlante" which the layman can understand. The almost demonstratively didactic nature of this system can, after brief observation, be deciphered by the traveller waiting for his/her train.
W.Z.*

Rathausplatz, St. Pölten
1994–96
Fotografie: Margherita Spiluttini

MITARBEITER / ASSISTANTS
Gotthard Eiböck, Lisette Wong
STATIK, KONSTRUKTEUR /
STRUCTURAL ENGINEERING
Helmut Zieritz, St. Pölten
AUSFÜHRENDE FIRMA /
BUILDING CONTRACTOR
STUAG Bau-Aktientgesellschaft
BAUHERR / CLIENT
Magistrat der Landeshauptstadt
St. Pölten
ANSCHRIFT / ADDRESS
Rathausplatz St. Pölten
A-3100 St. Pölten

LITERATUR / LITERARY REFERENCE
- Bartenbach LichtLabor. Aktuelle
Forschungsergebnisse und neue
Projekte, BLL-Info 1/97.

RATHAUSPLATZ, ST. PÖLTEN

BORIS PODRECCA

Jahrzehntelang diente der St. Pöltener Rathausplatz als Abstellfläche für Autos. Die Wiedergewinnung des mehrzweckfähigen öffentlichen Raumes als Repräsentations-, Markt- und Festort, aber auch als Platz mit vielfältigem Alltagscharakter wurde mit einer neuen Gestaltung des Platzraums betont. Durch das Prinzip zweier «Teppiche», die sich im nördlichen Viertelspunkt verflechten, entsteht ein Großraum, der als Ganzes erfahrbar ist. Er erlangt eigenständige städtebauliche Wirkung, die nicht mehr nur von den begrenzenden Gebäuden ausgeht. Fahrbahnen in den Saumstreifen sind den gestalterischen Prinzipien untergeordnet und stützen die Rahmenwirkung der Bürgerhäuser. Der entscheidende Paradigmenwechsel lautet, daß die formgenerierenden Momente nicht mehr von der Verkehrsführung bestimmt werden. Vielmehr interpretiert die Gestaltung den Platzraum städtebaulich, so daß dieser mit den angrenzenden Gebäuden nach Maßgabe ihrer kulturellen Bedeutung individuell kommuniziert. Platzmobiliar wird bei den Treppenaufgängen der Tiefgarage konzentriert, so daß die übrige Fläche ungestört dem Platzleben zur Verfügung steht.
W.Z.

For years the Rathausplatz in St. Pölten served primarily as a car park. The recapturing of this public space (which could serve a variety of functions) for use as a ceremonial space, a marketplace or for festivities, but also as a public square with a multi-faceted everyday character, was celebrated with a new design. The underlying principle behind this design was that of two "carpets" which interweave at the northern quarter of the square, creating a major space which can be experienced as a single entity. The square achieves an independent urban effect no longer solely derived from the buildings which line it. Traffic lanes along the edge strips are subordinated to the design principles and underline the framework provided by the town houses. The decisive change of paradigm is that the moments which here generate form are no longer determined by traffic planning. The design interprets the square in an urban sense so that it communicates individually with the buildings lining it, according to their cultural significance. Street furniture is restricted to the areas beside the staircases leading down to the underground garage, so that the rest of the surface area can, without interruption, be devoted to public life on the square.
W.Z.

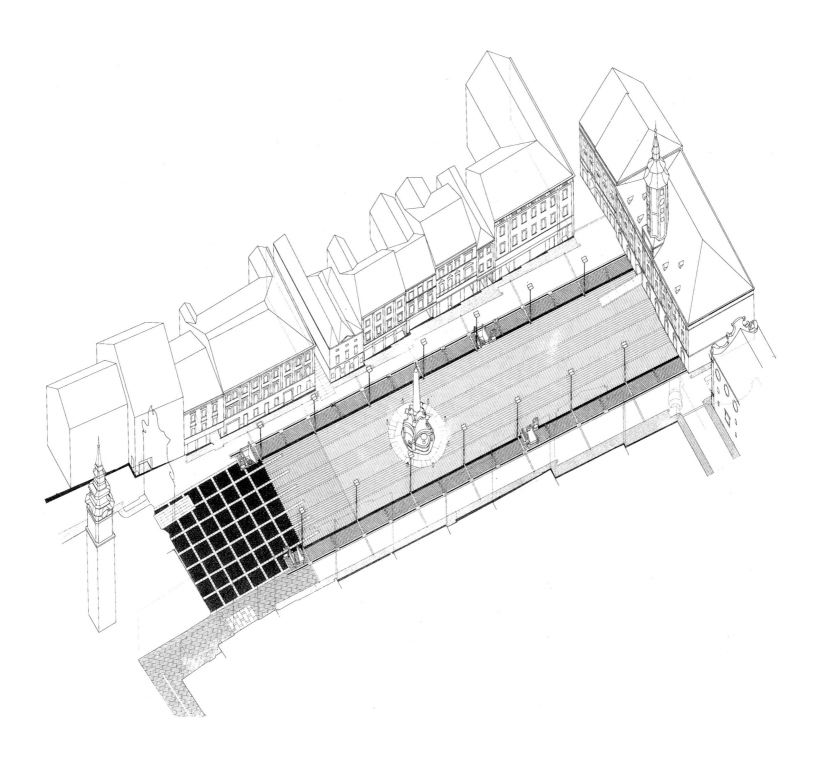

Brücke über den Wasserfall in der
Noth, Ybbsitz
1995–96
Fotografie: Margherita Spiluttini

MITARBEITER / ASSISTANTS
Alfred Schaufler, Wilhelm Junker, Karl
Wahler, Josef Eibel, Josef Hofmacher
STATIK, KONSTRUKTEUR /
STRUCTURAL ENGINEERING
Alfred Schaufler, Ybbsitz
AUSFÜHRENDE FIRMA /
BUILDING CONTRACTOR
Franz Wahler, Ybbsitz
BAUHERR / CLIENT
Marktgemeinde Ybbsitz
ADRESSE / ADDRESS
In der Noth
A-3341 Ybbsitz

LITERATUR / LITERARY REFERENCE
- Zschokke, Walter; Die Presse /
Spectrum, 20. Jänner 1996.

BRÜCKE ÜBER DEN WASSERFALL IN DER NOTH, YBBSITZ

FRANZ WAHLER MIT ROBERT SCHWAN (†)

Die Ybbsitzer Schmiedemeile ist ein technikgeschichtli-
cher und archäologischer Wanderpfad besonderer Art.
Noch in diesem Jahrhundert nutzten «In der Noth» 13
winzige Schleifmühlen in dichter Folge das reichlich vorhandene Gefälle des Prollingbachs. Meist billig aus Holz
zusammengezimmert, sind sie heute alle wieder ver-
schwunden. Hier ein weggeschremmter Felsen, da und
dort ein kleine Stützmauer zeugen von vergangenen

menschlichen Aktivitäten. In dieser historisch bedeutsa-
men Zone, die auch landschaftlich von großem Reiz ist,
initierte der einheimische Schlossermeister Franz Wahler
den Bau eines filigranen Stegs. Es handelt sich um eine
bogenförmig aufsteigende Konstruktion, die im Scheitel
etwas überhöht ist und mit wenigen Stufen wieder gewachsenen Boden erreicht. Die Brücke überspannt den
Raum vor der Geländestufe in diagonaler Richtung. Das
flache Stück im höchsten Punkt, das unmittelbar auf den
Wasserfall bezogen ist, soll zum Innehalten und Schauen
anregen. Ein kräftiges Profilrohr bildet den Untergurt, von
dem paarweise V-förmige Diagonalstreben zu den parallelen Obergurten führen. Unter den Stufen des Gehwegs
befindet sich ein weiterer Fachwerkzug, der zur Horizon-
talversteifung dient. Die Handläufe verdoppeln die Ober-
gurte, helfen wohl auch ein wenig mit, den sehr weichen
oberen Bereich zu verstärken. Die beiden Geländerharfen
spannen sich von den Handläufen zur Gehwegplatte und
zu den Stufen hinunter, so daß diese teilweise von den
Gitterstäben getragen werden. Damit gelingt es, gestalterisch den Eindruck zu erwecken, als würde der Weg im
Luftraum zwischen den beiden Fachwerkzügen hinauf-
schweben. Der äußerst zart gebaute Übergang ermöglicht ein vielfältig-direktes Erleben: Er führt durch den

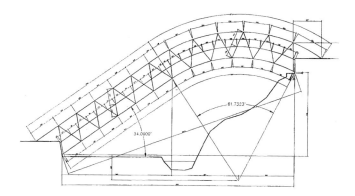

Landschaftsraum, den Flußraum und den historischen Raum. Der nahezu mutwillig schlanke Bogen bietet zwar nur eine Alternative zum alten Weg, aber vielleicht mancherlei neuartige Ein- und Aussichten an. Die auf Berufsstolz gegründete baukulturelle Leistung des Ybbsitzer Handwerksmeisters ist ein Beispiel der in ländlichen Regionen existierenden, qualifizierten Kräfte, die, meist latent vorhanden, oft zu wenig gefordert werden. W.Z.

The Ybbsitz smithies' mile is an exploratory route of a very special kind which illustrates regional technological and archaeological history. Up to the present century 13 tiny grinding mills "In der Noth" exploited the prodigious falls of the Prollingbach (Prolling stream). They were built quickly and cheaply of wood and today all have vanished. A chiselled rock face or a small section of retaining wall are the remaining indications of former human activity in this area. Precisely in this historically significant area, which in terms of landscape is also extremely attractive, Franz Wahler, a local master locksmith, initiated the construction of a filigree footbridge. This is a rising arched construction, somewhat exaggerated at its apex, which then descends to ground level again via a few steps. The bridge spans diagonally the space in front of a change of level in the terrain. The flat section at the highest point, which relates directly to the waterfall, is intended to make you stop and look. The lower chord is formed by a powerful tubular section connected by pairs of V-shaped struts to the parallel upper chord. Beneath the steps there is a further girder which acts as a horizontal brace. The handrails double the upper chord and also help somewhat to strengthen the "soft" upper area. The railings, which are like the strings of a harp, extend from the hand rails to the pedestrian surface

of the bridge and to the steps below which are therefore carried, in part, by the rods forming the railings. This design succeeds in conveying the impression that the pathway extremely delicately constructed bridge offers a variety of experiences. It leads through the landscape, the area around the river and the historic space. The almost wilfully slender arch is, in fact, only an alternative to the existing path but perhaps it also offers new insights and visions. This structural achievement by craftsman from Ybbsitz is an example of that qualified craftsmanship still existing in rural areas, which is generally inconspicuous and much too rarely presented with a real challenge. W.Z.

Schnitt/section, 1 : 333

Kleinwasserkraftwerk,
Buchberg am Kamp
1984–86
Fotografie: Margherita Spiluttini

Statik, Konstrukteur /
structural engineering
Siegfried Radler, Bernhard Pelikan
Ausführende Firma /
building contractor
Firma Buhl
Bauherr / client
Gutsverwaltung Buchberg,
Familie Bogner
Anschrift / address
500 m stromabwärts von Buchberg
A-3571 Gars am Kamp

Literatur / literary reference
- Kapfinger, Otto; Die Presse /
Spectrum, 25. April 1987.

Kleinwasserkraftwerk, Buchberg am Kamp

Dieter Wallmann (Anton Schweighofer)

In einem großen Bogen fließt der Kamp im Talgrund vor dem Schloß Buchberg durch die geschützten Feuchtwiesen. Für ein kleines Kraftwerk wurde dem Fluß in einem Kanal Wasser abgezweigt. Über der kleinen Turbine erhebt sich ein würfelförmiges Maschinenhaus unter einem flachem Zeltdach. Die Kranbahn zur Montage schwerer Maschinenteile ist auf der Unterwasserseite auf einem portalartigen Rahmen mittig aufgestützt. An der Oberwasserseite bildet das Windwerk für die Schützen dazu das Gegenstück. Das Gebäude erinnert einerseits in seinem Ausdruck an die Follies oder Lusthäuschen, die im 18. Jahrhundert in manchen Schloßgärten als Staffageobjekte dienten. Andererseits wird mit dem Anspruch des privaten Bauherrn, für ein technisches Bauwerk Architektur einzufordern, Mitte der achtziger Jahre ein Signal für zeitgenössisches Bauen gesetzt – damals in einer zum Klassizismus tendierenden Form. Die nüchternen Materialien, der rohe Beton und das Wellblech verhindern jedoch ein Abgleiten in eine ländlich-süßliche Postmoderne. Der Verzicht auf kaschierende Maßnahmen verweist wiederum auf die Tradition der Moderne. Mit der formalen Überhöhung wird das Bauwerk aus den zahlreichen, meist gesichtslosen Zweckbauten seiner Zeit herausgehoben.
W.Z.

The River Kamp describes a major, sweeping curve through river meadows (which have been placed under a protection order) in the floor of the valley below Schloss Buchberg. Water was diverted from the river into a canal to feed the power station. A cubical machine house rises above the little turbine beneath a gently pitched tent roof. The crane runway for the fitting of heavy machine parts is centrally supported on a portal-like frame on the downstream face of the power station. Upstream the hoist for the sluice gates forms a counterpart: on the one hand the building reminds one of those follies or pleasure houses which served as decorative objects in many 18th century gardens. On the other hand the private client's demand for an architectural interpretation of a technical building set a precedent, in the middle of the eighties, for contemporary building. At that particular time the building was given a form that is almost classical. The sober materials (untreated concrete and corrugated metal) prevented a decline into sugary, rural post modernism. The rejection of decorative measures is also a reference to the modernist tradition. The consciously formal interpretation of the function distinguishes this structure from the numerous, mostly faceless functional buildings of its time.
W.Z.

AUSSICHTSTURM, GROSSGÖTTFRITZ

GEORG THURN-VALSASSINA

Aussichtsturm, Großgöttfritz
1991–92
Fotografie: Margherita Spiluttini

MITARBEITER / ASSISTANTS
Norbert Beck, Michael Kaiser
STATIK, KONSTRUKTEUR /
STRUCTURAL ENGINEERING
Thomas Freund, Wien
AUSFÜHRENDE FIRMA /
BUILDING CONTRACTOR
Firma Graf Holzbau, Horn
BAUHERR / CLIENT
NÖ Bildungs- und Heimatwerk
Großgöttfritz
ANSCHRIFT / ADDRESS
Auberg
A-3913 Großgöttfritz,
Bezirk Zwettl

LITERATUR / LITERARY REFERENCE
- NÖ gestalten 46, 1993.

Auf der flachen Kuppe des Aubergs überragt der neu errichtete Aussichtsturm die Wipfel des dichten Fichtenwaldes. Drei mächtige, gegeneinander geneigte Lärchenstämme bilden den tragenden Kern, der, mit Druckriegeln und Zugstangen aus Betonstahl entsprechend ausgesteift, zuoberst eine witterungsgeschützte Plattform trägt. Der Weg zu dieser Aussichtskanzel führt außen um das riesige Dreibein herum, damit das Panorama für den Besucher in keiner Weise von konstruktiven Elementen durchschnitten wird. Nach jeweils zwei Stiegenläufen führt ein dritter Abschnitt horizontal weiter. Dies erlaubt ein geruhsameres, weniger hektisches Hinaufwandern. Dreimal passiert man daher dieselben

Ausblicke in zunehmender Höhe. Die Wiederholung intensiviert den Landschaftseindruck. Bei eingehender Analyse des Turms stellt sich heraus, daß die Geschoß-höhen proportional geringfügig abnehmen. Abhängig von der Neigung der primären Tragmasten werden die Treppenläufe kürzer, weisen weniger Stufen auf und überwinden entsprechend weniger Höhe. Diese minimale Progression wirkt sich in der Schrägsicht von unten optisch verkürzend aus; die virtuell geringere Höhe macht dem weniger Gewohnten Mut zum Hinaufsteigen. Die nach oben kürzer werdenden Stiegenläufe verringern mit jedem Umgang die körperliche Anstrengung um ein winziges Etwas, so daß der Aufstieg, je höher man über die Baumkronen hinauskommt, ein wenig leichter fällt. Diese knapp an der Wahrnehmungsgrenze liegenden Veränderungen haben auf die befreienden Gefühle beim erhabenen Blick über die Waldviertler Landschaft ihren Anteil. Die Verwandtschaft mit der konischen Struktur der umgebenden Nadelbäume setzt das Menschenwerk in harmonische Beziehung zur Natur. Der Gestalter, der vor seiner Architekturausbildung ein Forstwirtschaftsstudium absolvierte und heute zusätzlich eine kleine Waldwirtschaft betreut, erweist sich an diesem Werk als einfühlsamer Interpret nicht bloß des Bauens mit Holz, sondern eines Bauens mit Bäumen.
W.Z.

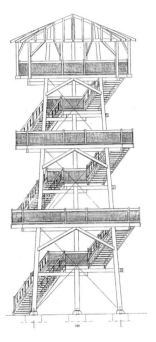

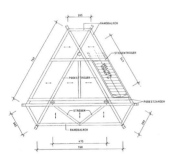

Schnitt/section,
Grundriß/plan, 1 : 333

forestry before studying architecture and today also manages a small area of woodland, reveals himself to be not merely a sensitive interpreter of building in timber but also of building in trees.
W.Z.

This newly built viewing tower rises above the tree tops of the dense spruce woods on the relatively flat dome formed by the Auberg. Three powerful larch poles, which are inclined towards each other, form a load-bearing core element, that is stiffened by compression bars and tension chords made of reinforced concrete and which, at the very top, carries a platform that is sheltered from the elements. The path to this viewing pulpit leads outside around the massive three-legged structure so that, for visitors, the panorama is not interrupted by structural elements. Two flights of stairs are followed by a third horizontal section, this allows a more relaxed, less hectic ascent. You pass the same view three times, each time a level higher. This repetition serves to intensify your experience of the landscape. A closer analysis of the tower reveals that the storey height reduces slightly as you ascend. Due to the inclination of the primary load-bearing masts, as you climb the staircases become shorter, have fewer steps and therefore master a slightly reduced change in height. Seen at an angle from below this minimal progression appears to make the structure shorter and this virtual reduction in height gives the less adventurous courage to undertake the ascent. The flights of staircase, which become progressively shorter, also slightly reduce, at every turn, the physical effort required so that, the higher you proceed above the tree tops, the easier the climb becomes. These barely perceptible modulations contribute to the liberating feeling you experience as you look across the Waldviertel landscape. The relationship to the conical structure of the conifers places this work of Man in a harmonious relationship with Nature. The designer, who completed a study of

GRADIERWERK, SCHWECHAT

RUDOLF GITSCHTHALER

Das Gradierwerk dient der Anreicherung von Luft mit solehaltigem Nebel, dessen Einatmen der Gesundheit der Atemwege förderlich ist. In dem von Cordula Loidl-Reisch gestalteten Park auf den Felmayergründen wurde in Form eines attraktiven Pavillons eine derartige allgemein zugängliche Anlage geschaffen. Sie besteht aus einem eher geschlossenen sowie einem bloß überdachten, offenen Teil. Dazwischen zieht sich eine Art Wand aus gestapeltem Weißdornreisig, über welches das salzhaltige Wasser plätschernd rinnt, so daß es zerstäubt wird. In einer langen Wanne wird es unten wieder aufgefangen. Drei parallele Zeilen von Betonstützen zonieren das Bauwerk und tragen das gestufte Dach. Die vordere Reihe ist rund, sie steht im offenen Teil, die schlanken Zylinderformen der Säulen entsprechen der luftigen Vorhalle. Die Pfeiler der mittleren Reihe weisen einen kräftigen rechteckigen Querschnitt auf, in der Summe wirken sie in der kürzeren Gebäuderichtung aussteifend. Zugleich halten sie die Reisigstapel seitlich fest, die in drei Etagen auf paarweise eingehängten Stangen lagern. Die hintere Stützenreihe ist mit zwei Riegeln zu einem Rahmen verbunden, die unteren Öffnungen sind mit alten Ziegeln ausgefacht. Eine Betondeckenplatte verbindet diese Stützen mit den Pfeilern. An den Stirnseiten und rund um den Obergaden ist dieser höhere Teil verglast, damit der Solenebel die richtige Konzentration behält. In Querrichtung angelegte Doppelbalken nehmen je drei der verschieden ausgeformten Stützen in die Zange. In der hohen Halle tragen sie einen Servicesteg, in der niedrigeren offenen Halle das begrünte Dach. Das Bauwerk erfüllt in unspektakulärer Weise seine nicht alltägliche Aufgabe. Spaziergänger können wie in einer Wandelhalle kurz hineinschnuppern, jene, die einige Minuten inhalieren wollen, finden Bänke zum Niedersetzen. Mit seinem verglasten Obergaden signalisiert das pavillonartige Bauwerk über das Buschwerk der Parkanlage auch auf Distanz seine Anwesenheit. Wie ein Lusthäuschen macht es neugierig, verweist aber mit seiner einfachen und klaren Struktur auf die ebenso elementare Vorrichtung zum Zerstäuben der Sole.
W.Z.

Gradierwerk, Schwechat
1994–95
Fotografie: Rupert Steiner

MITARBEITER / ASSISTANTS
Gerhard Dullnig, Silvia Fracaro
STATIK, KONSTRUKTEUR /
STRUCTURAL ENGINEERING
Engelbert Lutz, Schwechat
AUSFÜHRENDE FIRMA /
BUILDING CONTRACTOR
Baufirma Wozak & Werl
Holzbau A. & R. Schneider
BAUHERR / CLIENT
Stadtgemeinde Schwechat
ANSCHRIFT / ADDRESS
Felmayergründe
Himbergerstraße 23–25
A-2320 Schwechat

The purpose of a graduation works is to enrich the air with saline mist which, when inhaled, is beneficial to the respiratory system. A facility of this kind, which is open to the general public, was created in the form of an attractive pavilion in a park designed by Cordula Loidl-Resch in the Felmayer grounds. It consists of a closed and a more open section which is simply roofed over. Between these is a kind of wall made of stacked whitethorn twigs over which the salty water splashes so that it is atomised. It is then caught again in a long basin below. Three parallel rows of supports zone the building and carry the stepped roof. The

front row, which stands in the more open part, is round in section. The slender, cylindrical form of the columns is highly appropriate to the airy porch. The more powerful piers of the central row are rectangular in section, together they act as a brace for the building on the shorter axis. They also hold a stack of twigs at the sides which is arranged in three levels on pairs of inserted poles. The rear row of supports is connected by two members to form a frame, old bricks were used as infill for the lower openings. A concrete roof slab connects these supports with the piers. This higher section of the building is glazed at the short ends and at clerestorey level in order to ensure a proper concentration of the saline mist. Pairs of

beams are aligned in the transverse direction, each framing three of the differently shaped supports. In the high hall they support a service catwalk, in the lower hall the planted roof. The building fulfils in an unspectacular way a function that is anything but everyday. People taking a walk can take a look inside, much as in a promenade hall, while benches are provided for those who wish to sit down and inhale for a few minutes. Even at a distance the glazed clerestorey level of the building signalises its presence above the shrubbery in the park, while also indicating with its simple and clear structure the equally elementary system for atomising salt water.

W.Z.

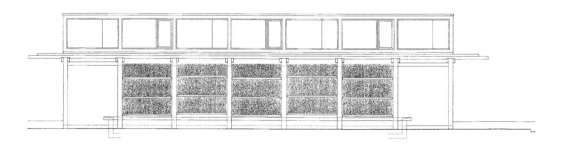

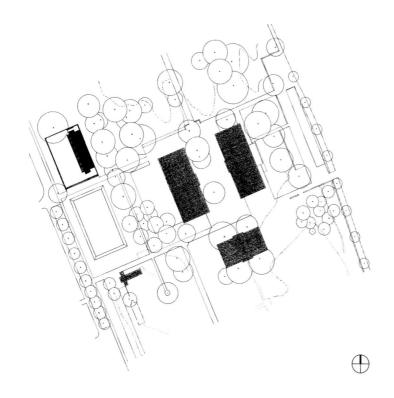

Lageplan/site plan, 1 : 2000

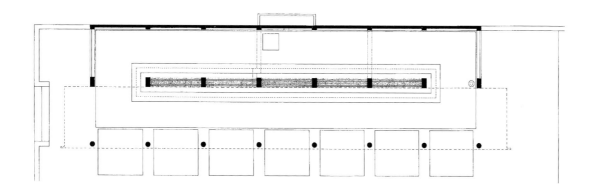

Schnitt/section,
Grundriß/plan,
1 : 200

Bauen in Niederösterreich

Walter Zschokke

Lange galt Architektur vornehmlich als städtische Disziplin. Zwar wurden auf dem Land und in Landstädten ebenfalls zahlreiche Gebäude errichtet, und manchmal wehte der Zufall ein Bauwerk mit Residenzstadtflair an eine landschaftliche oder städtebauliche Vorzugslage. Aber in der Regel gelangten neuere formale Entwicklungen entweder gar nicht oder dann sehr verzögert in ländliche Regionen. Und Werke der architektonischen Hochkultur wie Schlösser, Bezirkshauptmannschaften, Bahnhöfe oder Schulen entstanden nur spärlich. Nicht daß deswegen mit weniger Sorgfalt gebaut worden wäre, aber meist beschränkte sich diese auf die handwerkliche Seite des Bauens oder auf die Perfektionierung einer einmal gewonnenen Form. Neuartige Elemente wurden, oft zusammenhanglos und schwächer konturiert, an traditionell gestaltete Häuser appliziert, so daß sie aus der Distanz der Jahre meist auf eine liebenswürdige Art naiv wirken und daraus einen gewissen Wert gewinnen. Im Vergleich mit anspruchsvollen Werken ihrer Zeit geraten sie jedoch ins Hintertreffen, besonders auch dann, wenn man die innere Organisation oder die Detailgestaltung vergleicht.

Die gesellschaftlichen und wirtschaftlichen Veränderungen der vergangenen Jahrzehnte brachten auch in ländlichen Gegenden eine verstärkte Bautätigkeit mit einem anderen gestalterischen Ausdruck, wobei sich ein relativ kruder Bauwirtschaftsfunktionalismus in der Nachkriegszeit stark ausbreitete. Die geringe Konkurrenz von Architekten und die für ländlich industrielle Regionen typischen, stabilen politischen Verhältnisse führten da und dort zu quasi geschützten Bereichen für einige wenige, die den baulichen Nachholbedarf ganzer Gemeinden und Städte bestimmen konnten. Dieser Verantwortung waren aber nicht alle Baumeister und Architekten – weder moralisch noch fachlich – gewachsen. Schmucklose Bauten, wie sie in den fünfziger und sechziger Jahren allgemein üblich wurden, fordern vom Entwerfer große Sicherheit in Fragen der topographischen Situierung, der Proportion und der Materialwahl. Diese Ansprüche wurden nur von einem kleinen Teil der Bauten eingelöst. Als Reaktion auf die gestaltlosen Härten entwickelte sich daher seit den siebziger

Jahren ein durchaus auch behördlicherseits geförderter, synthetischer Heimatstil mit Krüppelwalmziegeldächern, kreischenden Dispersionsfarben, Putzfaschen und aufgeklebten Fenstersprossen. Diese europaweite Entwicklung wurde paradoxerweise jeweils lokal als regionale Besonderheit, ja als Regionalstil mißverstanden. Obwohl von vielen gut gemeint, handelte es sich um ein reines Reagieren auf einen mehr unbewußt konstatierten Mißstand ohne vorausschauendes, neue Entwicklungen einbeziehendes gestalterisches Konzept. In dieselbe Zeit fällt die Herausbildung eines oberflächlichen, an eine dritte Ableitung des Neuklassizismus gemahnenden Ablegers der Postmoderne, der für Dilettanten extrem anwenderfreundlich war, weil er auf einfacher Symmetrie und der Applikation von Schmuckformen, Balkönchen und Giebelchen und so weiter basierte. Von denselben Fachleuten praktiziert, die vordem vulgärfunktionalistisch gebaut hatten, fand sie – mangels gebauter Kritik in Form besserer Vorbilder – in ländlichen Gebieten große Verbreitung. Die wenigen, besser geratenen Ausnahmen bestätigten nur die Regel und vermochten nicht in die Breite zu wirken.

Mit dem Wiedererstarken anspruchsvoller Architekturströmungen in Österreich, vorab in den städtischen Zentren Wien und Graz und im präurbanen Vorarlberg, entstanden auch in Niederösterreich erste Pionierwerke. Einen signalhaften Anfang setzte die private Initiative der Brüder Bogner in Buchberg am Kamp mit dem Kleinkraftwerk von Dieter Wallmann, das dieser noch als Student bei Anton Schweighofer entwarf. Ein weiteres Merkzeichen, das international verständlicherweise mehr Echo fand, war der Pavillon an der Traisen von Adolf Krischanitz, der für die Ausstellung «Geburt einer Hauptstadt» in St. Pölten errichtet wurde. Als exquisiter Entwurf der Wiener Postmoderne darf das Schömerhaus in Klosterneuburg betrachtet werden, das der kunstsinnige Eigentümer einer Baumarktkette vom Wiener Architekten mit tirolerischen Wurzeln Heinz Tesar als Firmenhauptsitz errichten ließ. Eine ökologische Pioniersiedlung, die auch verantwortungsvoll mit dem Baugrund umgeht, wurde von Helmut Deubner, einem Rainer-Schüler, auf dem Grundstück einer Gärtnerei in

Gänserndorf-Süd entworfen. Und von Rudolf Prohazka stammt ein kleines, leider inzwischen entstelltes Holzhaus in Ried am Riederberg, mit dem er den Traum vom Aufbruch in der Architektur mit hoffnungsfrohem Schwung in einer leicht welligen Topographie in Szene gesetzt hatte. Mit einer konzeptionell innovativen Idee warteten Manfred Nehrer und Reinhard Medek an ihrer Hauptschule in Zistersdorf auf. Sie legten die Klassenzimmer über die Turnhalle, deren Decke sie von hohen vorgefertigten Stahlbetonrahmen abhängten. Die äußere Form blieb einer handwerklich sorgfältigen, vom Wiener Jugendstil beeinflußten, gemäßigten Moderne verhaftet.

Dieses halbe Dutzend qualitativ und innovatorisch herausragender Bauten wäre mengenmäßig im bisherigen Rahmen geblieben, so daß Mitte der achtziger Jahre von einer intensivierten Entwicklung der Architektur in Niederösterreich nicht gesprochen werden könnte. Doch bereits fünf Jahre später sieht die Situation wesentlich anders aus. Die aus knapper zeitlicher Distanz erfolgte Auswahl der vorliegenden 103 Bauten mag vorläufig erscheinen, sie verläßt aber den subjektiven Charakter, da sie in objektivierender Absicht nach längerer Diskussion gemeinsam mit Otto Kapfinger erfolgte. Es zeigt sich, daß ein Viertel der hier gezeigten Bauten in die Zeit von 1986 bis 1991 fällt, aber drei Viertel in das Jahrfünft von 1992 bis 1997. Dies belegt, daß in den neunziger Jahren anspruchsvolle und engagierte Architektur auch in Niederösterreich zu einem Thema wurde. Mehrere Wettbewerbe wurden durchgeführt, etwa für das zu planende Regierungsviertel der neuen Landeshauptstadt, den anschließenden Kulturbezirk, die Kunsthalle in Krems, das Rathaus in Waidhofen, aber beispielsweise auch für eine Schule in Wiener Neustadt. Mit entsprechend qualifizierter Beschickung der Beurteilungsgremien kam es bei den Resultaten zu einem klaren Votum für Architektur, so daß eingesessene Lokalmatadore mit ihrem eitlen Mittelmaß öfters das Nachsehen hatten. Aus heutiger Sicht hat diese Entwicklung allgemein belebend gewirkt, da sich letztere inhaltlich mehr anstrengen mußten.

Waren schon früher gewichtige Exponenten aus der Metropole Wien wie Roland Rainer (*1910), Karl Schwanzer (1918–1975), Johannes Spalt (*1920), Ernst Hiesmayr (*1920) und Gustav Peichl (*1928) wenn auch nur punktuell, aber doch mit grundsätzlichen Beiträgen in Niederösterreich tätig gewesen, traten in der Folge die um eine Ausbildungsgeneration jüngeren Meister Anton Schweighofer (*1930), Hans Puchhammer (*1931), Hans Hollein (*1934) und Hermann Czech (*1936) mit einzelnen Bauwerken hervor. Die mittlere Generation international bekannter Architekten ist fast spärlich und meist erst seit wenigen Jahren, dafür neuerdings mit gewichtigen Bauwerken in Niederösterreich vertreten: Heinz Tesar (*1939), Boris Podrecca (*1940), Klaus Kada (*1940), Laurids Ortner (*1941), Coop Himmelb(l)au: Wolf D. Prix (*1942) und Helmut Swiczinsky (*1944) sowie Karla Kowalski (*1941) und Michael Szyszkowitz (*1944). Natürlich kam es da und dort zu leichten Spannungen, weil die stärker beachteten Bauten mehrheitlich von Architekten errichtet wurden, die nicht in Niederösterreich domiziliert waren, doch in Schwerpunktbereichen wie St. Pölten und Krems setzte sich das offensive Prinzip der Herausforderung durch.

In den folgenden zwei Ausbildungsgenerationen, deren Vertreter alle nach dem Krieg geboren wurden und die ihr Studium Ende der sechziger und in den siebziger Jahren absolviert haben, finden wir eine größere Zahl aus Niederösterreich stammender und teilweise auch dort mit ihrem Atelier tätiger Architekten. Und selbst wenn sie ihre Ateliers in Wien haben, sind sie doch mit der Sprache, den Menschen und den Gepflogenheiten in ihrem Geburtsort vertraut und können so für eine zeitgenössische Architektur Verständnis erwirken, wo andere scheitern würden. Neben anderen sind hier Stefan Bucovac (*1936, in Baden), Reinhard Medek (*1944, aus Palterndorf im Weinviertel), Heinz Lutter (*1945, aus Röhrenbach bei Horn), Rudolf Prohazka (*1947, aus Ortmann), Ernst Maurer (*1948, aus Hollabrunn), Franziska Ullmann (*1950, aus Baden), Georg Reinberg (*1950, aus St. Pölten), Helmut Deubner (*1950, in Gänserndorf tätig), Gerhard Lindner (*1952, mit Büro in Baden), Peter Raab (*1953, aus St. Pölten), Franz Sam (*1956, in Krems), Karin Bily (*1957) und Paul Katzberger (*1957, beide in Perchtoldsdorf), Ernst Linsberger (*1957, aus Mank), Ernst Beneder (*1958, aus Waidhofen an der Ybbs), Johannes Zieser (*1958, St. Pölten) und Heinz Geza Ambrozy (*1959, aus Tulln) zu nennen, die mit mehreren qualitätsvollen Bauwerken, unter anderem in ihren Herkunftsstädten, hervorgetreten sind. Natürlich nützen auch sie die inhaltlichen Anregungen, die sich in der Großstadt bieten. Es ist ihnen aber jeweils gelungen, angemessene, oft sehr einfühlsame Antworten auf die Vorgaben des konkreten Ortes im landstädtischen oder ländlichen Kontext zu finden.

Entsprechend der wachsenden Zahl hochqualifizierter

Architekten in den Metropolen hat auch die Gruppe jener Fachleute zugenommen, die zwar noch nicht so bekannt sind, aber nichtsdestoweniger überdurchschnittliche Leistungen zu erbringen vermögen. Oft haben diese Architekten einige Jahre im Ausland verbracht oder ihre Praxiszeit bei führenden Meistern geleistet und kommen mit ihrer erweiterten Weltsicht zurück nach Niederösterreich, dem sie zu mehr Weltoffenheit verhelfen.

Etwas rarer sind Vertreter aus anderen Bundesländern als Wien, Karl Baumschlager (*1956) und Dietmar Eberle (*1952), gemeinsam in Bregenz tätig, sowie Adolph Herbert Kelz (*1957) aus Graz gehören dazu. Wien ist naturgemäß mit Franz E. Kneissl (*1945), Adolf Krischanitz (*1946), Elsa Prochazka (*1948), Ernst Hoffmann (*1949), Michael Loudon (*1950), Walter Stelzhammer (*1950), Walter Ifsits (*1951), Alexander Runser (*1955) und Christa Prantl (*1960), Dieter Wallmann (*1956) und Claus Radler (*1959), Alois Neururer (*1957 und Elena Theodoru-Neururer (*1959) stärker vertreten. Es läßt sich daher feststellen, daß trotz aller immer wieder beklagten Schwierigkeiten in Landstädten oftmals mehr möglich ist als in den verkrusteten Strukturen der Metropole. Wenn auch der Wettbewerb für das Wiener Museumsquartier etwas früher als jener für das neue niederösterreichische Regierungsviertel gestartet wurde, werden die Bauarbeiten in St. Pölten in diesem Jahr abgeschlossen, in Wien wurde noch nicht mit dem Bauen begonnen. Und vom Regierungsbezirk zum Kulturbezirk gelang in St. Pölten eine merkbare Steigerung der architektonisch urbanistischen Qualität, beim Wiener Museumsquartier steht ein derartiger Beweis noch aus. Diese besondere Entwicklung verweist auf eine beginnende sekundäre Urbanisierung auch ehemals ländlicher Gebiete. Allgemein verfügbare Information und höhere Bildung gelangen bis in abgelegene Dörfer, wo man sie vorher kaum vermutet hätte. Daß daneben Ungleichzeitigkeiten und klar entgegengesetzte Entwicklungen bestehen, soll nicht übersehen werden. Doch geht es nicht darum, daß alle Bauleute jetzt in demselben Stil entwerfen, sondern daß es möglich geworden ist, engagiert zeitgenössisch auf architekonisch hohem Niveau zu bauen und damit da und dort bei Behörden wie bei privaten Bauherren auf ein entsprechend gewandeltes Verständnis zu stoßen. Dies gelang vor allem, wenn die erforderliche, verständnisbildende Vermittlungsarbeit durch den Architekten selbst betrieben und geleistet wurde.

Zwei Impulse stehen dabei heute in Niederösterreich im Vordergrund: Auf der einen Seite ist da die neue Hauptstadt St. Pölten mit dem Kulturbezirk, den Bauten der Landessportschule, der Verwaltungsstadt mit Landtagsgebäude und Klangturm sowie mehreren neuen Wohnanlagen und kommunalen wie privaten Bauinitiativen wie beispielsweise dem Rathausplatz von Boris Podrecca oder dem Maderna-Haus von Adolph Herbert Kelz, den sich der Bauherr bewußt aufgrund seiner bisherigen Arbeiten als Architekt ausgesucht hat.

Auf der anderen Seite ist die Stadt Krems bereits einen Schritt weiter gegangen. Dem initiativen Baudirektor Wolfgang Krejs ist es mit Wettbewerben und der Einsetzung eines Gestaltungsbeirats gelungen, die architektonische Qualität wichtiger Neubauten entscheidend zu steigern und damit nicht nur nach oben, sondern auch in die Breite zu wirken. Darüber hinaus erwies sich etwa beim Hotel Klinglhuber mit aller Deutlichkeit, daß die Architektenleistung nicht bloß das ansprechende Äußere umfaßt, sondern bei der Optimierung der Grundrisse von entscheidender ökonomischer Bedeutung ist. Damit rücken auch wieder klassische architektenhandwerkliche Aspekte in den Vordergrund, die aber mit dem architektonischen Ausdruck verschränkt bleiben.

In dieser gesamten Entwicklung soll eine weitere Erscheinung beim Bauen nicht vergessen werden: Die Zusammenarbeit von Architekt und Bauingenieur, die in den vergangenen Jahren international vermehrt an Bedeutung gewann, hat sich auch an Arbeiten in Niederösterreich niedergeschlagen. Es ist für Architekten nicht mehr egal, wen sie als Tragwerksplaner und als Statiker beiziehen, und Bauingenieure beginnen, sich mit den ästhetischen Seiten ihrer Arbeit und ihrer Entwürfe zu befassen. Auch dafür finden sich Beispiele, die zeigen, daß an einer qualitativen Steigerung, sei dies im Holzbau, Stahlbau oder Stahlbeton, intensiv gearbeitet wird, um die architektonische Komponente eines Tragwerks ebenso zu schärfen wie die Qualität einer Raumwirkung.

Der frische Wind in der niederösterreichischen Architekturlandschaft zeigt zum einen deutliche Einflüsse verschiedener, in Wien nebeneinander bestehender Architekturströmungen, die auf Roland Rainer und andere Exponenten einer erneuerten Moderne wie Ernst Hiesmayr oder Anton Schweighofer, oder auf Hans Hollein, die Wiener Szene, die Vorarlberger Baukünstler oder die aktuelle neue Einfachheit zurückführbar sind. Es finden sich aber in der Nachkriegsgeneration mit signifikanten Entwürfen einige äußerst starke und eigenständige Entwerfer wie

Ernst Beneder, Karin Bily und Paul Katzberger, Adolf Krischanitz, Michael Loudon, Rudolf Prohazka, Franz Sam oder Walter Stelzhammer, die eigene Wege beschreiten. Dies als spezifisch niederösterreichisch einzustufen, wäre gewiß verfehlt. Doch erweist sich die Architekturkultur in Niederösterreich nicht bloß als Anhängsel; vielmehr ist ein Wechselspiel zwischen «Stadt» und «Land» entstanden, bei dem das Land aus seiner bisherigen, eher passiven Rolle herausgetreten ist. Wenn sich der da und dort aufgekeimte Mut der Politiker zu zeitgenössischer Architektur weiter ausbreiten sollte, stehen jedenfalls ausreichend fähige Architektinnen und Architekten bereit.

BUILDING IN LOWER AUSTRIA

For a considerable length of time architecture was regarded as a primarily urban discipline. Of course numerous buildings were erected in the country and in rural towns and, occasionally, chance led to the construction of a building with something of the flair of the imperial city (Vienna) on a prime rural or small town site. But in general new formal developments either never arrived at all in rural areas or if so, then at a considerably later date. Of course works of elevated architectural culture such as castles, district administration headquarters or schools are only rarely built. This is not to say that buildings were erected without due care, but generally effort was restricted to the craft and technical aspects of construction or to the perfecting of an established form. New elements were often applied to traditionally designed buildings out of context or in a weakly contoured manner. Seen in retrospect they appear appealingly naive and thus acquire a certain value. But when compared to more ambitious works dating from the same time their inadequacies are revealed, especially in terms of internal organisation and detailing.

The social and economic changes of recent decades brought with them an increase in building activity employing a different design expression, also in rural regions. In the post-war period a crude form of building industry functionalism became widespread. The restricted competition between architects combined with the stabile political conditions, typical of rural industrial regions, led here and there to quasi "protected areas" for a few who were thus able to determine the constructional requirements of entire communities and towns. However not all architects and builders were capable, either morally or in terms of competence, of accepting this responsibility. Plain buildings such as those almost universally found in the fifties and

sixties demand a high degree of ability from the designer in terms of siting, proportion and choice of materials. Only a small number of buildings could satisfy these demands. Since the seventies a synthetic "native" style developed as a kind of reaction against this under-designed severity. This style, which was also encouraged by the authorities, is characterised by half-hipped roofs, loud paint work, strips of plaster and stuck-on glazing bars. This development, which occurred throughout Europe, is paradoxically regarded locally as a regional speciality and misunderstood as a regional style. Although well intended it is a purely reactionary movement against an unconsciously perceived unfortunate state of affairs and lacks a forward-looking design concept which could incorporate new developments. At the same there developed a superficial variant of post modernism reminiscent of a third derivative of neo-classicism which, for dilettantes, was extremely user-friendly as it was based on simplistic symmetry and the application of decorative forms, little balconies and gables etc. This style was employed by the same experts who had previously built in a vulgar functionalist manner. In rural areas, due to the lack of built criticism in the form of better models, it found wide acceptance. The few more successful exceptions only serve to confirm the rule and did not have a widespread effect.

The re-emergence of more ambitious architectural tendencies in Austria, primarily in the urban centres Graz and Vienna and in pre-urban Vorarlberg, also led to the first pioneering works in Lower Austria. A private initiative by the Bogner brothers in Buchberg am Kamp set a start. They commissioned Dieter Wallmann to design a small power station while he was still a student of Anton Schweighofer. A further symbol, which understandably found more international resonance, was Adolf Krischanitz' pavilion on the River Traisen built for the exhibition "Geburt einer Hauptstadt" (Birth of a Capital). The Schömer Building in Klosterneuburg can be regarded as an exquisite example of Viennese Post-modernism. An art-connoisseur, proprietor of a chain of builders suppliers commissioned this building from Heinz Tesar, a Viennese architect with roots in Tyrol, as the headquarters of his company. Helmut Deubner, a student of Roland Rainer, designed a pioneering ecological housing development on a site which was part of a former nursery garden in Gänserndorf-Süd. Rudolf Prohazka designed a wooden house (unfortunately subsequently desecrated) in Ried am Riederberg. With a positive flair he placed his dream of an awakening in architecture in the gently undulating terrain. Manfred Nehrer and Reinhard Medek presented a structurally innovative idea in their secondary school in Zistersdorf. They placed the classrooms above the gym, hanging its ceiling from high precast reinforced concrete frames. The external appearance remained in the tradition of a carefully made moderate modernism betraying the influence of Viennese Jugendstil. These half a dozen buildings, all exemplary as regards quality and innovation, remained, in terms of numbers, within the established limits so that it would be wrong to talk of an intensified development in architecture in Lower Austria in the mid eighties. But five years later the situation appeared completely different. The selection of the 103 buildings presented here at a short remove of time may seem arbitrary but is not in fact subjective in character as, in an effort to achieve objectivity, the choice was made after lengthy discussions with Otto Kapfinger. It turned out that one quarter of the buildings presented here date from between 1986 and 1991 and three quarters from between 1992 and 1997. This proves that, in the nineties. ambitious, committed architecture became a theme in Lower Austria also. Several competitions were held such as that for the government district in the new federal state capital, the adjoining cultural quarter, the Kunsthalle (arts centre) in Krems, the town hall in Waidhofen and also for a school in Wiener Neustadt. The appointment of suitably qualified persons to the juries produced decisions that can be seen as a vote in favour of architecture with the result that the established local matadors, embedded in their complacent mediocrity, were often the losers. From a current viewpoint this development had a positive effect as the established locals were thus forced to make greater efforts.

In earlier times important practitioners from the metropolis Vienna such as Roland Rainer (*1910), Karl Schwanzer (*1918–1975), Johannes Spalt (*1920), Ernst Hiesmayr (*1920) and Gustav Peichl (*1928) though active only at specific points in time made considerable contributions in Lower Austria, one student generation later younger masters such as Anton Schweighofer (*1930), Hans Puchhammer (*1931), Hans Hollein (*1934) and Hermann Czech (*1936) emerged with individual buildings. The middle generation of internationally recognised architects is somewhat under-represented in Lower Austria, mostly by works dating from the recent past but has lately erected important works: Heinz Tesar (*1939), Boris Podrecca (*1940), Klaus Kada (*1940), Laurids Ortner (*1941) Coop Himmelb(l)au: Wolf D. Prix (*1942) and Helmut Swiczinsky (*1944) and Karla Kowalski (*1941) and Michael Szyskowitz (*1944). Naturally here and there tension arose as the buildings which received more attention were generally built by architects not resident in Lower Austria. However in areas where attention was focused such as St. Pölten and Krems the principle of presenting designers with a challenge prevailed.

The following two generations, whose representatives were all born after the war and completed their studies in the sixties and seventies, contains a higher proportion of architects from Lower Austria some of whom have their practices in the region. And even if their ateliers are in Vienna they are familiar with the language, the locals and the established conventions in their birth place and can thus achieve an understanding for contemporary architecture where, perhaps, others would fail. As representative for others we should mention here Stefan Bucovac (*1936, in Baden), Reinhard Medek (*1944, from Palterndorf im Weinviertel), Heinz Lutter (*1945, from Röhrenbach near Horn), Rudolf Prohazka (*1947, from Ortmann), Ernst Maurer (*1948, from Hollabrunn), Franziska Ullmann (*1950, from Baden), Georg Reinberg (*1950, from St. Pölten), Helmut Deubner (*1950, works in Gänserndorf), Gerhard Lindner (*1952, office in Baden), Peter Raab (*1953, from St Pölten), Franz Sam (*1956, in Krems), Karin Bily (*1957) and Paul Katzberger (*1957, both in Perchtoldsdorf), Ernst Linsberger (*1957, from Mank), Ernst Beneder (*1958, from Waidhofen an der Ybbs), Johannes Zieser (*1958, St. Pölten) and Heinz Geza Ambrozy (*1959, from Tulln). These architects have emerged with a number of buildings of quality, some in the places where they were born. Obviously they also exploit the stimuli which the large city offers. But they have succeeded in providing appropriate and often highly sensitive answers to the questions posed by a concrete site in a rural or small town context.

Along with the increasing numbers of highly qualified architects in the metropolis a group of expert designers perhaps not yet so well-known but which has nevertheless produced achievements of above average quality, has also grown. In many cases these architects spent a number of years abroad or acquired professional experience in the offices of leading masters. They returned to Lower Austria with broadened horizons and also helped create a more open-minded atmosphere in the region. Representatives from the other federal states (excluding Vienna) are somewhat rarer. Karl Baumschlager (*1956) and Dietmar

Eberle (*1952) who work together in Bregenz and Adolph Herbert Kelz (*1957) from Graz belong to this group. Vienna is naturally enough more strongly represented by Franz E. Kneissl (*1945), Adolf Krischanitz (*1946), Elsa Prochazka (*1948), Ernst Hoffmann (*1949), Michael Loudon (*1950), Walter Stelzhammer (*1950), Walter Ifsits (*1951), Alexander Runser (*1955) and Christa Prantl (*1960), Dieter Wallmann (*1956) and Claus Radler (*1959), Alois Neururer (*1957) and Elena Theodoru-Neururer (*1959). One can observe that, despite the much criticised difficulties in country towns, it is often possible to achieve more there than in the solidified structures which dominate the metropolis. The competition for the new museum quarter in Vienna was held somewhat before that for the new Lower Austrian government district, but the building works in St. Pölten will be completed this year whereas in Vienna building has not even started. A remarkable increase in urban architectural quality took place in St. Pölten between the government district and the cultural quarter, evidence of this kind is awaited in the case of the Viennese museum project. This particular development is an indication of the start of a secondary process of urbanisation, also in former rural areas. Generally available information and a higher level of education have reached the most remote villages, something one would have previously never expected. The fact that discrepancies and diametrically opposed tendencies also occur should not be overlooked. The objective is not that everyone should build in the same style but that it should be possible to build in a committed, contemporary manner on a high level of architectural quality and here and there to find acceptance and understanding of this approach on the part of the authorities and private clients. This situation develops particularly successfully when the effort necessary to create this understanding comes from the architects themselves.

In this context two particular impulses stand in the foreground in Lower Austria. On the one side the new capital, St. Pölten, with its cultural district, the buildings of the State Sports School, the administrative district with the State Parliament Building and the Klangturm along with a number of "model" housing developments and communal and private initiatives such as, for example, the Rathausplatz by Boris Podrecca or the Maderna Building by Adolph Herbert Kelz, whom the client selected as his architect on the basis of earlier works.

On the other side the town of Krems is already a step further. Through competitions and the establishment of a design advisory body the innovative director of building operations, Wolfgang Krejs, has succeeded in achieving a marked improvement in the quality of important new buildings and this has had a widespread effect. The case of the Hotel Klinglhuber shows quite clearly that architecture is not merely concerned with external appearance but also with the optimal use of a site and is therefore of decisive economic importance. In this sense long established aspects of the architect's profession move once again into the foreground while remaining linked to the architectural expression.

In the context of this development a further phenomenon in building should not be overlooked. Co-operation between architects and engineers, which in recent years has gained importance internationally, has also developed in Lower Austria. For architects it is no longer a matter of indifference whom they engage as structural designer or structural engineer and building engineers are beginning to investigate the aesthetic aspects of their work and designs. Examples show that intensive efforts are being made to achieve an increase in quality whether it be in timber, reinforced concrete or steel structures in order to define the architectural components of a structural system just as sharply as the quality of a spatial effect.

This new breeze in the Lower Austrian architectural landscape shows the influence of various tendencies which exist alongside each other in Vienna and which can be traced back to Roland Rainer or to other practitioners of renewed modernism such as Ernst Hiesmayr or Anton Schweighofer or to Hans Hollein, the Viennese scene, the Vorarlberg architects or the current "new simplicity". But the post-war generation also includes some extremely strong, independent designers such as Ernst Beneder, Karin Bily and Paul Katzberger, Adolf Krischanitz, Michael Loudon, Rudolf Prohazka, Franz Sam or Walter Stelzhammer, who are going their own way. It would certainly be wrong to describe this as a specifically Lower Austrian quality. However it does show that the culture of architecture in Lower Austria is not a mere appendage and that there exists an interplay between "city" and "country" in the course of which the country has emerged from its previous, rather passive role. If here and there the courageous approach which some politicians have shown to contemporary architecture should become more widespread, there are certainly enough highly competent architects, both men and women, to take on the challenge.

BIOGRAPHIEN

ARCHITEKTEN, BAUINGENIEURE

HEINZ GEZA AMBROZY
geboren 1959 in Tulln; Architekturstudium an der Technischen Universität Wien, Diplom bei Ernst Hiesmayr. 1988 Tischlermeisterprüfung, 1991 Ziviltechnikerprüfung; seit 1993 Assistent an der Technischen Universität Wien, Institut für Tragwerkslehre und Ingenieurholzbau bei Wolfgang Winter; Realisierungen u.a. seit 1980 Möbeldesign, Passives Solarhaus, Zwentendorf; Geladener Wettbewerb Niedrigenergiehäuser in Frojach: 1. Preis.

MARIA AUBÖCK
geboren 1951; Architekturstudium an der Technischen Hochschule Wien; Lehraufträge in USA, Deutschland, Innsbruck und Wien. Seit 1975 eigenes Büro; seit 1985 Zusammenarbeit mit János Kárász; Spezialgebiete: Landschaftsarchitektur, Denkmalpflege, architekturbezogene Außenräume; Realisierungen u.a. Platzgestaltung Haupteingang Augarten, Wien; Pratermuseum, Wien; Außenanlagen Regierungsviertel, St. Pölten.

KARL BAUMSCHLAGER
geboren 1956 in Bregenz; Studium Industriedesign bei Hans Hollein und Architektur bei Wilhelm Holzbauer und Oswald M. Ungers, Diplom bei Wilhelm Holzbauer. 1982–84 selbständiger Baukünstler; seit 1984 Arbeitsgemeinschaft Baumschlager–Eberle; 1986 Großer Österreichischer Wohnbaupreis; 1994 Gastdozent an der Syracuse University New York. Zahlreiche Realisierungen u.a. Wohnanlage Am Mühlbach, St. Pölten.

ERNST BENEDER
geboren 1958 in Waidhofen an der Ybbs; Architekturstudium an der Technischen Universität Wien und am Tokyo Institute of Technology bei Kazuo Shinohara. Seit 1988 Architekt in Wien; Lehrtätigkeit an der Technischen Universität Wien, am Tokyo Institute of Technology und an der University of Illinois; Realisierungen u.a. Städtebauliches Leitprojekt und Rathausumbau in Waidhofen an der Ybbs; Ostarrîchi-Kulturhof in Neuhofen an der Ybbs, Medienhaus, St. Pölten.

KARIN BILY
geboren 1957 in Wien; Architekturstudium an der Technischen Universität Wien. Seit 1978 eigenes Büro mit Paul Katzberger in Perchtoldsdorf bei Wien; Realisierungen u.a. Einfamilienhäuser Z. und N.; EVN Bezirksleitungen; Landesbibliothek, St. Pölten.

BKK-2 (JOHANN WINTER, CHRISTOPH LAMMERHUBER, AXEL LINEMAYR, GERNOT HILLINGER, FRANZ SUMNITSCH, FLORIAN WALLNÖFER, EVELYN WURSTER)
arbeitet in dieser Zusammensetzung seit 1993; Realisierungen u.a. Bücherei und Musikschule, Gänserndorf; zwei Bürohäuser und zwei Wohnhäuser in Wien; zwei Studentenheime und Wohnbauten in Linz-Auhoffeld; Wohnheim Sargfabrik, Wien; Kaufhaus in Prag (in Planung); Projektstudien für komplexe multifunktionale Gebäude in Wien.

WOLFGANG BRUNBAUER, BRUMI ARCHITEKTEN
geboren 1944 in Wien; Architekturstudium an der Technischen Hochschule Wien. Stadtplaner in Wien und Triest; Josef Frank-Stipendiat und Preisträger der Zentralvereinigung. Büros in Wien und NÖ, Bratislava und Szombathely; Industrie-, Geschäfts- und Touristikbauten; Spezialgebiete Schallschutzbauten und weitgespannte Tragwerke; Realisierungen u.a. Freizeit- und Einkaufszentrum Traisenpark, St. Pölten; Einkaufszentrum Arkadia Szombathely, Arena Nova, Wiener Neustadt.

STEFAN BUKOVAC
geboren 1936; Architekturstudium an der Technischen Universität Wien. Lebt und arbeitet als freischaffender Architekt in Baden bei Wien; Realisierungen u.a. Kultur- und Bildungszentrum Perchtoldsdorf; Kirche und Seelsorgezentrum, Baden-Leesdorf; Pfarr-Kindergarten, Wimpassing.

WOLFGANG BÜRGLER
geboren 1961 in Radstadt, Salzburg; Architekturstudium an der Hochschule für angewandte Kunst Wien bei Wilhelm Holzbauer. 1991 Bürogründung «the office», Wien (mit Georg Petrovic und Gorgona Böhm); 1996 Bürogründung «the unit», Wien (mit Georg Petrovic); Bauherrenpreis 1994 der Zentral-

vereinigung österreichischer Architekten, Deutscher Architekturpreis 1995, Anerkennung; Realisierungen u.a. Merkurmarkt, Deutsch Wagram.

HELMUT CHRISTEN

geboren 1943; Architekturstudium an der Technischen Universität in Wien. Seit 1978 selbständiger Architekt; 1980 Gründung des «Atelier in der Schönbrunnerstraße» mit vier Kollegen; Assistent an der Technischen Universität in Wien; 1990 Gastprofessor an der University of Michigan; Wettbewerbsprojekt für die Erweiterung des Technischen Museums in Wien; Realisierungen u.a. «Musterwohnanlage» in St. Pölten; Unido-Steg, Wien; Atelierhaus Korab.

COOP HIMMELB(L)AU
WOLF D. PRIX

geboren 1942 in Wien; Studium an der Technischen Universität Wien. 1968 Gründung der Coop Himmelb(l)au in Wien zusammen mit Helmut Swiczinsky; Professor der Meisterklasse für Architektur an der Hochschule für angewandte Kunst in Wien; lehrte an der Architectural Association School in London und an der Harvard University, Cambridge, Massachusetts.

HELMUT SWICZINSKY

geboren 1944 in Posen, Polen; aufgewachsen in Wien; Studium an der Technischen Universität Wien und an der Architectural Association School in London. 1968 Gründung der Coop Himmelb(l)au in Wien zusammen mit Wolf D. Prix; 1973 Visiting Professor an der Architectural Association School in London.
Realisierungen und Projekte u.a. Dachausbau Falkestraße, Wien; Masterplan für die City von Melun-Sénart, Frankreich; Museumspavillon, Groningen, Niederlande; Büro- und Forschungszentrum, Seibersdorf.

HERMANN CZECH

geboren 1936 in Wien; Studium bei Konrad Wachsmann und Ernst A. Plischke. Kritische und theoretische Publikationen zur Architektur; lehrte an der Hochschule für angewandte Kunst in Wien und an der Harvard University, Cambridge, USA; Teilnahme an der Architektur-Biennale Venedig 1980 und 1991. Einzelausstellung im Architekturmuseum Basel 1996; jüngste Bauten u.a. Wohnbebauung Perchtoldsdorf (1994); Rosa Jochmann-Schule, Wien Simmering (1994); Winterverglasung der Loggia der Wiener Staatsoper (1994); Blockbe-bauung Wien Ottakring (in Bau); Umbau Hauptgebäude Bank Austria, Wien 1997.

HELMUT DEUBNER

geboren 1950 in Wien; Architekturstudium an der Akademie der bildenden Künste Wien bei Roland Rainer. Seit 1982 eigenes Atelier für naturnahes Bauen; 1989 Leiter des Österreichischen Instituts für Baubiologie; Lektor an der Wirtschaftsuniversität Wien und an der Donau-Universität Krems; Realisierungen u.a. Öko-Siedlung Gärtnerhof, Gänserndorf; Wohndorf Anningerblick; Volksschule, Münchendorf.

GEORG DRIENDL

geboren 1956 in Innsbruck; Architekturstudium an der Akademie der bildenden Künste Wien bei Roland Rainer. Seit 1984 eigenes Atelier; bis 1996 «driendl * steixner» mit Gerhard Steixner; Realisierungen u.a. Transitstation Skala, Bar und Restaurant, Wien; Plattform, Arbeiten & Wohnen, Wien; Pirat, 17 m Hochseeyacht, Innsbruck; Invisible Shop Boutique, Wien; Standard Solar, Serienhaus Prototyp, NÖ; Sehbehindertenschule, Wien.

DIETMAR EBERLE

geboren 1952 in Hittisau, Vorarlberg; Architekturstudium an der Technischen Hochschule Wien. 1979–82 Arbeitsgemeinschaft im Rahmen der Cooperative Bau- und Planungs GmbH mit Markus Koch, N. Mittersteiner und W. Juen; seit 1984 Arbeitsgemeinschaft Baumschlager–Eberle; lehrte an der Hochschule für Künstlerische und Industrielle Gestaltung in Linz, an der ETH Zürich und an der Syracuse University, New York; zahlreiche Realisierungen u.a. Wohnanlage Am Mühlbach, St. Pölten.

NORBERT ERLACH

geboren 1954 in Zürich; Architekturstudium an der Technischen Universität Wien, Diplom bei Justus Dahinden. Seit 1989 selbständiger Architekt; Bürogemeinschaft mit Claire Poutaraud-Dunkl, Arch.D.P.L.G. (Paris), und Jakob Fina, Gartenarchitekt ÖGLA; Zusammenarbeit mit Büro für Medizin- und Krankenhaustechnik Küttner und anderen Spezialisten; Realisierungen u.a. Kleingartenhaus, Königstetten.

FRANCO FONATTI

geboren 1942 in Breno (Brescia), Italien; Architekturstudium an der Akademie der bildenden Künste Wien. 1981 Doktorat an der Universität Venedig und Befugnis als Architekt; 1981–91 Planungsbüro mit Helmut Hempel; 1984 Professor für Gestaltungslehre und Gestaltungstheorie an der Akademie der bildenden Künste Wien; 1984–86 Gastprofessor an der Technischen Universität Innsbruck; Publikation: «Elemente des Bauens bei Carlo Scarpa».

IRMGARD FRANK
geboren 1953 in Wien; Studium an der Hochschule für angewandte Kunst Wien; 1980 Diplom in Innenarchitektur und Industrieentwurf (Johannes Spalt); 1984 in Architektur (Hans Hollein); Praxis bei Hermann Czech. Seit 1987 eigenes Architekturbüro in Wien; 1988–92 Assistentin bei Hans Kollhoff an der ETH Zürich; Lehrauftrag für Innenraumgestaltung an der Hochschule für angewandte Kunst Wien; Realisierungen u.a. Einfamilienhaus, Königstetten; Geschäft Firma Fürst, Wien; Möbelentwürfe für Einzelanfertigung und Kleinserien.

SEPP FRANK
geboren 1942 in Wien; Architekturstudium an der Technischen Hochschule Wien. Mitarbeit bei Karl Schwanzer; Lehrtätigkeit an der University of California, Berkeley; Assistent und Lektor an der Technischen Hochschule Wien, Institut für Gebäudelehre; 1970 Promotion zum Doktor der Technischen Wissenschaften. Seit 1972 freischaffende Tätigkeit; Realisierungen u.a. Ziegelwerk der Wienerberger Baustoffindustrie, Hennersdorf; Mitsubishi Importzentrum, Wien.

JAKOB FUCHS
geboren 1958 in Hopfgarten, Tirol; Architekturstudium in Innsbruck und Wien, Diplom bei Ernst Hiesmayr. Seit 1989 Projektgemeinschaft mit Lukas Schumacher; Assistent an der Technischen Universität Wien bei Ernst Hiesmayr, seit 1991 bei Helmut Richter; seit 1994 Bürogemeinschaft mit Hemma Fasch; lebt und arbeitet in Wien; Realisierungen u.a. Haus Renner, Langenzersdorf.

REINHARDT GALLISTER
geboren 1952 in Graz; Architekturstudium an der Technischen Universität Wien; ab 1980 Mitarbeit bei Ernst Hiesmayr. Seit 1990 selbständig, lebt und arbeitet in Wien; Realisierungen u.a. Betriebsgebäude Möbelbau Hochgerner, Böheimkirchen.

HANNO GANAHL
geboren 1961; Architekturstudium an der Technischen Universität Wien; seit 1991 gemeinsames Büro «ifsitsganahllarch – architektur»; Realisierungen u.a. Hotel Domino, Ebreichsdorf.

RUDOLF GITSCHTHALER
geboren 1957 in Villach; Architekturstudium an der Technischen Universität Wien; Mitarbeit bei Roland Rainer und Hermann Czech. Seit 1989 eigenes Büro in Wien, seit 1991 Baubüro in Villach; Realisierungen u.a. Bergbahn Petzen, Kärnten; Gradierwerk Schwechat; Revitalisierung Altes Rathaus, Linz.

MANFRED GMEINER
geboren 1957; Studium Bauingenieurwesen an der Technischen Universität Wien. 1983–87 Tragwerksplanung in Ingenieurbüros; 1987–91 Assistent an der Akademie der Bildenden Künste am Institut für Statik-, Stahlbeton-, Stahl- und Leichtbau; seit 1989 Ingenieurbüro für Tragwerksplanung mit Martin Haferl; Realisierungen u.a. Eissportzentrum Kagran, Wien; Kunsthalle Karlsplatz, Wien; Kunsthalle Krems; Sonnenräder Grenzübergang, Spielfeld; ÖBB Werkstättenhalle, St. Pölten; Umbau Börsengebäude, Wien.

OSKAR J. GRAF
geboren 1935 in Graz; Studium Bauingenieurwesen an der Technischen Universität Wien. Selbständige Tätigkeit im In- und Ausland als Consulting Engineer für Industriebauprojekte; Geschäfts- und Wohnbauten in Westafrika, Philippinen, Türkei, Persien, Irak, Zambia, Ägypten, Saudiarabien, Angola, etc. Lehrbeauftragter der Technischen Universität Wien; Gastprofessor SCI Arc Los Angeles; Juror Sommerakademie Salzburg 1989; langjährige Zusammenarbeit mit Coop Himmelb(l)au; Wettbewerbsteilnahmen mit vielen Preisen und Ankaufserfolgen; Generalplanertätigkeit; Vorträge im Inland und an Architekturschulen in London, New York, Los Angeles, etc.

FRANZ GSCHWANTNER
geboren 1949 in Zwettl, Niederösterreich; Architekturstudium an der Akademie der bildenden Künste Wien. Mitarbeiter und Projektleiter in Wiener Architekturbüros, lebt und arbeitet seit 1983 als freischaffender Architekt in Krems; Realisierungen u.a. Straßenmeisterei und Technische Dienste, St. Pölten; WeinStadtMuseum Krems.

CHRISTIAN HACKL
1955 geboren in Freistadt, Oberösterreich; Architekturstudium an der Technischen Universität Wien, Diplom bei Anton Schweighofer. Mitarbeit bei Lautner, Scheifinger, Szedenik und Ernst Hoffmann; seit 1986 selbständiger Architekt; 1989–93 Architekturgemeinschaft Hackl, Silbermayr,

Lambert; seit 1993 in Freistadt; 1996 Architekturwerkstadt Freistadt, Oberösterreich; Realisierungen u.a. Wohnanlage St. Pölten.

 MARTIN HAFERL
geboren 1963; Studium Bauingenieurwesen an der Technischen Universität Wien. 1987–89 Tragwerksplanung in Ingenieurbüros; seit 1989 Ingenieurbüro für Tragwerksplanung mit Manfred Gmeiner; Realisierungen u.a. Eissportzentrum Kagran, Wien; Kunsthalle Karlsplatz, Wien; Kunsthalle Krems; Sonnenräder Grenzübergang, Spielfeld; ÖBB Werkstättenhalle, St. Pölten; Umbau Börsengebäude, Wien.

ROLAND HAGMÜLLER
geboren 1941 in Wien; Architekturstudium an der Technischen Universität Wien und der Akademie der bildenden Künste Wien bei Ernst A. Plischke. Seit 1973 selbständiges Planungsbüro; 1979–85 Assistent an der Technischen Universität Wien, Institut für Hochbau (Ernst Hiesmayr); Gründungsmitglied von ORTE – Architekturnetzwerk Niederösterreich; 1986 Visiting Professor, Rhode Island School of Design; 1992 Adolf Loos Preis; Realisierungen u.a. Haus Wögenstein, Seebarn.

ANTON HARRER
geboren 1950 in Krems-Egelsee; Studium Bauingenieurwesen an der Technischen Universität Wien. Mitarbeit in Ingenieurbüros; 1979–83 Assistent am Institut für Statik an der Akademie der bildenden Künste; freiberufliche Tätigkeit für verschiedene Firmen; seit 1983 Professor an der HTBLA Krems; seit 1985 Zivilingenieur für Bauwesen mit Konstruktionsbüro in Krems.

HELMUT HEMPEL
geboren 1949 in Wien; Architekturstudium an der Akademie der bildenden Künste Wien; seit 1974 Hochschullehrer an dieser Akademie am Institut für Verhalten und Raum. Seit 1975 selbständige Tätigkeit als Innenarchitekt BÖIA; 1981–91 Planungsbüro mit Franco Fonatti, seither eigene Kanzlei in Wien; 1994 interimistischer Leiter des Instituts für Sakrale Kunst an der Akademie; Realisierungen u.a. Einfamilienhaus, Neulengbach

ERNST HIESMAYR
geboren 1920 in Innsbruck; Architekturstudium an der Technischen Hochschule Graz, unter anderen bei Fritz Zotter. Seit 1948 freier Architekt in Innsbruck, später Wolfurt/Vorarlberg

und Wien; 1968–90 Professor für Konstruktives Entwerfen an der Technischen Hochschule Wien, 1975–77 Rektor; Preis der Stadt Wien, Europäischer Stahlbaupreis, Ehrensenator Universität Wien, Mitglied der Berliner Akademie der Wissenschaften; Realisierungen u.a. WIFI Linz, Juridikum Wien; zahlreiche mittlere, aber auch kleine Bauten, z.B. Einfamilienhaus, Mistelbach.

GABRIELE HOCHHOLDINGER
geboren 1958 in München; Architekturstudium an der FH München. Seit 1989 eigenes Atelier in Zusammenarbeit mit Franz Knauer; lebt und arbeitet in München und Wien. Realisierungen u.a Einfamilienhaus im Raum Wiener Neustadt.

ERNST HOFFMANN
geboren 1949 in Wels; Architekturstudium an der Technischen Universität Wien. Mitarbeit in Architekturbüros in Wien, München und Basel. Seit 1979 eigenes Atelier in Wien; seit 1983 Vorstandsmitglied der Zentralvereinigung der Architekten für Wien, Niederösterreich und Burgenland; seit 1992 Büro in St. Pölten; Realisierungen u.a. Regierungsviertel und Niederösterreichisches Landhaus, St. Pölten; Wohnungs-, Büro- und Geschäftsbauten in Wien, Salzburg und Graz.

HANS HOLLEIN
geboren 1934 in Wien; Architekturstudium an der Akademie der bildenden Künste Wien bei Clemens Holzmeister. 1967–76 Professor an der Staatlichen Kunstakademie Düsseldorf; seit 1976 Leiter der Meisterklasse für Industrial Design und des Instituts für Design; seit 1979 Leiter der Meisterklasse für Architektur an der Hochschule für angewandte Kunst, Wien; Gastprofessuren u.a. University of California, Los Angeles (UCLA); Yale University, New Haven, Conn.; Ohio State University, Columbus, Ohio. Tätig als Architekt, Städteplaner, Designer und freier Künstler; seit 1994 Direktor der Architektur-Biennale Venedig; Realisierungen u.a. Museum Moderner Kunst, Frankfurt; Haas-Haus, Wien; Kunsthalle, St. Pölten; Golfclub, Ebreichsdorf.

KARLHEINZ HOLLINSKY
geboren 1955 in Wien; Studium Bauingenieurwesen an der Technischen Universität Wien. Assistent am Institut für Tragwerkslehre und Ingenieurholzbau; 1985 Dissertation sowie weitere Forschungsarbeiten im Fachbereich Holzbau; Mitglied FNA 012; 1988 Bürogründung; Lehraufträge an der BOKU Wien und an der HTL Wien III, Camillo-Sitte; Projekte in Niederösterreich: Landessportschule Dreifachturnhalle;

Landessportschule Tennishallen; Arena Nova Wiener Neustadt; Handelsakademie, Wiener Neustadt; Innovationen: Projekt Kuchl mit neuzeitlicher Holzbauweise (ARGE mit Professor Winter, Technische Universität Wien).

WALTER IFSITS
geboren 1951; Studium der Architektur an der Technischen Universität Wien. Seit 1991 gemeinsames Büro «ifsitsganahl-larch – architektur»; Realisierungen u.a. Hotel Domino, Ebreichsdorf.

KLAUS KADA
geboren 1940 in Leibnitz, Steiermark; Architekturstudium an der Technischen Hochschule Graz. Mitarbeit in Architektur-büros in Graz und Düsseldorf. 1971–85 Partnerschaft mit Gernot Lauffer, seit 1976 Büro in Leibnitz und seit 1988 in Graz sowie seit 1996 in Aachen; Präsident von Europan Österreich; Professor für Entwurf und Gebäudelehre an der Technischen Hochschule Aachen; Mitglied des Architektur-beirats im Bundesministerium für Wissenschaft und For-schung; Realisierungen u.a. Studentenwohnheim, Graz; Glasmuseum Bärnbach, Steiermark; Festspielhaus St. Pölten.

PAUL KATZBERGER
geboren 1957 in Wien; Architekturstudium an der Akademie der bildenden Künste Wien. Seit 1978 eigenes Büro mit Karin Bily in Perchtoldsdorf bei Wien; Realisierungen u.a. Einfamilienhäuser Z. und N.; EVN Bezirksleitungen; Landesbibliothek, St. Pölten.

ADOLPH HERBERT KELZ
geboren 1957 in Graz; Architekturstudium an der Techni-schen Universität Graz. Lebt und arbeitet in Graz, seit 1990 selbständig; 1991 Steiermärkischer Landespreis für Archi-tektur; Gründung von Rhizom-Architekten 1991; Realisierun-gen u.a. mehrere Einfamilienhäuser; Bürogebäude Maderna, St. Pölten.

FRANZ KNAUER
geboren 1957 in Wien; Architekturstudium an der Techni-schen Universität Wien. Seit 1989 eigenes Atelier in Zusam-menarbeit mit Gabriele Hochholdinger; lebt und arbeitet in Wien; Realisierungen u.a. Einfamilienhaus im Raum Wiener Neustadt.

FRANZ E. KNEISSL, BÜRO IGIRIEN
geboren 1945 in Judenburg, Steiermark; Architekturstudium

an der Akademie der bildenden Künste Wien bei Ernst A. Plischke. Seit 1974 eigenes Büro in Wien; 1974–85 Zusammenarbeit mit Werner Appelt und Elsa Prochazka; Planung und Realisation von Gebäuden, Konzepte zu Stadtplanung und Raumordnung, Wettbewerbsbeteiligungen, Buchautor, theoretische Beiträge zur Architektur, Ausstellun-gen, Möbel, Videofilme. Realisierungen u.a. Wohnsiedlung Simmeringer Haide, Haus R., Krems.

KARLA KOWALSKI
geboren 1941 in Beuthen, Oberschlesien; Architekturstudium an der Technischen Hochschule Darmstadt; Postgraduate Studies an der Architectural Association School London. 1969–71 Mitarbeit bei Behnisch & Partner (Olympiabauten). Gemeinsames Büro mit Michael Szyszkowitz in Graz; seit 1988 Direktorin des Instituts »Öffentliche Bauten und Entwerfen«, Universität Stuttgart; lebt und arbeitet in Stuttgart und Graz; Realisierungen u.a. Biochemie, Graz; Umbau Kaufhaus, Graz; Einfamilienhaus, Maria Enzersdorf.

GERD KÖHLER
geboren 1950, aufgewachsen in steirisch-kärntner natur. zur schulzeit bodensee erlebt. nach dem studium in wien – bauen beim zivildienst – anti-akw-kampf – und alternativaus-stellungen für gesundes leben. in vorarlberg von den macht-habern als «grünideologe» beschimpft – andere verkehrs- und regionalplanung und wohnhäuser für freundInnen ent-worfen. 1986 siedlungsplanung in ried begonnen. bau 1989–90. 1991 unfall, jetzt körperarbeit.

EKKEHARD KRAINER
geboren 1960 in Wolfsberg, Kärnten; Architekturstudium an der Hochschule für angewandte Kunst Wien bei Hans Hollein. Lebt und arbeitet seit 1995 in Deutschland; Reali-sierungen u.a. Landessportschule, St. Pölten, mit Wolfgang Mistelbauer; Tennishalle, St. Pölten.

ADOLF KRISCHANITZ
geboren 1946 in Schwarzach/Pongau; Architekturstudium an der Technischen Universität Wien. Seit 1979 freischaffender Architekt in Wien; 1991–95 Präsident der Wiener Secession; seit 1992 Professor für Entwerfen und Stadterneuerung an der Hochschule der Künste, Berlin; 1995 Otto-Wagner Städtebaupreis und Klimt-Medaille Secession Wien; Teilnahme an der 5. und 6. Architektur-Biennale in Venedig; Realisierungen u.a. Traisenpavillon, St. Pölten; Kunsthalle Wien; Einkaufspassage Steirerhof, Graz; Kunsthalle Krems.

ULRIKE LAMBERT

geboren 1954 in Wien; Architekturstudium an der Hochschule für angewandte Kunst Wien bei Hans Hollein. Mitarbeit bei Günther Suske; seit 1990 selbständige Architektin; 1989–93 Architekturgemeinschaft Hackl, Silbermayr, Lambert; seit 1994 Arbeitsgemeinschaft mit Georg Goess, Werner Silbermayr und Guido Welzl; Realisierungen u.a. Wohnanlage, St. Pölten.

LUKAS LANG

geboren 1927 in Gmunden, Oberösterreich; Architekturstudium an der Akademie für angewandte Kunst bei Oswald Haerdtl. 1958–70 Architektenatelier mit Peter Czernin; 1963–72 Mitglied der Arbeitsgruppe für Bildungsbauten der UIA; seit 1970 eigenes Atelier; Industrie- und Bürobauten, Wohnhausanlagen, Einfamilienhäuser, Bildungsbauten.

WERNER LARCH

geboren 1960; Architekturstudium an der Technischen Universität-Wien. Seit 1991 gemeinsames Büro «ifsitsganahl-larch – architektur»; Realisierungen u.a. Hotel Domino, Ebreichsdorf.

GERHARD LINDNER

geboren 1952; Architekturstudium an der Technischen Universität Wien. 1979 Sommerakademie Salzburg (F. M. Welz-Preis); 1982–86 Assistent an der Technischen Universität Wien; seit 1987 eigenes Architekturbüro, lebt und arbeitet in Baden; seit 1987 Redaktion der Schriftenreihe «Denkmalpflege in Niederösterreich»; Realisierungen u.a. Eingangstor Kulturpark, Horn; Erweiterung Volksschule, Weikersdorf.

ERNST LINSBERGER

geboren 1957 in Mank, Niederösterreich; Architekturstudium an der Akademie der bildenden Künste Wien bei Roland Rainer und Timo Penttilä. Seit 1989 Architekturbüro in Wien; Realisierungen u.a. Doppelwohnhaus, Krems.

HELMUTH LOCHER

geboren 1953, Studium an der Technischen Universität Wien. Seit 1986 eigene Kanzlei in Wien; Realisierungen u.a. Hauptschule Absberggasse, Wien; Sargfabrik, Wien; Studentenheim, Linz; Umbau VJV, Wien; Haus Stockinger, Klosterneuburg; Wohnhausanlage Wulzendorfstraße, Wien; Mazda Lietz, Waidhofen; Wohnhausanlage Laab im Walde; Wohnhausanlage Langobardenstraße, Wien.

MICHAEL LOUDON

Geboren 1950 in Nebraska/USA; Architekturstudium an der Akademie der bildenden Künste Wien. Eigenes Büro seit 1987 in Feldkirch und Wien; Realisierungen u.a. Siedlung Wuhrbaumweg, Bregenz (mit Markus Koch); Haus in Bregenz-Lochau; Mehrzweckhalle, Schlins, Vorarlberg (mit Markus Koch); Landesarchiv, St. Pölten.

HEINZ LUTTER

geboren 1945 in Röhrenbach/Horn, Niederösterreich; Architekturstudium an der Technischen Universität Wien; Stadtteilarbeit in der Stadtrandsiedlung «Trabrenngründe» gemeinsam mit Bewohnern; 1976 Preis der Zentralvereinigung österreichischer Architekten; seit 1984 eigenes Büro in Wien; Realisierungen: Einfamilienhäuser, Kindertagesheim, Büro, Geschäft, Lokal, mehrere «Partizipative Wohnprojekte» in Niederösterreich, u.a. Wohnprojekt, Pressbaum.

ERNST MAURER

geboren 1948 in Oberfellabrunn, Niederösterreich; Architekturstudium an der Technischen Universität Wien; 1974–81 Mitarbeiter in diversen Architekturbüros; seit 1981 selbständig; Realisierungen u.a. Sporthauptschule West, Wiener Neustadt; Landesberufsschule, St. Pölten, Postgarage, Hollabrunn.

WALTER HANS MICHL

geboren 1953 in Wien, aufgewachsen in Linz; Architekturstudium an der Technischen Universität Wien. 1986 Befugnis als Architekt, Zusammenarbeit mit Klaus Leitner, Michael Loudon; seit 1989 transArt-Büro mit Walter Zschokke; Realisierungen u.a. Leitprojekt Linz Alt Urfahr; AEC Linz; Geschäftshaus Kaiserstraße, Wien; Haus S., Klosterneuburg.

WOLFGANG MISTELBAUER

geboren 1935 in Villach; Musikstudium am Konservatorium der Stadt Wien, Klasse Wanausek; Architekturstudium an der Technischen Hochschule Wien; 1956 Sommerakademie Salzburg bei Konrad Wachsmann; 1967–69 Praxis bei Arbeitsgruppe 4 (Kurrent, Spalt); seit 1969 selbständig in Wien; Publikation «Das Looshaus» mit Hermann Czech; Lehrtätigkeit an der Technischen Universität Innsbruck, der HTL Krems und der Hochschule für angewandte Kunst Wien; Realisierungen u.a. Einfamilienhäuser, Wohnbauten, Kindergarten; Landessportschule, St. Pölten.

MARTIN MITTERMAIR
geboren 1966 in Amstetten, Niederösterreich; Architekturstudium an der Technischen Universität Wien. Seit 1995
eigenes Büro «Mittermair bis Umdasch» mit Stefan Umdasch;
Realisierungen u.a. Wohnhaus, Amstetten.

NEHRER + MEDEK
MANFRED NEHRER UND REINHARD MEDEK
beide geboren 1944; Architekturstudium an der Technischen
Universität Wien. Freischaffende Architekten mit Sitz in Wien,
seit 1973 Architektengemeinschaft; befassen sich vornehmlich mit Wohnbauten, Bildungsbauten, Büro- und Kommunika-
tionsbauten und mit Fragen der Stadtplanung; Realisierungen
u.a. Hauptschule, Zistersdorf.

ALOIS NEURURER
geboren 1957 in St. Leonhard, Tirol; Architekturstudium an
der Technischen Universität Wien. Mitarbeiter bei W. Benedikt
und Hans Puchhammer, seit 1985 eigene Arbeiten in Zusammenarbeit mit Elena Theodorou-Neururer; Assistent an
der Technischen Universität Wien bei Ernst Hiesmayr;
1990–92 Lehrauftrag für Hochbau II, 1993–96 Unterrichtsauftrag für Hochbau I, Technische Universität Wien;
Realisierungen u.a. Hotel Klinglhuber, Krems.

ALFONS OBERHOFER
geboren 1948 in Jenbach, Tirol; Architekturstudium an der
Akademie der bildenden Künste Wien (Diplom 1973) und an
der Architectural Association School London (Diplom 1974);
Postgraduate Studies, University of California, Berkeley;
Studium der Botanik, Universität Wien. Seit 1984 freischaffende Tätigkeit als Architekt und Landschaftsplaner;
Realisierungen u.a. Raabbrücke St. Pölten (in Zusammenarbeit mit Peter Wohlfahrtsstätter).

LAURIDS ORTNER
geboren 1941 in Linz; Architekturstudium an der Technischen Universität Wien. 1967 Mitbegründer der Architekten-,
Designer- und Künstlergruppe Haus-Rucker-Co; 1976–87
Leiter der Meisterklasse für Visuelle Gestaltung an der Hochschule für künstlerische und industrielle Gestaltung Linz; seit
1987 Professor für Baukunst an der Staatlichen Kunstakademie Düsseldorf; 1987 Gründung des Büros Ortner
Architekten mit Manfred Ortner in Düsseldorf; 1990 und
1994 weitere gemeinsame Büros Ortner & Ortner in Wien
und Berlin; Realisierungen u.a. bene, Waidhofen an der Ybbs.

MANFRED ORTNER
geboren 1943 in Linz; Studium der Malerei und Kunster-
ziehung an der Akademie der bildenden Künste, Geschichte
an der Universität Wien. 1971–92 Atelier Haus-Rucker-Co in
Düsseldorf mit Laurids Ortner und Günter Zamp Kelp. Seit
1987 gemeinsame Architekturbüros mit Laurids Ortner in
Düsseldorf, Wien, Berlin; seit 1994 Professor für Entwerfen
an der FH Potsdam; Realisierungen u.a. bene, Waidhofen an
der Ybbs.

ALFRED OSZWALD
geboren 1949 in Bad Gastein, Salzburg; Architekturstudium
an der Akademie der bildenden Künste Wien. Lebt und arbeitet seit 1975 in Wien; seit 1988 selbständig; Realisierungen
u.a. Amts- und Museumsgebäude, Tulln.

HANS OSZWALD
geboren 1945 in Badgastein, Salzburg; Architekturstudium
an der Hochschule für angewandte Kunst in Wien. Lebt und
arbeitet seit 1972 in Wien; seit 1988 selbständig; Realisierungen u.a. Amts- und Museumsgebäude, Tulln.

GUSTAV PEICHL
geboren 1928 in Wien; Architekturstudium an Akademie der
bildenden Künste Wien bei Clemens Holzmeister. Mitarbeit
bei Roland Rainer; seit 1954 Karikaturen unter dem Pseudo-
nym «Ironimus», seit 1955 eigenes Architekturbüro; 1964
Gründung der Zeitschrift BAU mit Hans Hollein, Walter
Pichler und Oswald Oberhuber; 1973–96 Meisterschulleiter
an der Akademie der bildenden Künste Wien, 1987 Rektor;
1975 und 1991 Teilnahme an der Biennale von Venedig;
Realisierungen u.a. ORF-Landesstudios; Umweltschutz-
bauwerk PEA, Berlin; Bundeskunsthalle, Bonn; EVN, Maria
Enzersdorf.

HANS PETER PETRI
geboren 1960 in Hall in Tirol; Architekturstudium an der
Akademie der bildenden Künste und der Hochschule für
angewandte Kunst Wien. 1987/88 Assistent bei Hans
Hollein, Hochschule für angewandte Kunst; 1988–90
Architekturstudium an der Harvard Graduate School of
Design; seit 1986 selbständig; seit 1991 eigenes Büro in
Wien; Realisierungen u.a. Schuhgeschäft Wunderl, Sollenau.

GEORG PETROVIC
geboren 1962 in Wien; Architekturstudium an der Technischen Universität Wien. 1991 Bürogründung «the office»,

Wien (mit Wolfgang Bürgler und Gorgona Böhm); 1996 Bürogründung «the unit», Wien (mit Wolfgang Bürgler); Bauherrenpreis 1994 der Zentralvereinigung österreichischer Architekten, Deutscher Architekturpreis 1995, Anerkennung; Realisierungen u.a. Merkurmarkt, Deutsch Wagram.

WOLFGANG PFOSER
geboren 1955 in St. Pölten; Architekturstudium an der Technischen Universität Wien, Diplom 1980. Seit 1988 eigenes Büro in St. Pölten, projektbezogene Arbeitsgemeinschaft mit Richard Zeitlhuber; Realisierungen u.a. Rheinzink Büro- und Lagergebäude, Herzogenburg.

BORIS PODRECCA
geboren 1940 in Belgrad; Architekturstudium an der Technischen Hochschule und der Akademie der bildenden Künste Wien, Diplom 1968. Ab 1982 Gastprofessuren in Lausanne, Paris, Venedig, Philadelphia, London, Wien, Ljubljana, Zagreb und Harvard-Cambridge (Boston); seit 1988 Direktor des Instituts für Innenraumgestaltung und Entwerfen an der Universität Stuttgart; Architekturateliers in Wien und Stuttgart; Realisierungen u.a. Mazda, Waidhofen an der Ybbs; Basler Versicherung, Wien; Schule Dirmhirngasse, Wien; Rathausplatz, St. Pölten.

CHRISTA PRANTL
geboren 1960 in Steyr; Architekturstudium in Wien; seit 1994 Unterrichtsauftrag an der Technischen Universität Wien. Gemeinsames Atelier mit Alexander Runser; 1994 und 1996 Anerkennungspreis für vorbildliche Bauten des Landes Niederösterreich; 1995 Kulturpreis des Landes Oberösterreich – Talentförderungspreis für Architektur; 1995 Preis der Stadt Wien – Förderungspreis für Architektur; Realisierungen u.a. Lanzendorfer Mühle, Mistelbach; Haus am Hang, Hintersdorf; Rechtsanwaltskanzlei, Neulengbach.

ELSA PROCHAZKA
geboren 1948 in Wien; Architekturstudium an der Technischen Universität und der Akademie der bildenden Künste in Wien bei Ernst A. Plischke; Praxis bei Wilhelm Holzbauer und Ottokar Uhl. Seit 1973 eigenes Büro in Wien; 1992–96 Professorin für Entwerfen im städtebaulichen Kontext an der Universität Kassel; Mitglied des Fachbeirats für Stadtplanung und Stadtgestaltung in Wien; Ausstellungsbeitrag Biennale di Venezia, 1991; Realisierungen u.a. Jüdisches Museum, Hohenems; Ausstellung Hispania – Austria, Ambras; Zubau Volksschule, Wien-Hietzing.

RUDOLF PROHAZKA
geboren 1947 in Ortmann, Niederösterreich; Architekturstudium an der Technischen Universität Wien; Praxis bei Ernst Hiesmayr. Seit 1978 eigenes Büro in Wien; Bauten und Projekte u.a. Einfamilienhäuser in Wiener Neustadt und Ried am Riederberg, Niederösterreich; Internationale Wettbewerbe: Museumsquartier Wien (mit Ernst Hiesmayr, Preisträger), Landeshauptstadt St. Pölten (mit Ernst Hiesmayr).

HANS PUCHHAMMER
geboren 1931 in Wels; Architekturstudium an der Technischen Hochschule Wien. 1950–54 Mitarbeiter bei Roland Rainer, 1957–64 Universitätsassistent; seit 1961 Architekturbüro in Wien; 1978–94 Professor für Hochbau und Entwerfen an der Technischen Universität Wien; Realisierungen u.a. Museum Carnuntinum, Bad Deutsch Altenburg.

MONIKA PUTZ
geboren 1953 in Linz; Architekturstudium an der Technischen Universität Wien. 1984 Ateliergründung; seit 1996 Lektorin an der Fachhochschule für Bauingenieurwesen und Baumanagement; 1996 Kulturpreis der Niederösterreichischen Landesregierung – Anerkennungspreis für Architektur; Realisierungen u.a. Kloster Pernegg, Horn.

PETER RAAB
geboren 1952 in St. Pölten; Architekturstudium an der Technischen Universität Wien. Seit 1982 als freischaffender Architekt tätig; Zusammenarbeit mit der Vorarlberger «Cooperative», dann Gründung des Wiener «Baukünstlerkollektivs»; seit 1993 gemeinsame Projekte mit Baumschlager-Eberle; Beschäftigung vor allem mit Wohnbau in Theorie und Praxis; Realisierungen u.a. Reihenhäuser Kupferbrunnberg, St. Pölten; Wohnanlage Am Mühlbach, St. Pölten.

CLAUS RADLER
Geboren 1959 in Steyr, Oberösterreich; Architekturstudium an der Technischen Universität Wien. Praxis bei Hermann Czech und Boris Podrecca; interdisziplinäre Arbeitsgruppe «Pontifex» seit 1988 mit Dieter Wallmann und Walter M. Chramosta; Realisierungen u.a. Kleinwasserkraftwerke Gurk und Jennersdorf; Dachausbau, Wien-Margareten (Pontifex); in Arbeit: Tagesklinik, Bürobau, Fabrikerweiterung.

ERICH RAITH

geboren 1954 in Wien; Architekturstudium an der
Technischen Universität Wien. Seit 1989 freischaffender
Architekt in Wien; seit 1991 Assistent und Lehrbeauftragter
für Stadtmorphologie am Institut für Städtebau der Techni-
schen Universität Wien; Realisierungen u.a. Einfamilienhaus,
Neulengbach.

KARIN RAITH-STRÖMER

geboren 1958 in Wien; Architekturstudium an der Technischen Universität Wien. 1986–90 Assistentin an der Technischen Universität Wien, seit 1991 Lehrbeauftragte für
Hochbau und «Bauen und Landschaft» an der Universität für
Bodenkultur; seit 1996 Assistentin an der Hochschule für
angewandte Kunst Wien; Realisierungen u.a. Einfamilienhaus,
Neulengbach.

GEORG REINBERG

geboren 1950 in Wien; Architekturstudium an der Techni-
schen Universität Wien und an der Syracuse University, New
York. Freiberufliche Tätigkeit in Forschungs- und Architektur-
projekten, Mitglied im Forschungsteam «Arge Passiv Solar»,
Assistent an der Technischen Universität Wien; seit 1983
Arbeitsgemeinschaft mit Martin Treberspurg; seit 1997
Gastprofessur an der Donau-Universität Krems, Lehrgang
Solararchitektur; Realisierungen u.a. Wohnprojekt, Purkers-
dorf; Einfamilienhaus, Sooß; Wohnanlage und Kindergarten
Brünnerstraße, Wien.

ALEXANDER RUNSER

geboren 1955 in Wien; Architekturstudium in Wien; Assistent
und Lektor an der Technischen Universität Wien. Seit 1991
freischaffender Architekt – Studio für experimentelle Architektur, Städtebau und Forschung gemeinsam mit Christa
Prantl; seit 1995 Mitglied des beratenden Ausschusses für
Architektur der EU; 1994 und 1996 Anerkennungspreis für
vorbildliche Bauten des Landes Niederösterreich; Realisierungen u.a. Lanzendorfer Mühle, Mistelbach; Haus am Hang,
Hintersdorf; Rechtsanwaltskanzlei, Neulengbach.

FRANZ SAM

geboren 1956 in Niederösterreich; Architekturstudium in
Innsbruck; 1985–95 Projektarchitekt bei Coop Himmelblau.
Seit 1990 eigenes Architekturbüro in Wien und Krems; seit
1994 Assistent an der Hochschule für angewandte Kunst
Wien, Meisterklasse Wolf D. Prix; Realisierungen u.a.
Frisiersalon, Horn; Café Bar Hendrik, Krems.

ALFRED SCHAUFLER

geboren 1958 in Waidhofen an der Ybbs; Studium Bauingenieurwesen an der Technischen Universität Wien.
1987–95 Mitarbeit im Ingenieurbüro Alfred Pauser, Wien;
1994–96 Zivilingenieurbüro in Wien; seit 1996 Büro in
Ybbsitz; Projekte: Das Offene Rathaus, Waidhofen an der
Ybbs; Ostarrîchi Kulturhof, Neuhofen an der Ybbs; Stahlsteg
In der Noth, Ybbsitz; Osterkapelle im Augustiner Chor-
herrenstift, Herzogenburg.

KONRAD SCHERMANN

geboren 1958 in Gmünd, Niederösterreich; Architektur-
studium an der Technischen Universität Wien. 1984–85
Mitarbeit in Wiener Architekturbüros; 1986 Assistent an der
Technischen Universität Wien, Institut für Wohnbau und
Entwerfen; seit 1987 Büro in Wien, seit 1990 Ziviltechniker;
Realisierungen u.a. Weinkellerei Neumayer, Inzersdorf.

LUKAS SCHUMACHER

geboren 1961 in Innsbruck; Architekturstudium in Innsbruck
und an der Technischen Universität Wien, Diplom in Innsbruck
bei Josef Lackner. Seit 1989 Projektgemeinschaft mit Jakob
Fuchs; 1990–93 freier Mitarbeiter am Museum für angewandte Kunst Wien (Planung der Studiensammlung, Aus-
stellungsgestaltungen); lebt und arbeitet seit 1985 in Wien;
Realisierungen u.a. Haus Renner, Langenzersdorf.

SCHWARZ UND SCHWARZ ARCHITEKTEN
KARIN SCHWARZ-VIECHTBAUER

geboren 1961 in Wien; Architekturstudium an der
Technischen Universität Wien. Seit 1990 Forschungsprojekte
und Artikel in Fachzeitschriften; seit 1991 Assistentin an der
Technischen Universität Wien, Institut für Raumgestaltung;
seit 1992 Atelier Schwarz und Schwarz mit Karl-Heinz
Schwarz; lebt und arbeitet in Wien.

KARL-HEINZ SCHWARZ

geboren 1961 in Villach; Architekturstudium an der
Technischen Universität Wien. Seit 1990 Forschungsprojekte
und Artikel in Fachzeitschriften; 1988–91 Assistent an der
Technischen Universität Wien, Institut für Städtebau, Raum-
planung und Raumordnung; 1991–92 Assistent am Ludwig-
Boltzmann-Institut zur Erforschung von Methoden und Aus-
wirkungen der Raumplanung. Seit 1992 Atelier Schwarz und
Schwarz mit Karin Schwarz-Viechtbauer; lebt und arbeitet in
Wien; Realisierungen u.a. Ideal Waagen und Maschinenbau,
Leopoldsdorf.

ANTON SCHWEIGHOFER

geboren 1930; Architekturstudium an der Akademie der bildenden Künste Wien bei Clemens Holzmeister. Seit 1959 freischaffender Architekt; seit 1977 Professor für Gebäudelehre und Entwerfen an der Technischen Universität Wien; Forschungsarbeiten u.a. zu Adolf Loos, familiengerechtem Wohnen (mit R. Falkner), Typologien, Holzbau; Realisierungen u.a. «Stadt des Kindes», Wien; Stadtsaal, Mistelbach; Arbeitervereinshaus, Horn; Atelier- und Wohnhaus, St. Andrä-Wördern; Studentenhaus, Wien; Wohnbau, Kaiser-Ebersdorf.

WERNER SILBERMAYR

geboren 1956 in Linz; Architekturstudium an der Technischen Universität Wien, Diplom bei Hans Puchhammer. Mitarbeit bei Günther Suske; seit 1989 selbständiger Architekt; 1989–93 Architekturgemeinschaft Hackl, Silbermayr, Lambert; seit 1994 Arbeitsgemeinschaft mit Georg Goess, Ulrike Lambert und Guido Welzl; Realisierungen u.a. Wohnanlage, St. Pölten.

GERHARD STEIXNER

geboren 1953 in Innsbruck; Architekturstudium an der Akademie der bildenden Künste Wien bei Roland Rainer. Eigenes Atelier «driendl * steixner» mit Georg Driendl seit 1984; Realisierungen u.a. Transitstation Skala, Bar und Restaurant, Wien; Plattform, Arbeiten & Wohnen, Wien; Pirat, 17 m Hochseeyacht, Innsbruck; Invisible Shop, Boutique, Wien; Standard Solar, Serienhaus Prototyp, NÖ; Haus F., Kritzendorf; Sehbehindertenschule, Wien.

WALTER STELZHAMMER

geboren 1950 in Vöcklabruck, Oberösterreich; Architekturstudium an der Akademie der bildenden Künste Wien bei Ernst A. Plischke und Gustav Peichl. 1980 Gründung eines Architekturbüros in Wien; Realisierungen u.a. Villa G. und Haus Stockinger, beide Klosterneuburg; Österreichische Beamtenversicherung, Wien.

WERNER STOLFA

geboren 1959 in Eggenburg, Niederösterreich; Architekturstudium an der Technischen Universität Wien. 1984–88 Assistent und 1992–94 Unterrichtsbeauftragter an der Technischen Universität Wien; seit 1992 Befugnis als Ziviltechniker und Büro in St. Andrä-Wördern, Niederösterreich. Realisierungen u.a Haus Stolfa, St. Andrä-Wördern.

MICHAEL SZYSZKOWITZ

geboren 1944 in Graz; Architekturstudium an der Technischen Universität Graz; 1970/71 Mitarbeit bei Behnisch & Partner in München (Olympiabauten); gemeinsames Büro mit Karla Kowalski in Graz; seit 1988 Entwurfsbetreuung an der Universität Stuttgart; seit 1994 Präsident des Hauses der Architektur in Graz; lebt in Graz und Stuttgart; Realisierungen u.a. Biochemie Graz; Umbau Kaufhaus, Graz; Einfamilienhaus, Maria Enzersdorf.

HEINZ TESAR

geboren 1939 in Innsbruck; Architekturstudium an der Akademie der bildenden Künste Wien bei Roland Rainer. Auslandsaufenthalte in Hamburg, München und Amsterdam. 1973 Gründung des eigenen Architekturbüros; 1965, 1979, 1986, 1988, 1994 Preis der Zentralvereinigung der Architekten Österreichs; Gastprofessuren u.a. an der ETH Zürich, McGill University Montreal/Kanada, Harvard University, Cambridge, Massachusetts, Technische Universität München, Universität Venedig; Realisierungen u.a. Schömerhaus, Klosterneuburg; Kino, Hallein; Evangelische Kirche Klosterneuburg.

ELENA THEODOROU-NEURURER

geboren 1959 in Nicosia, Zypern; Architekturstudium an der Technischen Universität Wien. Mitarbeiterin bei Anton Schweighofer, Wien. Seit 1985 eigene Arbeiten in Zusammenarbeit mit Alois Neururer; Unterrichtsauftrag für Hochbau I an der Technischen Universität Wien; 1996 Anerkennungspreis des Landes Niederösterreich für Architektur und Staatspreis für «Architektur und Tourismus»; Realisierungen u.a. Hotel Klinglhuber, Krems.

GEORG THURN-VALSASSINA

geboren 1942; Forststudium in Wien (Diplom) und Architekturstudium an der ETH Zürich. Seit 1982 eigenes Büro in Rastenberg; 10x Goldene Kelle; bei fünf Wettbewerbsbeteiligungen fünf Beauftragungen; seit 1987 geomantische Planungen; Realisierungen u.a. Aussichtsturm Großgöttfritz.

MARTIN TREBERSPURG

geboren 1953 in Wien, Studium Architektur und Bauingenieurwesen in Wien. Mitarbeit bei Anton Schweighofer und Johann Georg Gsteu; seit 1982 freischaffender Architekt; Assistent an der Technischen Universität Wien; Mitglied im Forschungsteam «Arge Passiv Solar»; 1985–90

Arge Architekten Reinberg und Treberspurg; Dissertation «Neues Bauen mit der Sonne»; Lehrauftrag an der Technischen Universität Wien; Realisierungen u.a. Einfamilienhaus, Altenburg bei Horn; Wohnanlage und Kindergarten, Brünnerstraße, Wien.

Franziska Ullmann

geboren 1950 in Bad Vöslau, Niederösterreich; Architekturstudium an der Technischen Universität Wien. Praxis bei Karl Schwanzer und Gustav Peichl; eigenes Büro seit 1983 in Wien; Professur für räumliches Gestalten an der Technischen Universität Stuttgart; Realisierungen u.a. Geburtshaus, Nußdorf bei Wien; Haus Pirker, Purkersdorf; Haus Gottlieb, Klosterneuburg; Geburtsabteilung AKH Wien; Wohnbebauung Donaufelderstraße, Wien.

Friedrich Waclawek

geboren 1942 in Wien; Architekturstudium an der Technischen Hochschule Wien. 1968–72 Projektleiter bei Victor Gruen Associates; 1984–86 Mitglied des Fachbeirates für Stadtplanung in Wien; Gründer und Leiter des «Forum Stadtplanung» mit Erich Bramhas; Wohnbauforschung und Sachverständiger für Stadtplanung, Entwicklung kooperativer Planungs- und Managementverfahren; Realisierungen u.a. Wienerberg, Bauteil 1; Wohnanlage Leberberg II, Wien; Wohnpark Rennweg, Wien.

Karlheinz Wagner

geboren 1959 in Linz; Studium Bauingenieurwesen an der Technischen Universität Wien. Eigenes Konstruktionsbüro seit 1991; Teilnahme an diversen Wettbewerben; spezielle brandtechnische Gutachten; Entwicklung einer Holzpilzdeckenkonstruktion für Murau; Membrankonstruktion Residenzhof, Salzburg.

Franz Wahler

geboren 1962 in Kittsee; lebt und arbeitet in Ybbsitz; 1983–87 Meisterprüfungen für Schlosser, Schmied, Maschinenbau; seit 1987 selbständig, eigener Metallbaubetrieb; Realisierungen u.a. Offenes Kulturhaus Linz, Projekt Morgenröte; Das ST/A/D Schnellhaus Wien; Rohrschlosserarbeiten in Spanien; Stahlbau Pfarrkirche Meidling Wien; Stahlsteg In der Noth, Ybbsitz.

Dieter Wallmann

geboren 1956 in Salzburg; Architekturstudium an der Technischen Universität Wien. Mitarbeit in verschiedenen

Architekturbüros; 1986–91 Praxis und Assistent bei Anton Schweighofer; seit 1991 selbständiger Architekt in Wien und Arbeitsgemeinschaft mit Claus Radler; Realisierungen u.a. Kleinwasserkraftwerk Buchberg am Kamp; Einfamilienhaus, Klosterneuburg-Weidling.

Albert Wimmer

geboren 1947 in Wien; Architekturstudium an der Technischen Universität Wien. Als Stipendiat des BMUK Studium der Stadtplanung an der Architectural Association School London und Praktikum in Planungsgruppen; seit 1977 selbständiger Architekt in Wien; bis 1995 Mitglied des Fachbeirats Wien; Leitung Sommerakademie Linz 1994; Realisierungen u.a. Donaukraftwerk Freudenau, Landschaftliche Einbindung; Haus Heisig, Wien; Wohnbebauung und Geschäfte, Wien-Favoriten.

Peter Wohlfahrtsstätter

geboren 1948 in Innsbruck; Architekturstudium an der Akademie der bildenden Künste Wien, Diplom 1973; Postgraduate Studies, University of Southern California, Los Angeles. Seit 1984 freischaffende Tätigkeit als Architekt und Landschaftsplaner; Realisierungen u.a. Raabbrücke, St. Pölten (in Zusammenarbeit mit Alfons Oberhofer).

Richard Zeitlhuber

geboren 1950 in Herzogenburg, Niederösterreich; Architekturstudium an der Technischen Universität Wien. 1975–87 Praxisjahre in Wien; seit 1987 eigenes Büro in Herzogenburg, seit 1988 projektbezogene Arbeitsgemeinschaft mit Wolfgang Pfoser; Realisierungen u.a. Betriebsobjekt Paweronschitz und Rheinzink Büro- und Lagergebäude, beide Herzogenburg.

Wolfdietrich Ziesel

geboren 1934 in München; Studium an der Technischen Universität Wien. Assistent am Lehrstuhl für Stahlbau an der technischen Hochschule Darmstadt; seit 1962 Zivilingenieur für Bauwesen mit Konstruktionsbüro in Wien; seit 1977 Hochschulprofessor und Vorstand des Instituts für Statik und Tragwerkslehre an der Akademie der bildenden Künste; 1995 Adolf-Loos-Preis; zahlreiche Ausstellungen, Vorträge und Wettbewerbserfolge im In- und Ausland.

Helmut C. Zieritz

geboren 1940; Studium Bauingenieurwesen an der Technischen Universität Wien. Selbständig seit 1971;

Tätigkeitsschwerpunkte: Konstruktiver Ingenieurbau für öffentliche Gebäude und Unternehmen, Konstruktionen zur Sicherung historischer Bauten, große Behälter aus Stahlbeton (weiße Wannen) für Gebäude, Abwasseranlagen usw.; Realisierungen u.a. NÖ Regierungsviertel, St. Pölten; NÖ Kulturbezirk, St. Pölten; konstruktive Sicherungsmaßnahmen bei den Stiften Melk, Göttweig, Seitenstetten, Niederösterreich; Kläranlage Glanzstoff Austria, St. Pölten; Tiefgarage Rathausplatz, St. Pölten.

JOHANNES ZIESER

geboren 1958 in Radstadt, Salzburg; Architekturstudium an der Technischen Universität Wien, Postgraduate Studies an der University of Tokyo. Lebt seit 1989 in Wien; Bürogründung 1990; Realisierungen u.a. Tennisanlage, St. Pölten; Pressezentrum, Zielturm, Stadion Amstetten.

REDAKTIONSASSISTENZ UND AUTORIN

BRIGITTE ENGLJÄHRINGER

geboren 1967 in Bad Ischl, Oberösterreich. Studium der Kunstgeschichte an der Universität Wien; seit 1993 Assistentin von Walter Zschokke, Mitarbeit an zahlreichen Projekten.

FOTOGRAFIE

MARGHERITA SPILUTTINI

geboren 1947 in Schwarzach; seit 1981 freischaffende Fotografin, Atelier in Wien. Wichtige Arbeiten: Wiener Wohnbau Wirklichkeiten, Künstlerhaus Wien, 1985; Fotoinstallation im Schweizer Pavillon bei der 5. Internationalen Biennale für Architektur in Venedig, 1991; Museum der Wahrnehmung, Steirischer Herbst Graz, 1994; Antagonismes, Centre National de la Photographie, Paris, 1996; Schauplatz Museumsquartier, Kunsthalle Wien im Museumsquartier, 1997.

RUPERT STEINER

geboren 1964 in Radstadt, Salzburg; Höhere Graphische Bundeslehr- und Versuchsanstalt Wien XIV; seit 1991 freischaffender Fotograf mit Schwerpunkt Architekturfotografie und Kunstdokumentation; diverse Publikationen in Architekturzeitschriften und -büchern, Wohnsitz in Wien.

WEITERE FOTOGRAFEN

Sepp Berlinger
Hélène Binet
Anna Blau
Martha Deltsios
Mischa Erben
Sepp Frank
Lichtbildwerkstätten
Monika Nikolic
Erwin Reichmann
Franz Sam
Martin Schiebel
Thomas Wingelmayr
Walter Zschokke
Gerald Zugmann

Schindler Mobile ®

Im Frühjahr 1997 hat Schindler in München einen radikal neuen Personenaufzug vorgestellt. Das SchindlerMobile bedeutet einen Quantensprung in der Lifttechnik. Es braucht weder Maschinenraum noch Förderseil, wird in kürzester Zeit installiert und kostet deutlich weniger.

Revolutionär ist das Konzept: Eine selbstangetriebene Personenkabine bewegt sich an zwei freistehenden Aluminiumsäulen mit integriertem Laufprofil auf und ab. Der elektrische Antrieb unter der Kabine treibt zwei Reibräder an, die durch Federdruck an die Laufprofile gepresst werden. Im Gegensatz zu herkömmlichen Aufzugsanlagen ist das SchindlerMobile ein gebäudeunabhängiges, selbsttragendes System. Es ist nicht auf die statische Funktion des Liftschachtes angewiesen und kommt ohne Maschinenraum und mit enorm reduzierter Überfahrt aus.

Eine Neuheit für die Liftfahrer: Ein „Steckenbleiben" gibt es praktisch nicht mehr. Bei einem Strom-, Motor- oder Steuerungsausfall tritt automatisch die Selbstbefreiung in Funktion und der batteriegestützte Hilfsmotor hebt die Kabine zur nächsthöheren Etage, wo sich automatisch die Türen öffnen.

Revolutionär ist auch die Produktion. Das gesamte System wird in der Fabrik fertig vormontiert und ausgetestet, dann mit einem Lastwagen auf die Baustelle gefahren und dort per Kran über eine Dachöffnung in den Schacht eingelassen. Die Einbauzeit bis zur Inbetriebnahme dauert nur noch zwei bis drei Tage - gegenüber drei bis vier Wochen bei einem konventionellen Aufzug. Dank der enormen Raumeinsparung und radikal vereinfachten Montage sind die Gesamtinvestitionen für ein SchindlerMobile erheblich tiefer als für einen vergleichbaren elektrischen oder hydraulischen Aufzug.

Das SchindlerMobile 630 befördert acht Personen oder eine Nutzlast von 630 kg. Es ist auf Wohn- und Geschäftshäuser mit bis zu sieben Stockwerken und damit auf über 50% des europäischen Aufzugsmarktes zugeschnitten. Die Markteinführung begann in Deutschland, Österreich und in der Schweiz. Erste Anlagen laufen bereits in verschiedenen Gebäuden.

Spielraum bei der Planung
- Kein Maschinenraum
- Schachtwände unabhängig vom Aufzug
- Wenig Einschränkungen durch Schallübertragung
- Symmetrie des Schachtes
- Geringe Überfahrt

Zeitgewinn
- Einfache Logistik
- Kurze Abrufzeit
- Kurze Montagezeit

Technische Innovation
- Selbsttragende Fahrbahnstruktur
- Selbstangetriebenes Fahrzeug
- Zielruf-Steuerung

Sicherheit
- Automatische Personenbefreiung
- Durchgängiger Lichtvorhang
- Schutz vor unkontrollierter Fahrt nach oben

Qualität
- Fabrikgetestetes System
- Weniger Fehler durch niedrige Komplexität
- ISO 9001 zertifiziert

Betriebskosten
- Geringe Stromanschlußwerte
- Minimaler Energieverbrauch
- Kein Umweltrisiko

Schindler Aufzüge- und Fahrtreppen AG, Kontakperson: Gerhard Valabek, Wienerbergstraße 21-25, 1100 Wien, Telefon (01) 601 88-0, Fax (01) 604 51 93
Linz, Salzburg, Innsbruck, Graz, Klagenfurt

glöckel
Konstruktiver
Holzleimbau

Josef Glöckel Gesellschaft mbH
Siedlungsstraße 12
A-3200 Obergrafendorf bei St. Pölten
Telefon (02747) 2251-0
Telefax (02747) 2251-32
E-Mail: gloeckel@via.at